教育格差のかくれた背景

親のパーソナルネットワークと学歴志向

荒牧草平
Aramaki Sohei

勁草書房

まえがき

　あなたの家族や親戚が集まった時、お互いの子どもについて、どんなことがよく話題にのぼるだろうか。運動会や学芸会といった行事での様子は、特に子どもが小さい頃には、人気のトピックであろう。水泳やサッカー、英会話やピアノなどといった習い事での子どもの活躍もよく取り上げられそうだ。その一方で、学業成績の良し悪しや、進学先の学校が噂になることもあるだろう。

　ところで、あなたの周りには、親戚が皆同じような職業についているという知り合いの方はいないだろうか。たとえば、医者一家や教師一家という言葉があるように、家族や親戚に医療関係者や教育関係者が多いということがある。そうした場合、親戚の集まりでは、病院や学校での出来事がよく話されるだろうし、健康や教育のあり方に関係した話題も多いことだろう。同様に、商売をしている親戚が多ければ、経営哲学や地域の人々から認められることの重要性が話題になるかもしれない。もちろん、サラリーマン家庭の場合でも、金融関係や建築関係など特定の産業に従事する者が多ければ、それぞれの業界の裏話が出ることもあるだろうし、組織で生きることの大切さや難しさは、どんな企業にも共通する関心事であろう。

　こうした「家風」の違い、すなわち家族や親族によって生き方や好み、価値観や行動様式の多様性が存在することは、誰もが知っている世間の常識と言ってよいだろう。こうした違いが、日々の会話内容だけでなく、子どもの育て方や将来への期待にも様々なヴァリエーションをもたらすことは容易に想像がつく。しかしながら不思議なことに、「教育格差」を語る文脈の中では、こうした親戚の影響を考慮した研究が行われることは、あまりなかったように思われる。

　教育格差を語る際に取り上げられることが多いのは、何と言っても、親の社会経済的地位や文化的背景がもたらす格差である。たとえば、親の収入が多いほど、あるいは親の職業的な地位や学歴が高いほど、子どもの教育に早くから

多くの資源を投入するため、学力も高くなり、最終的に手に入れる学歴も高くなるのだ、というように。しかし、こうした影響が核家族の範囲内に限られてしまうと考える必然性はない。上述のような世間の常識に照らすならば、親以外の親戚がもたらす影響についても検討してみる余地はある。そこで本書では、こうした予想がどの程度あてはまるのかについて、実証的なデータから迫ってみたい。

　これに加えて、もう1つ考えたいのが、家族や親戚にとどまらない、周囲の人々がもたらす影響についてである。もちろん、家族でも親戚でもない赤の他人が、子どもの教育のあり方を直接的に左右するようなことはあまりないだろう。しかし、友人や職場の同僚、あるいは子育て中のママ友などの間での日常的な何気ない会話が、子育てに対する親の考え方や価値観に影響する可能性は十分に考えられる。日常的につき合う人々には、似たような興味・関心の者が多いだろうし、日々顔を合わせることによって、互いに影響を及ぼし合うこともあるだろう。そのように考えると、周囲の友人や知人の影響は案外強いのではないかと思えてくる。しかも、家族や親戚の場合は、嫌でもつき合わざるを得ない場合が多いのに対し、友人や知人は自ら選んで交際しているケースが多いとすると、その影響はむしろ親戚より強い可能性さえ予想される。

　ここまでの議論に対し、「親戚はともかく友人や知人の影響まで考えるとなると、それは教育格差の問題とは関係ないのではないか」とか、「そもそも親戚や友人の影響は、仮にあったとしても、親に比べれば取るに足りないのではないか」といった疑問を持つ方もおられることだろう。従来の研究が、親の影響にばかり着目してきたのも、そのような暗黙の前提があってのことだと考えられる。

　しかしながら、親自身の職業や学歴などの地位、および収入や時間的余裕などといった資源は、どの地域でどんな家に住み、どこに出かけて何を買い、どのような趣味を持つかといった、生活圏やライフスタイルにも大きく関与している。そして、生活圏やライフスタイルは、日常的にどのような人々と知り合うチャンスがあるかにも、その中から誰を選んで交際するかにも影響するだろう。つまり、親戚に限らず誰と交際するかには、人々の地位や資源やライフス

タイルといった社会階層的な背景が関与している可能性があり、そうした核家族の範囲を越えた他者との日常的な交際が、子育てのあり方にも何らかの影響を及ぼすと考えるのは、決して無理のない想定だと言える。しかも、本書の中で明らかにされるように、親戚や友人の与える影響は、実は一般に想定されるよりも（親自身の収入や学歴に劣らないほど）大きなものなのである。

　以上より、親の人づきあい（パーソナルネットワーク）が子育てのあり方に影響するという、従来は見過ごされがちであった側面に着目することは、教育格差について考察する上で、予想以上に重要な意味を持っているというのが本書の基本的な主張になる。

教育格差のかくれた背景
親のパーソナルネットワークと学歴志向

目　次

まえがき

第1章　親戚が学歴に影響する？ ……… 1
1. 教育格差をどうとらえるか ……… 1
2. 核家族枠組を超えて ……… 2
3. 多世代効果の研究動向 ……… 5
4. 現代日本における家族制度や家族関係の影響 ……… 7
5. 議論の整理 ……… 9

第2章　祖父母とオジオバの影響 ……… 13
1. 親族が影響する背景 ……… 13
2. データと変数 ……… 18
3. 諸仮説の検討 ……… 20
4. 親族効果の再検討 ……… 27
5. 資源 X とは何か ……… 32

第3章　親族効果の背景 ……… 39
1. 家族・親族と教育期待 ……… 39
2. 親族効果の再確認 ……… 41
3. 親族の影響をとらえる視点 ……… 44
4. 親の教育期待を媒介した影響 ……… 50
5. 親族効果と準拠集団 ……… 53

第4章　パーソナルネットワークの視点から考える ……… 61
1. 教育達成と親のパーソナルネットワーク ……… 61
2. パーソナルネットワークによる社会意識の形成 ……… 63

3．先行研究における論点の整理 ……………………………… 73
　　4．議論 …………………………………………………………… 74
　　5．分析枠組みと分析課題 ……………………………………… 80
　　6．調査の概要 …………………………………………………… 83

第5章　ネットワークと学歴志向 …………………………… 89
　　1．教育格差とパーソナルネットワーク ……………………… 89
　　2．パーソナルネットワークと意識形成 ……………………… 92
　　3．データと変数 ………………………………………………… 95
　　4．ネットワークの効果 ………………………………………… 97
　　5．メンバーへの同化と同調 ……………………………………105

第6章　準拠枠としてのネットワーク ……………………115
　　1．子育て環境とパーソナルネットワーク ……………………115
　　2．パーソナルネットワークの機能 ……………………………117
　　3．研究方法 ………………………………………………………121
　　4．ポスト育児期におけるサポート ……………………………122
　　5．子どもの進路に関する交際 …………………………………128
　　6．参照状況の詳細 ………………………………………………131
　　7．準拠枠としてのネットワーク ………………………………134

第7章　地位アイデンティティと学歴志向 ………………143
　　1．ネットワークと学歴志向をつなぐもの ……………………143
　　2．地位の軌跡と地位アイデンティティ ………………………144
　　3．階層帰属意識の基本構造の多様性 …………………………147
　　4．子育て期の女性の階層帰属意識 ……………………………150

5. 複合的な効果の検討 152
  6. 「地位と意識の関連」再考 155

終　章　人づきあいと教育格差 165
  1. 教育格差と学歴志向・ネットワーク 165
  2. 格差生成メカニズムをめぐって 168
  3. 「かくれた背景」に着目する意義と課題 176
  4. 本書の限界と今後の課題 181

引用文献 187
付録1　調査票 197
　　第1次調査調査票 199
　　第2次調査調査票 207
　　第3次調査調査票 213
付録2　第2次調査の自由記述欄への回答 221
あとがき 239
人名索引 243
事項索引 245
初出一覧 247

第 1 章

親戚が学歴に影響する？

1. 教育格差をどうとらえるか

　「教育格差」という言葉をよく耳にするようになってから10年あまりになるだろうか[1]。言葉の定義は必ずしも明確ではないが、家庭の様々な条件の違いによって、子どもの受ける教育が異なることを問題視する言葉と考えてよいだろう。特に注目を集めているのが、家庭の経済的な貧しさのために、進学を諦めなければならない場合である。経済不況の続く今日では、家計による教育格差が広がっていると指摘されることも多い。
　もっとも、教育格差は、各家庭の経済的条件のみによって生み出されるわけではない。社会学の中で古くから問題とされてきたのは、家庭の文化的背景が生み出す格差である。親の価値観や知識等によって子育ての仕方や教育態度が異なり、結果的に子どもの学力や学歴の違いとなって現れるというわけである。もちろん、一人ひとりの子どもには、興味関心や能力に違いがあるのだから、全員がまったく同じ教育を受けなければならないというわけではない。しかし、そうした違いが、純粋に子どもの生まれ持った個性や自由な選択の結果によって形成されたとは言えない点が社会的に問題とされてきたのである。
　実際にどのような差異があるのかや、そうした違いがなぜ生まれるのかについては、数多くの理論的・実証的研究が積み重ねられてきた。しかしながら、教育格差という現実自体は明白に思えるにもかかわらず、その実態や原因を正確に把握することは思いの外難しく、専門家の間でも共通する見解は得られていない。ただし、格差を生む理由に関する議論はある程度集約されており、次

のような考え方が代表例とされている。すなわち、ブルデューの文化資本論、ブリーンとゴールドソープの提出した合理的選択モデルと相対的リスク回避仮説、そして重要な他者やアスピレーションといった社会心理学的要因に着目したウィスコンシン・モデルと呼ばれるアプローチである。近年では、親の願望と経済力が格差の源泉であるとするペアレントクラシー論もこのリストに加えられるようになってきた。

ところで、経済的な豊かさであれ、文化資本であれ、親の願望であれ、これまで問題とされてきた教育格差とは、核家族家庭において親の持つ条件の違いによって生み出される格差であった。しかし、こうした従来の見方からは抜け落ちてしまう格差も存在している。近年になって注目されているのが、祖父母やオジオバといった親族が与える影響である。

2. 核家族枠組を超えて

教育格差という問題は、社会学の主要なテーマの1つであり、上述の通り、長年にわたって様々な角度から研究が積み重ねられてきた[2]。しかし、近藤 (1996) も指摘するように、主に検討されたのは親の職業や学歴、くらしむき等の「家族背景」が与える影響——典型的には父親の社会経済的地位と子どもの学歴の関連——であった。また、「家族構造」の側面を取り上げる場合（近藤 1996；平沢 2004 など）でも、考慮されたのはキョウダイ数や出生順位など、「核家族」内の構造に限られた。つまり、従来の研究が出身階層や家庭背景をとらえる枠組は、概ね「核家族」の範囲内に留まってきたのである。しかし、子どもの教育達成に対する階層や家族の影響は、本当に「核家族」だけを見ていれば十分なのだろうか。

このような関心は、実は意外に古くからあり、安田（1971）の社会移動研究も、孫世代に対する祖父世代の影響に言及している。また、尾嶋（1988）と片岡（1990）は、いずれも社会調査データの分析に基づいて、孫息子の達成に祖父の地位が関連することを報告している。ただし、1955年と1985年に実施された『社会階層と社会移動調査（以下、SSM調査）』のデータを用いて時点間比較を行った片岡（1990）は、祖父効果が時代とともに弱まったことを指摘し、

その理由として、核家族化と高学歴化の進行に言及している。それから更に30年ほど経った今日では、その傾向はより進行している可能性がある。

　他方、諸外国においても、地位達成に対する祖父母世代の影響を取り上げた研究がいくつか存在している。その代表例と言えるのがハウザーら（Warren and Hauser 1997）によるアメリカの研究事例である。彼らは先述したウィスコンシン・モデルの元になった、調査研究プロジェクトのデータを用いて分析を行っている。その結果、親世代の影響をコントロールすると祖父母世代による孫世代への直接的な影響は認められないと結論づけている。フィンランドを対象とした後の研究例（Erola and Moisio 2007）も、やはり祖父母世代による孫世代への直接的な影響を否定している。こうした事情もあり、従来、核家族の枠を超えて階層や家族の影響を考察しようとする試みは、国内でも海外でもわずかにとどまった。

　そのため、祖父母以外の親族の影響に着目した研究となると、ほとんど見つけることができない。周辺分野にまで範囲を広げると、青少年の抑うつや逸脱行動に対する親以外の同居親族（オジオバやイトコを含む）の効果に関する研究（Hamilton 2005）、ノルウェーにおけるベトナム難民の文化変容において、オジオバやイトコが重要であるという研究（Tingvold et al. 2012）などが散見されるが、いずれの著者も、核家族を越えた親族の影響に関する研究の不足を指摘している。

　こうした状況の中、近年、地位達成や教育達成に対する多世代にわたる影響（以下「多世代効果」と呼ぶ）に着目する新たな流れが生まれている。多世代効果を研究する意義について、代表的論者の1人であるメア（Mare 2011）は次のような問題提起を行っている[3]。まず、上記のような多世代効果を否定する先行研究の知見は、調査の対象とした時期や地域に固有のものであった可能性がある。たとえば先述のハウザーら（Warren and Hauser 1997）が研究対象とした20世紀中葉におけるウィスコンシン州の家族は、たまたま多世代効果が現れにくい条件を持っていたにすぎないのかもしれない。南アフリカ、中国、中欧など大きな社会変革のあった地域なら、それとは異なる結果になった可能性がある[4]。また、親子間の関連が非常に強力だとしても、親の影響が子の世代で完全に途絶えてしまうと見なす必然性はない。たとえば、巨万の富のよう

に「耐久性のある資本」を持った家族の場合、いくら浪費しても、その富は少なくとも数世代にわたって影響を及ぼすはずである[5]。同様に考えると、逆に、社会の底辺層においては、数世代にわたって不利益が継承されてきたのではないかと予想される。近年の日本でも、貧困が社会問題となっているが、親だけでなく祖父母や曾祖父母の世代から貧困状態の続いている家族が存在することは十分に考えられる。

多世代効果に強く関わる要因としてメア（Mare 2011）は、社会制度の影響に着目している。上記の例で言えば、富がどのように、どの程度継承されるかは、遺産相続や税制度などの設定によって異なるだろう。また、身分制や類似した制度のある社会では、社会移動も抑制され、多世代効果も強く働くと考えられる。日本のように、伝統的な家族制度を背景に、長男の親との同居というスタイルが主流であった社会では[6]、他の社会と比較しても、親族の影響が相対的に強い可能性も指摘できる。

メアの指摘する、もう１つの重要な論点は、結婚・出産・移動・死亡といった人口統計学的再生産の影響である。確かに、結婚するか否かやそのタイミング、子どもの有無や数、移動や死亡の状況等は人によって様々であり、それが世代間移動にも強く関与するはずだという指摘は頷ける。しかし、従来の地位達成や世代間移動の研究で、それらが考慮されることは少なかった。これに加えて、親子２者間の関連のみに着目する場合、調査対象が生存者や子どもをもつ者に偏ってしまうという問題もある[7]。先に紹介した安田（1971）の先駆的研究は、実は、人口統計学的要因の重要性についても早くから指摘していたのだが[8]、後の研究において、この点に注意が払われることはあまりなかった。「キョウダイ」データを用いた分析（近藤 1996；平沢 2004, 2011 など）は、人口統計学的要因に踏み込んだ数少ない研究事例と言えるが、少なくともこれまでのところ、検討の射程はやはり２世代（核家族）に留まっている。

しかしながら、従来の「核家族」枠組では見えなかった格差の中には、多世代にわたる家族や親族の影響が含まれている可能性がある。また、ファーガソンとレディ（Ferguson and Ready 2011）も指摘するように、今後、長寿化と少子化によって、祖父母が１人の孫へ投資する人的資源は増大するだろうし、親の共働きや離婚によって、親以外の親族が子どもの直接的な養育者となる機会

も増えてくると予想される。こうしたことを考慮しても、親以外の家族や親族の影響に着目することは今後ますます重要になってくる。

こうした様々な議論をふまえると、親族効果の解明を進めることは、従来の研究でとらえられてきた以上の「階層」効果を見出すこととなり、階層研究全体の見直しに発展し得るものだとわかる。「核家族」の範囲を超えた格差や不平等に関する実証データを収集し分析していくことは、階層研究における「理論的焦点の転換」(Merton 1957 = 1961)をもたらす可能性さえ秘めているのである[9]。

3. 多世代効果の研究動向

上記の通り、これまでは十分な注意の払われてこなかった多世代効果であるが、メア(Mare 2011)の議論にも触発され、近年、実証研究が急速に展開している。この流れに大きな影響を与えたのが、CMGPD (China Multi-Generational Panel Dataset) と呼ばれる研究プロジェクトである。CMGPD は、中国の遼寧省において、個人・世帯・地域に関する社会経済的・人口統計学的な情報を、18C からの数世代にわたって網羅的に収集したパネルデータであり、清王朝の系譜に関する情報も含まれているという、他に類を見ない構成となっている[10]。メアもこのデータを用いて分析を進めており、とりわけヒエラルヒーの最上位層と最下位層において、多世代にわたる効果の継承を見出している。

この他、本研究に直接関わる興味深い研究例には、大学進学に関する 3 世代の効果を検討したローレンス(Lawrence 2012)がある。ローレンスは、The Education Longitudinal Study of 2002 データを用いて、親だけでなく祖父母が大学へ進学したか否かの累積的な効果に着目している。分析の結果、本人が大学進学第 1 世代(祖父母も親も大学への進学経験がない)の場合よりも第 2 世代(祖父母は非進学だが親は進学経験あり)の場合に、さらに、第 2 世代よりも第 3 世代(祖父母も親も進学経験あり)の場合に、大学進学で有利になることを明らかにしている[11]。また、こうした違いを生み出す背景として、大学進学や高校生活について親と話した頻度に祖父母学歴が影響すること等を指摘している。

スウェーデンの住民登録データ[12]を用いて、イトコ同士やハトコ同士の関

連を検討した研究（Hällsten 2014）も興味深い。分析の結果、親の社会経済的地位の影響を考慮しても、GPA、入隊時の認知能力や非認知的特徴、教育達成、職業威信、所得に関して、イトコやハトコの状況が似通っていることを明らかにしている。ここから、平等主義的とされるスウェーデンにおいても、少なくとも4世代にわたって、不平等が維持されてきたことが指摘されている。

　一方、ヨーロッパ11カ国を対象とした比較研究プロジェクト（The Survey of Health, Ageing and Retirement in Europe）のデータを用いたダインドルとティーベン（Deindl and Tieben 2012, 2016）は、子どもの教育達成に対する、祖父母世代の影響を検討している。その結果、祖父母の職業や文化的資源が、親の資源を考慮しても、子どもの教育達成に大きな直接効果を持つこと、親の資源が弱い時ほど祖父母の資源が強い効果を持つことなどの興味深い知見を報告している。ここからは、文化資本の影響が、ブルデューの想定した親子間だけでなく、祖父母から孫への影響にも関与している可能性が考えられる。

　なお、このように多世代効果に着目した研究が近年になって増えてきてはいるが、大半の研究は、先に指摘したような「家族構造」（近藤 1996）の違いに目を向けていなかった。これに対し、ソン（Song 2016）は、子どもの親がふたり親の場合とひとり親の場合、ひとり親の中でも離婚か未婚かによって、祖父母効果がどう異なるかを検討した。ミシガン大学が継続的に実施しているパネル調査プロジェクト（Panel Study of Income Dynamics）のデータを使用して分析した結果、子どもの学歴に対する祖父母学歴の直接的な影響は、ふたり親家庭、離婚したひとり親家庭、未婚のひとり親家庭の順に強いことを明らかにした。日本でも、ふたり親家庭と比較して、ひとり親家庭の子どもは高校や大学への進学において不利になることが指摘されているが（稲葉 2011a, 2011b など）、ソンの研究結果は、こうした不利には祖父母の学歴も影響している可能性を示している。

　なお、多世代効果を示す分析結果（祖父母から孫への「直接効果」）を文字通りに受け取ってよいのかに対しては、最近、ブリーン（Breen 2018）が計量分析の技術的観点から注意を促している。確かにブリーンが指摘するようなバイアスを考慮することは極めて重要なことである[13]。しかし、データの限界などもあり、現時点では解決法がない以上、ブリーンも述べている通り、そうし

たバイアスの可能性を念頭において、分析結果を慎重に解釈していくことが求められることになる。

4. 現代日本における家族制度や家族関係の影響

多世代効果は社会制度に左右されるというメア（Mare 2011）の指摘を日本社会に適用した際にまず思い至るのは、直系家族制などの伝統的な家族制度の影響である。というのも、日本では、父方の祖父母と同居する慣行が続いてきたため、子どもの教育に対する多世代効果においても、父方親族が強く影響しているのではないかと予想されるからである。

ただし、これに関連して、家族社会学の中では、次のような対立する見方が存在していることを指摘しておく必要がある。すなわち、直系家族制の解体と夫婦家族制への移行という認識と、それとは反対に、直系家族制が現代でも強く影響しているという主張である（施 2008）。この点について、施（2008）は、『全国家族調査（以下、NFRJ 調査）』プロジェクトの一環として実施されたNFRJ-S01 データを用いて分析を行い、(1) 親との同居率は低下しているものの、近年でも長男との同居が主であること、(2) 一方で、親からの育児援助は妻方からが増加しており、若い世代ではむしろ妻方からの援助が主であること等を明らかにした。この結果からは、父方と母方いずれかの影響が強いと簡単には言えないことが予想できる。また、この調査における親との同居とは「長子1歳時」のことであり、育児援助は「長子3歳未満」の情報に限られている。したがって、施の分析結果に基づいて、教育達成という長期にわたる過程の場合に、親族がどのように影響するのかを判断することは難しい。

こうした限界はあるものの、上記を参考にすると、次のような2つの異なる予想が導かれる。まず、子どもの教育に対する親族の影響が、主に、日常的な対面的接触によってもたらされるなら、同居率の高い父方親族の影響が強く見られるであろうし、同居率の低下によってその影響も弱まっているだろう。一方、育児援助は妻方からが増えているという結果は、子どもの母親が困った時に普段は同居していない自分の親を頼るようになっており、子どもにとっては母方祖母の影響が強まっていることを示唆している。

ここで、祖父母と孫のコミュニケーションや関係性に関する研究を振り返ると、父方親族よりも母方親族との関係が良好であることを示す研究が多い。たとえば、赤澤ほか (2009) による、祖母・母・孫を対象としたコミュニケーション態度に関する認知の研究では、地域 (福井県／福井県以外) や家族形態 (父方同居3世代家族／核家族) にかかわらず、孫は、母方祖母のコミュニケーション態度をより肯定的に、父方祖母の態度をより否定的に認知するという結果が報告されている[14]。同様に、杉井 (2006) は、小学生から大学生までの孫と祖父母を対象に関係性を調査し、母方に比べ父方祖父母に否定的な思いが強く示されることを明らかにしている。田中ほか (1987) による大学生の孫を対象とした別居祖父母との交流実態に関する調査も、訪問・電話・贈物の交流において、父方より母方との頻度が多いと報告している。

　以上をふまえると、子どもの教育に対する父方親族と母方親族の影響やその推移を調べれば、日常的な接触頻度と関係性や親密さのうち、どちらが重要かを判断することができるだろう。

　こうした見方に加えて、孫と祖父母の関係性は、両者の性別によって異なるという指摘もある。たとえば、アイゼンバーグ (Eisenberg 1988) は、母方祖母が他の祖父母よりも孫と親密であるという調査結果に基づいて、女性は異世代の家族をつなぐ役割を担っているため、母方祖母と孫娘の強い結びつきがあるはずだと予想した。これを受けて、前原ほか (2000a) は、高校生を対象とした質問紙調査により、孫と祖父母の性別に着目して、両者の関連性を検討している。その結果、確かにアイゼンバーグの指摘したような、孫娘と母方祖母の相対的に強い関連が見られるものの、それと同時に、孫息子と父方祖父の間にも同様の強い関連があることも明らかにした[15]。後者の理由として、前原らは、伝統的な家族制度の影響を指摘している。ここからは、直系家族制と夫婦家族制のどちらが強い影響を及ぼすかは一様ではなく、それぞれの性別によっても異なる可能性が指摘できる。

　以上の議論とは別に、性別に関わらない孫の出生順位が、祖父母との関係に影響するという指摘もある。前原ほか (2000b) は、祖父母に対して孫が感じる親密感を取り上げ、地域 (沖縄県／宮崎県)、孫およびその父親が長子か否か、祖父母の年齢や健康状態、居住形態 (遠居／近居) などの諸要因が及ぼす効果

を検討している。分析の結果、男女や地域にかかわらず、孫が長子であるか否かが祖父母（特に父方祖父）との親密性に影響することを指摘した。これらの結果は、長子である孫が第2子以降の孫と比較して、祖父母から良好な待遇を受けていることを反映している可能性がある。

5. 議論の整理

　以上に紹介した先行研究は、調査の時期や対象も様々であるし、そもそも研究の目的や内容も異なるため、子どもの学歴に対する親族の影響に関して、必ずしも一貫した予想をもたらしてくれるわけではない。ただし、これらの研究成果を参考にすると、親族効果を解明するためのポイントを、以下のように整理することができる。

　まず考えるべきなのは、親族が子どもの学歴に影響する基本的な原理をどうとらえるかである。これには大きく次の2つの立場がある。1つは祖父母やオジオバが子どもに直接的な影響を与えているという見方（直接的な社会化説）である。また、第4節で紹介した家族関係に関する研究成果に照らすと、この見方はさらに次の2つに分けられる。すなわち、祖父母やオジオバとの対面的な交流の機会が多ければ多いほど強く影響を受けるというように「交流の量的側面」が重要だとする立場、および、交流の機会が多いか少ないかよりも関係が親密であるかどうかの方が重要だというように「交流の質的側面」を重視する立場である。

　他方、教育格差に関する従来の研究が重視してきたのは、家族の間で何らかの資源や資本が伝達・共有される（資源配分説）側面であった。多世代効果に関する議論でもこれと同様のメカニズムが想定されているように、親族効果も同じ原理によって生み出されているのではないかと予想できる。この見方には、どの種類の資源・資本に着目するかによって、いくつかのバリエーションがあるが、上述した教育格差の背景に関する研究成果を参照すると、経済的な資源に着目する立場と文化的背景に着目する立場が代表的である。

　なお、いずれの見方を取る場合にも、親族関係をどのように想定するかによって、具体的な予想は異なってくる。たとえば、現代の親族関係にも直系家族

制のような伝統的な家族制度が強く影響していると考えるなら、父方親族の強い影響や経済的資源の重要性を主張することになる。一方、夫婦家族制のような新しい家族関係の影響が強まっていることや、母方親族との関係の良好さという先行研究の知見を重視するなら、直接的な社会化説に基づいて、父方親族よりも母方親族による影響が強く働くという予想になるだろう。

いずれにしても、上記のような先行研究の知見は、教育格差の問題を明らかにする目的においても、従来のように核家族内にとどまるのではなく、親族の影響にも目を向けるべきことを示唆している。したがって、次の第2章では、実証的なデータを用いて、この問題を詳しく検討していく。

注
1) 試みに朝日新聞社の記事データベース（1985年以降は『聞蔵Ⅱ』で全文検索可。それ以前は縮刷版で見出しとキーワードのみ検索可能）を用いて検索してみたところ、早くも1960年代に「教育格差」という言葉は用いられている。ただし、当初は地域間や男女間の、ある時期からは公立と私立の学校間における教育条件の格差を意味していたようである。今日のような意味で用いられるようになったのは2000年代に入ってからで、東京大学（当時）の苅谷剛彦氏による意見記事（2004年7月24日の「義務教育費 地域格差 広げる財源移譲」）が初出のようである。ただし、この記事でも主に論じられたのは地域間格差である。2007年になると、もっぱら、家庭背景（とりわけ所得）による教育機会の格差という意味で用いられるようになる。
2) ただし、長らく問題とされてきたのは「教育機会の不平等」とその趨勢であり、「教育達成の階層差」という問題の立て方もあったが、「教育格差」という呼び方は、冒頭にも指摘したように、比較的最近のものである。
3) メア（Mare 2011）は、2010年に開催されたPopulation Association of America年次大会での会長講演を改訂したものである。2012年に行われた国際社会学会階層部会（ISA-RC28）の年次大会や、2012年にミシガン大学Survey Research Centerの主催で行われた多世代効果に関する国際カンファレンス（Panel Study of Income Dynamics Conference: Inequality across Multiple Generations）でも、この論文に基づくメアの基調講演が行われている。この点について詳しくは荒牧（2013）を参照されたい。
4) これらの社会に関するデータの収集事例として、トライマンらの試み（Treiman and Walder 1998など）が紹介されている。
5) メアの言う「資本の耐久性」とは、資本が世代を越えて継承される程度を表す概念である。富など十分な量のある物的・経済的資本は耐久性が高い一

方、学歴などの人的資本や職業的地位などは耐久性が低いと指摘されている。
6) 施（2008）は、NFRJ-S01 データを用いた分析から、近年でも長男同居が主であることを明らかにし、伝統的な家族制度が今日の家庭生活にも影響を残していることを指摘している。
7) これは、近年のいわゆる格差社会論の中で注目された「誰が結婚できるか」といった問題や「健康と階層」の問題とも直結している。なお、従来のように調査対象者とその親の情報を用いた「後ろ向き（retrospective）アプローチ」では、親世代はサンプリングされておらず、その情報は子どもを通じて得られたものであるため、調査を通じて得られる情報が出生力の高い者に偏ってしまう（子どもを持たない者は最初から調査対象に含まれない）。この問題を解消するため、ランダムサンプリングされた調査対象者を親世代に設定し、その子どもとの間で世代間移動をとらえる「前向き（prospective）アプローチ」が注目されている（余田 2018）。
8) 安田（1971）では、人口（統計）学という用語が用いられているわけではないが、「家族の問題」として、出生順位や長男相続、データの収集単位と分析単位（どの世代を単位とするか）、親の死亡時期などにも言及している。
9) 適切な統計的データに恵まれた領域の方向へ理論的関心が移る傾向のことを、マートン（Merton 1957 = 1961）は、「理論的焦点の転換」と呼び、経験的調査が社会学理論に対して持つ意義の1つであると述べている。もちろん、マートンも指摘しているように、焦点の転換が必ず有意義であるとは限らない。しかしながら、上記の議論をふまえれば、核家族の範囲を越えた親族の影響に着目することは、有意義だと考えられる。
10) 本データは、香港科技大学の James Lee と、UCLA（当初：現在は香港大学）の Cameron Campbell らによって収集されたものである。詳しくは CMGPD の以下のサイトを参照されたい。https://www.icpsr.umich.edu/icpsrweb/DSDR/series/265（2019 年 2 月現在）
11) 具体的には、第 2 世代は第 1 世代と比較して、大学進学においても、大学の種類（「短大か否か」や「選抜度の高い大学か否か」）の選択においても有利であり、第 3 世代は第 2 世代よりも大学の種類の選択において有利であることを指摘している。
12) 1932 年出生の者からデータが使用可能であり、1968 年出生以降ではほぼ全人口がカバーされ、出生時点におけるイトコなどの情報も収集されているという。
13) ブリーンが特に問題視しているのは、観測されない変数（unobserved variables）がもたらす「衝突バイアス（collider bias）」である。祖父母（X）、親（Z）、子（Y）の関連において、ZY 関連に影響する観測されない変数を U とすると、Z は X と U から影響を受ける。この時、Z は X と U の間のパスを阻止してしまうが、その Z を統制することで、これらの関連を見えな

くしてしまい、結果的に XY 関連を歪めてしまう。これが衝突バイアスである。ちなみに、U の候補としては、遺伝、文化的要因、富、生活環境など様々なものが考えられるが、それらをすべて考慮することは難しい。また、不十分な追加的な統制は、特にそれらが Y に正反対の関連を持つ場合や、それら自体が衝突バイアスとなる場合など、かえってバイアスを強めてしまう危険もある。したがって、結局のところ、そうしたバイアスの存在を考慮しながら、分析結果を慎重に解釈することが重要になってくる。

14) 赤澤らの関心は父方／母方の別による違いにはなかったため、値の差異の統計的な有意性については示されていないが、本文に示したような一貫した傾向が認められる。

15) 具体的には、孫娘は母方祖母の「伝統文化伝承機能」「安全基地機能」を、孫息子は父方祖父の「伝統文化伝承機能」「安全基地機能」「人生観・死生観促進機能」を、それぞれ高く評価したと報告されている。

第2章

祖父母とオジオバの影響

1. 親族が影響する背景

伝統的な家族制度の影響

　前章では、様々な先行研究の議論を紹介しながら、教育格差の問題を解明する上で、親族の影響にも着目することが有益であることを指摘した。また、親族効果の生じる基本原理として「直接的社会化説」と「資源配分説」という2つの立場があること、および、どちらの見方にとっても、親族関係をどうとらえるかが鍵になることを明らかにした。これをふまえ、本章では、まず、現代の日本社会において、伝統的な家族制度と夫婦家族制に基づく関係のどちらが優勢になっているのかを確認しながら、様々な考え方の妥当性について検討していくこととしよう。

　図2-1は、第1章でも紹介した施(2008)の研究結果から、子を持つ妻とその親との関係性がどのように推移してきたかを示したものである。図には、妻の出生コーホート別にみた「長子1歳時」における親との同居率(■マーカー)と、「長子3歳未満」における親からの育児援助率(○マーカー)という2種類の関係が表示されている。

　初めに、同居率の推移を確認してみよう。まず夫親との同居を見ると、戦前期に子育てを開始した層の含まれる1920年代生まれから順に45.1%、33.2%、29.8%、27.6%と減少し、もっとも若い1960年代生まれでは18.7%に留まっている。このように夫方の親との同居が減少してきた背景には、家父長制に代表されるような、伝統的な家族制度の影響がしだいに衰退してきたことが関係し

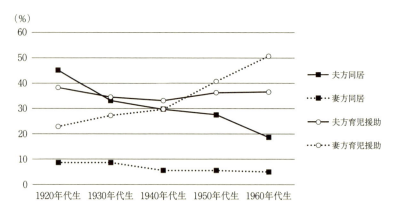

図 2-1　親との関係の推移

注：NFRJ-S01 データを用いた施（2008）より作成。妻の出生コーホート別にみた「長子1歳時」における「親との同居率」および「長子3歳未満」における「親からの育児援助率」。

ていると推測される。この結果を見る限り、夫方の親族から強い影響があるだろうとか、長男が優遇されているのではないかといった、伝統的な家族制度にしたがった関連は弱まっていると予想できる。

ただし、ここで注意しなければならないのは、夫親との同居率が低下するのに伴って、妻の親との同居率が高まっているわけではないという事実である。すなわち、年長の世代では 8.8% であったものが、最終的には 5.0% まで減少している。このため、いずれかの親との同居は、1920 年代生まれでは半数を越えていたが、1960 年代生まれではおよそ 4 人に 1 人にまで半減している。

これに関連して片岡（1990）は、前章で紹介した通り、1955 年と 1985 年の間で、孫息子と祖父の学歴の関連が弱まっていることを明らかにし[1]、その原因として核家族化や高学歴化の影響を指摘している。親との同居率の低下（核家族化）は上図に示した通りであるし、高学歴化も片岡の指摘した 1985 年以降さらに進行している。したがって、祖父母の影響が同居の有無に強く依存するなら、夫方か妻方かによらず、孫の学歴に対する祖父母の影響は時代とともにかなり弱まっているはずである。

ところで、伝統的な家族制度の文脈からすると、夫方の親との同居率の低下は、伝統的な家族関係規範の低下を反映していると考えがちであるが、妻方の

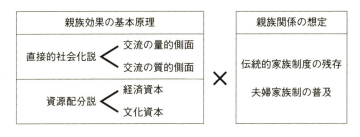

図2-2　親族効果に関する議論の整理

親との同居も同時に減少しているので、それとは異なる原因が作用している可能性も考えるべきだろう。家族制度論から離れると、こうした状況は、都市への人口流入と都市部における住宅事情の悪さ（住宅の狭さ）という物理的な条件によっても生じ得ることに思い至る。もし、同居率の低下がこうした物理的な事情によって生じたなら、必ずしも伝統的な家族関係規範が弱まっているとは限らず、その影響は今日でも残されているかもしれない。その場合、父方親族から将来の跡継ぎたる長男（男子の初孫）に対して優先的に資源（特に経済的資源）が継承される傾向は、現在でも残されている可能性がある。つまり、同居によってもたらされる直接的な社会化の機会は低下したかもしれないが、伝統的な家族制度や家族規範に基づく資源配分の偏りは、現代でも残されているかもしれない（図2-2参照）。

家族関係に関する研究から

　直接的な社会化において、同居の有無が重要だと考えられるのは、同居していれば日常的に接触するため、強い影響を受けると予想できるからである（直接的社会化の量的側面に着目）。しかし、親族からの社会化の影響は、対面的な接触頻度のみによって決定するわけではない。日常的な交流がなかったとしても、関係の良い相手から強い影響を受けている可能性は十分に考えられる（直接的社会化の質的側面に着目）。そのことを検討するため、親からの援助の様子に注目してみよう。図2-1に示した、「長子3歳未満」における親からの育児援助の割合（○マーカー）を見ると、夫親からの援助は約35％でほとんど変化がない一方で、妻の親からの援助はしだいに増えていることがわかる。最も古

いコーホートでは、その割合は 22.9% と低い水準に留まるが、その後は、27.3%、29.8%、40.7%、50.6% と上昇しており、1950 年代生まれ以降では、妻方からの援助が夫方からの援助を上回っていることもわかる。

　ここから 2 つのことが指摘できる。1 つは、夫の親からは同居の有無にかかわらず 3 人に 1 人が育児援助を受けており、しかも同居率の低下とはまったく関係なく、長期にわたって安定しているということである。もう 1 つは、妻方からの援助がしだいに増加し、近年では、約半分の妻が自分の親から育児援助を受けているということである。したがって、子どもの教育達成に対して、育児援助というまさに祖父母と孫の直接的なかかわりが重要であるならば、夫方親族からの影響が一定である一方、妻方親族からの影響はしだいに強まっているという予測が成り立つ。

　ここで、祖父母と孫の関係性（親密度）を直接に調べた先行研究を参照すると、第 1 章でも紹介した通り、父方より母方親族との関係が良好だと指摘されることが多い（赤澤ほか 2009；杉井 2006；田中ほか 1987 など）。したがって、良好な相手からの影響を強く受けると考えるならば、伝統的な家族制度の影響から予測した場合とは反対に、母方親族からの影響がしだいに強まり、近年では、父方よりも強まっているという分析結果が得られるはずである。言い換えるならば、現代では母方親族の影響が強いという分析結果が得られれば、孫の大学進学に対する祖父母の影響は、彼らが直接に子育てへ強く関与したこと（直接的な社会化）を反映していると推測できる。

　また、アイゼンバーグ（Eisenberg 1988）や前原ほか（2000a）が明らかにしたように、孫と祖父母の関係性が同性系列の場合により強い――つまり、孫娘と母方祖母の間および、孫息子と父方祖父の間でより強い――という結果からすると、子どもの学歴に対する祖父母の影響にも、そうした違いが見られるかもしれない。仮に、この見方が正しければ、直接的社会化説の妥当性がより明確に示されることになるだろう。

　なお、孫息子と父方祖父の間に強い関連があるという前原ら（2000a）の結果は、著者らが指摘したように、日本の伝統的な家族制度の影響を示唆するものとも言える。しかし、その影響が父方祖父と男子（孫息子）の関係に限定されることや、女子（孫娘）の場合には母方祖母との結びつきが強いという分析

結果も考慮すると、伝統的な家族制度は、孫と祖父母の関係性を全般的に規定するというよりも、それぞれの関係性（親密性）を規定する1つの背景要因に過ぎないと考えた方がよさそうだ。

最後に、長男か否かにかかわらず、出生順位が早いほど祖父母と孫が親密であるという前原ほか（2000b）の結果は、出生順位が早いほど祖父母から良好な待遇を受けていることを反映している可能性がある。なお、子どもの出生順位は、従来の核家族データを用いた学歴達成に関する研究でも着目されており、近年では、長子ほど有利であるという結果が報告されている（近藤 1996；平沢 2004）[2]。このように長子の学歴ほど高くなる傾向は、長子ほど親族との関係が良好であることや、それを背景に親族から優先的に資源を受け取っていることを意味している可能性がある。

仮説

先行研究の検討してきた親族の影響は、主に祖父母を念頭においていたため、以上の議論も基本的には祖父母と孫の関連性に限定されていた。したがって、オジオバの影響について明確な予想を述べることは難しいが、祖父母とオジオバで影響の仕方がまったく異なるとも考えにくい。むしろ、オジオバの影響も祖父母に準ずると予想するのが妥当だろう。こうした前提に基づいて上記の議論を整理すると、次のような仮説を考えることができる。

仮説 1a：子どもの学歴に対する親族の影響はしだいに弱まっている。
仮説 1b：子どもの学歴に対する父方親族の影響は一定だが、母方親族の影響はしだいに強まっている。
仮説 2a：父方親族の方が子どもの学歴に強い影響を持つ。
仮説 2b：母方親族の方が子どもの学歴に強い影響を持つ。
仮説 2c：父方親族は男子に、母方親族は女子に強い影響を持つ。
仮説 3a：長男ほど親族から厚遇されるため高い学歴を持つ。
仮説 3b：男女によらず長子ほど親族から厚遇されるため高い学歴を持つ。

このうち、仮説1群は親族の影響力の趨勢、仮説2群は父方と母方の影響力

の相対的な強さ、仮説3群は出生順位の影響に関する仮説になる。また、仮説2a、2cの前半、3aは伝統的な家族制度を、仮説2bと2cの後半は新たな家族関係（母方親族との親密さ）を根拠としたものなので、どちらの仮説群が妥当するかによって、子どもの学歴に対する親族の影響が、伝統的な家族制度を背景とした規範的な関係性によるのか、それとも現代の家族に広がっている母方親族との関係の良好さに依存するのかを判断することができる。

　直接的社会化説と資源配分説に関しては、次のように考えられる。まず、母方よりも父方親族の方が強い影響を持つという分析結果が得られた場合には資源配分説が、逆に、母方親族の強い影響が見られるなら直接的社会化説が妥当する可能性が高いと判断できる。また、後者に関連して、仮説1aは子どもと親族との対面的な接触頻度（直接交流の量的側面）が、仮説1bは両者の親密性（直接交流の質的側面）が、それぞれ重要だとするものなので、これらの分析結果を比較すれば、親族による社会化効果がどのようなプロセスで生み出されるのかを知ることにもつながる。もちろん、どちらも成り立たない可能性もあり、その場合には、子どもの学歴と親族との関連の理由として、直接的な交流とは別の要因を考えなければならない。

　他方、仮説3aや3bのように、長男や長子ほど厚遇されているという場合には、何を「厚遇」と想定するかによって、予想される結果も異なってくる。というのも、それは直接的な社会化場面にも資源配分に関しても現れる可能性があるからだ。ここで、厚遇の意味が社会化場面におけるそれを意味するなら、父方親族よりも母方親族との関係が良好だという先行研究の知見を参照する限り、母方親族による強い効果が観察されるはずである。逆に、厚遇が資源配分を意味するなら、父方親族による長男や長子の厚遇がはっきりと示されることになるだろう。

2. データと変数

データ

　本章での分析に使用するのは、日本家族社会学会の実施した『第3回全国家族調査』（National Family Research of Japan 2008：以下、NFRJ08と略す）のデー

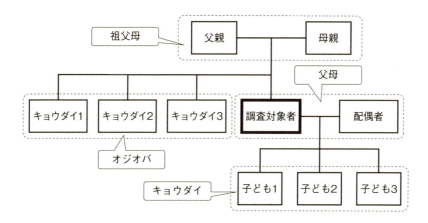

図 2-3 NFRJ08 で利用可能な学歴情報

タである。本調査の対象は 2008 年に日本全国に居住していた 28 〜 72 歳（1936 〜 80 年生）の男女であり、有効票本数は 5,203 票、回収率は 55.4% であった。

NFRJ08 の大きな特長は、図 2-3 に示した通り、調査対象者の父母とキョウダイ、配偶者、子どもの学歴を調査しており、対象者の「子ども」からみれば、「祖父母」「父母」「オジオバ」「キョウダイ」との学歴相関が把握できる設計となっている点にある[3]。なお、親族関係を表す日本語では、通常、性別や長幼の序に応じて異なる用語を用いるが、そうした区分に関わらない総称として、ここでは、「オジオバ」「キョウダイ」というカタカナ表記を用いている。

NFRJ08 のように調査の回答者からみた「親」「キョウダイ」などとの 2 者関係（ダイアド）についての情報を収集した調査は、ダイアド集積型の調査と呼ぶことができる（保田 2011）。こうしたデータの特徴を最大限に生かすには、関心のあるダイアドを集積した構造にデータを再構成することが有益である。本章では、親族と「子ども」の関連に主眼をおいているので、ここでは調査対象者の子どもを分析単位に設定する形でデータを再構成して分析に用いていく。

なお、現代日本社会ではほとんどの者が高校まで進学し、「子ども」世代における学歴の主な違いは大学（短大を含む）に進学するか否かに現れる。したがって、本章では、有効票本数 5,203 票のうち「子ども」が 19 歳以上に達しているケースのみを用いて分析を行う。

学歴変数の構成

　分析の中核をなす各学歴変数の構成についても明記しておこう。まず、「子ども」の「親」の学歴については、調査対象者の学歴を、「祖父母」学歴は調査対象者の父母の学歴を、「オジオバ」学歴は調査対象者のキョウダイの学歴を、「子ども」の学歴は対象者の子どもの学歴をそれぞれ用いる。なお、図2-3からもわかるように、この調査では配偶者の父母やキョウダイの学歴を調査していないため、子どもからすれば父方・母方いずれかの親族学歴しかわからない点には注意が必要である。

　表2-1は、それぞれのカテゴリーごとに学歴構成を調べた結果である。子ども世代は大学・短大へ進学するか否かによってほぼ2分されるが、父母やオジオバ世代では義務教育までの者も少なくなく、祖父母世代では義務教育までの者が半数強を占めている。

　ところで、本章では父方・母方の区分や子どもの出生順位など様々な条件による違いを考慮するので、解釈を容易にするためにも、分析結果を安定させるためにも、学歴変数の分類はシンプルな方がよい。また、ここで関心があるのは、家族の中で特定の学歴同士が関連すること（たとえば、祖父母が「大卒」であると子どもも「大卒」になりやすいなど）ではなく、学歴の高低が家族の中で関連し合っているかどうか（たとえば、祖父母の学歴が相対的に高いほど子どもの学歴も高くなりやすいなど）である。したがって、「親」「祖父母」「オジオバ」については、それぞれの相対的な高低の比率がほぼ同じになるように分類した[4]。

3. 諸仮説の検討

親族の影響とその推移

　表2-2は、祖父母やオジオバの学歴と子どもの大学進学率との関連およびその推移をとらえた結果である。まず表の一番上に示した「全体」の欄を見ると、祖父母の学歴が高いか否かによって、子どもの進学率に約19%ポイント（18.6 = 65.6 − 47.0）の、オジオバの学歴の場合には約29%ポイント（28.7 = 72.5 − 43.8）もの差があることがわかる。

表 2-1　学歴の構成

	中学	高校	短大	大学	不明	無回答
子ども	2.0	49.0	13.1	34.5	0.0	1.3
父親	18.7	44.2	2.8	23.3	9.5	1.4
母親	19.4	58.3	11.9	5.6	3.2	1.5
オジ	21.7	49.8	2.7	19.3	0.0	6.6
オバ	25.6	54.4	8.3	5.0	0.0	6.6
祖父	53.9	16.0	3.3	5.3	16.3	5.1
祖母	54.6	21.9	2.7	0.7	15.0	5.2

注:「中学」には旧制小学校や青年学校を、「高校」には新制の専門学校と旧制実業学校・師範学校を、「短大」には新制の高専と旧制専門学校・高等師範学校を、「大学」には「大学院」をそれぞれ含む。「子ども」と「オジ」「オバ」に「不明」がないのは、そうした選択肢がないことによる。父母の「不明」は配偶者不在のケースに該当する。

表 2-2　祖父母・オジオバの学歴別にみた子どもの大学進学率とその推移

	祖父母学歴			オジオバ学歴			オジオバがいない
	低	高	差	低	高	差	
全体	47.0	65.6	18.6	43.8	72.5	28.7	52.8
1960年代以前	43.3	63.1	19.8	42.1	65.5	23.4	44.8
1970年代	47.4	63.0	15.6	43.8	72.4	28.6	52.4
1980年代	48.4	68.1	19.7	44.7	73.5	28.8	56.5

注:ケース数は4,402。「低」は祖父母やオジオバの学歴が相対的に低い場合の子どもの進学率を、「高」は高い場合を、「差」は両者の差をそれぞれ意味する。祖父母およびオジオバの学歴による差は、いずれも1％水準で統計的に有意。

　では、その影響は同居率の低下に合わせて、時代とともに弱まってきたのだろうか。「1960年代以前」「1970年代」「1980年代」とあるのは、子どもの出生コーホート別に見た結果である。それぞれのコーホートにおける「差」の欄を見ると、近年になるほど祖父母やオジオバの影響が弱まる傾向はまったく認められない。ここから、「子どもの学歴に対する親族の影響はしだいに弱まっている」とする仮説1aは完全に否定されることになる。

　ところで、オジオバ学歴の影響については、オジオバがいない場合との比較が可能である。仮に、オジオバがいない場合を基準にすると、オジオバ学歴が高い場合に子どもの進学率が高まる「正の効果」だけでなく、それとは反対の「負の効果」も見積もることができる。表より、まず「全体」の場合、正の効果が約20％ポイント（19.7 = 72.5 − 52.8）であるのに対して、負の効果は−9％

ポイント（−9.0 = 43.8 − 52.8）となっており、オジオバ学歴が低い場合の負の効果より、高学歴のオジオバがいることによる正の効果の方が大きいとわかる。ただし、子どもの出生コーホートから時代による移り変わりを見てみると、負の効果は1960年代以前の−3％ポイントから1980年代の−12％ポイントへと増える一方で、正の効果は逆に21％ポイントから17％ポイントに減少している。ここから判断する限り、オジオバ学歴の影響は、正の効果が優勢であった状態から、負の効果のウェイトがしだいに大きくなる方向に変化していることになる[5]。

父方・母方による違い

　子どもの学歴に対する親族の影響がしだいに弱まるという仮説1aは、祖父母との同居率の低下（その背景としての伝統的な家族規範の弱まり）を主な根拠としたものであった。その仮説が否定されたという上記の結果から、親族の影響は子どもとの日常的な交流頻度（交流の量的側面）とは別の理由から生まれると判断できる。そこで注目されるのが、関係の親密さ（交流の質的側面）の影響である。NFRJ調査では子どもと親族との直接的な関係性を調べてはいないので、残念ながら、このことを直接に確認することはできない。しかし、第1節で紹介したように、子どもは父方よりも母方親族と親密であるという複数の調査結果が報告されている。これらの結果を参考にすると、もし親密である親族ほど子どもに強い影響を与えるのであれば、父方親族よりも母方親族との間に強い関連が認められるはずである。

　このことを調べたのが表2-3である。まず①から明らかなように、父方よりも母方の親族による影響が強いとは言えない。祖父母の場合はむしろ父方の学歴による差の方がわずかながら大きな値であるし、オジオバ学歴による差は、父方も母方もほとんど差が認められない。

　次の②は仮説2c「父方親族は男子に、母方親族は女子に強い影響を持つ」に対応させて、特に同性系列の親族間の強い関連――すなわち父方の祖父やオジと男子との関連および、母方の祖母やオバと女子との関連――に焦点化して調べた結果になるが、ここからも、仮説に対応した関連はまったく認められないことがわかる。むしろ、男子に対しては母方オジオバの、女子の場合には父

表2-3 父方・母方の別にみた子どもの大学進学に対する親族の影響

①全体的傾向

	祖父母学歴			オジオバ学歴			オジオバ
	低	高	差	低	高	差	がいない
父方	47.5	67.4	19.9	45.4	73.4	27.9	51.5
母方	46.6	64.1	17.6	42.5	71.9	29.4	53.7

注:ケース数は4,402。祖父母およびオジオバの学歴による子どもの進学率の差は、いずれも1%水準で統計的に有意。

②同性親族間

		祖父または祖母の学歴			オジまたはオバの学歴			オジオバ
		低	高	差	低	高	差	がいない
男子	父方	49.4	67.5	18.1	48.7	74.2	25.5	52.9
	母方	46.5	67.0	20.5	39.0	71.2	32.3	58.1
女子	父方	46.0	67.2	21.1	45.4	72.8	27.4	57.6
	母方	46.1	62.3	16.2	44.9	74.2	29.3	52.6

注:ケース数は男子が2,137、女子が2,054。男子の場合は男性親族(祖父とオジ)との、女子の場合は女性親族(祖母とオバ)との関連。いずれも1%水準で統計的に有意。

方祖父母の影響がより強いという傾向さえ読み取れる。とはいえ、従来とは正反対の新しい仮説を主張できるほどに明確な関連というわけでもない。なお、結果は省略するが、表2-2の場合と同様に、時代による変化を検討してみても、母方親族の影響がしだいに強まる傾向は(その逆の傾向も)まったく認められなかった。

　結局、父方や母方による違いを想定した仮説2群の予想は完全に外れたことになる。第1章に紹介した先行研究が指摘したように、母方親族の方が子どもと親密な関係を持つ傾向にあることは事実なのかもしれないが、そのように親密な関係にある親族が、必ずしも子どもの教育達成に強く関与するわけではないということだろう。

出生順位の効果

　残された仮説3群は、いずれも子どもの出生順位に着目したものである。このうち仮説3aは、日本の伝統的な家族制度との関連から長男の優遇を予想したものであった。一方の仮説3bは、性別にかかわらず、長子ほど親族から優

表2-4 長男優遇仮説の検討

	祖父母学歴			オジオバ学歴			オジオバ
	低	高	差	低	高	差	がいない
長男	49.3	68.9	19.7	46.7	74.7	28.0	52.8
次三男	41.9	64.6	22.8	38.8	70.5	31.7	50.0
長女	48.5	65.8	17.3	45.5	72.7	27.3	53.9
次三女	42.5	55.9	13.4	37.6	67.7	30.1	52.1

注：ケース数は4,402。祖父母およびオジオバの学歴による子どもの進学率の差は、いずれも1％水準で統計的に有意。

遇されて学歴が高くなることを予想している。

表2-4は、仮説3aの長男優遇仮説を検討するため、子どもの性別で分けて、出生順位の効果を調べたものである。まず男子の場合を見ると、確かに長男の方が大学進学率は高い傾向にあるものの、祖父母やオジオバの学歴による差は、むしろ長男より次三男の方が大きい。もちろん、この結果は、低学歴の祖父母やオジオバでさえ、長男に資源を集中したことを意味していると考えられないこともない。しかし、女子の場合にも、長女の方が次三女より進学率が高い。また、長女の進学率は次三男よりも高い。したがって、この結果をもとに、伝統的な家族制度を背景にした長男の優遇を主張することは難しい。むしろ興味深いのは、男女にかかわらず、順位の効果が非常に明瞭であることだ。特に注目されるのは、オジオバがいない場合と比較した負の効果（「いない」と「低」の差）である。表から算出すると、長男から順に、－6％、－11％、－9％、－15％ポイントとなっており、長男や長女に比べて、次三男や次三女で負の効果が大きい。しかも、正の効果については、順に、22％、21％、19％、16％ポイントであり、逆に次三男や次三女の値は長男や長女と同等以下である。つまり、男女にかかわらず、長子の場合には正の効果が大きく負の効果が小さいということになる。

したがって次に、長男か否かではなく、長子が優遇されているとする仮説3bがあてはまるのかを確かめてみよう。結果は表2-5に示した通りである。ここから、祖父母の場合もオジオバの場合も、出生順位が早いほど進学率も高く、親族学歴の効果も大きい傾向が明確に読み取れる。

この順位の効果は非常にはっきりとしたものである。しかし、これが親族学

表2-5 子どもの出生順位別にみた親族学歴の影響

	祖父母学歴			オジオバ学歴			オジオバがいない
	低	高	差	低	高	差	
第1子	49.6	70.7	21.1	46.2	77.2	31.0	58.0
第2子	45.9	62.3	16.4	42.5	70.4	27.9	50.0
第3子以降	40.6	54.2	13.6	38.5	59.6	21.0	39.5

注：ケース数は 4,402。祖父母およびオジオバの学歴による子どもの進学率の差は、いずれも 1%水準で統計的に有意。

歴の効果を上手く説明するかとなると、話は別である。順位によって進学率が異なること自体は、祖父母やオジオバの影響というよりも、親の影響だと考えられるからだ。本章で分析の対象となった子どもは、1950年代後半以降に生まれた世代となるが、この世代においては、出生順位の早いほど高学歴になる傾向が既に指摘されている（平沢 2012 など）。なお、この理由については平沢が興味深い指摘を行っている。すなわち、親の側がキョウダイの学歴に差異をもうけるつもりがなかったとしても、教育には多額の出費が伴うため、下の子どもにまで十分なお金をかける余裕がなくなってしまうのではないかということである。

ところで、仮説3bは出生順位が早いほど「優遇」されるという前提をおいていたが、表2-5の結果はこの理解とは必ずしも一致しない。その根拠は、オジオバがいない場合との比較から得られる。オジオバ学歴が高い場合の正の効果は、順位にかかわらず約20％ポイントであるが、負の効果は順位が早い者から順に、－12％、－8％、－1％ポイントであり、順位が早いほど負の効果が大きい。つまり、順位が早いほど学歴が高いという傾向（恐らく親がもたらす影響）を前提として、オジオバ学歴が低いことは、順位が早いほど強い負の効果をもたらすのである。したがって、順位が早いほど優遇しているというよりも、むしろ順位が早いほど負の効果が大きいのである。とはいえ、順位が早いほど逆に冷遇しているというわけではないだろう。結局、低学歴のオジオバという存在が、何らかの理由によって、子どもの進学率を抑制する効果を持つと解釈するのが妥当だということになるだろう。

まとめ

 以上、家族や親族の関連に関する3つの仮説群に沿って、子どもの大学進学に対する、祖父母とオジオバの学歴の影響を様々な角度から検討してきた。結果的にほとんどの仮説は否定されたが、次のような重要なポイントが明らかとなった。

 まず指摘できるのが、子どもの学歴に対する親族の影響は、伝統的な家族制度に基づくとは考えにくいということだ。また、同居率の低下や母方親族との親密さを根拠とした仮説が否定されたことから、親族と子どもとの学歴の関連を、直接的な社会化によって理解することも、やはり難しいと結論づけられるだろう。

 前半の議論から、改めて検討する余地が残されているのは、祖父母やオジオバの学歴が何らかの資源配分に関与している可能性である。そこで、上記の仮説からは一旦離れて、これまでの分析結果から明らかになったことを整理してみると、次の3点が浮かび上がってくる。

1) 祖父母やオジオバの学歴は子どもの大学進学に関連しており、その影響は少なくともこの数十年の間同程度に保たれている。
2) オジオバ学歴の影響は負の効果よりも正の効果が大きい（祖父母の場合は正負どちらの効果が強いか調べられない）。
3) 子どもの出生順位が早いほど祖父母やオジオバの影響は大きいが、それは主に順位が早いほど負の効果が大きいことによる（正の効果はどの出生順位でも同程度である）。

 ここで、祖父母やオジオバの学歴がその配分に関与していると考えられる資源を「資源X」と呼ぶことにすると、その資源Xは、この数十年の間、子どもの学歴に安定した影響を与え続けている（1点目より）。また2点目より、その資源Xは「持たないことの負の効果」よりも、「持っていることの正の効果」が大きい。ただし3点目より、出生順位の早い子どもに対しては、順位の遅い子に比べて、資源Xを持たないことの負の効果のウェイトが相対的に大きい。

 ナゾナゾのようになってしまったが、これらの条件を満たす資源Xをすぐ

に思いつくことは難しい。しかし、それがどのような資源であれ、祖父母やオジオバの学歴が、その資源Xの配分に起因することを確かめるためには、親の関与についても確かめてみる必要がある。出生順位のところでも述べたように、本章で祖父母やオジオバの影響とみなしてきた中には、親の影響が紛れ込んでいるかもしれないからである。そもそも子どもからみた祖父母やオジオバとは、親からみれば自分の親キョウダイであり、両者の間に強い関連があることは改めて説明するまでもない。もしかしたら、祖父母やオジオバの影響と見えたものは、実は、親の影響をとらえただけ（これを「疑似相関」と言う）なのかもしれない。

4. 親族効果の再検討

親族学歴の純粋な効果

　祖父母やオジオバの影響とは、親の影響を見誤った、「疑似相関」に過ぎないのだろうか。この点を確かめるため、親の学歴別に、祖父母とオジオバの学歴と子どもの大学進学率との関連を調べた結果を表2-6に示した。親学歴を考慮しなかった表2-2の値──祖父母学歴による差は19％ポイント、オジオバ学歴による差は29％ポイントであった──に比べると、祖父母やオジオバの学歴による子どもの進学率の差は確かに小さい。しかし別の見方をすれば、親学歴を統制しても、祖父母やオジオバの学歴は、無視できないほどの統計的に有意な関連を持っているとも言える。これはとても重要な発見である。子どもの大学進学に親の学歴が強く関連することは、これまでも多くの研究において繰り返し確認されてきたが、この結果は、親だけでなく親族によっても教育格差が生まれている可能性を示しているからである。ここから、教育格差を改善する方策を考える際に、子どもと同居する親だけを考慮したのでは、十分な有効性を発揮できない可能性が示唆される。

　したがって、単に関連があるかないかに留まらず、どこに大きな格差が発生しているのか、もう少し詳しく確認してみよう。まず興味深いのが、祖父母学歴の影響である。表2-6から明らかなように、祖父母学歴は、親の学歴が低い場合よりも高学歴の場合に強い効果を持つ。これは祖父母も親も高学歴とい

表2-6 親の学歴別にみた子どもの大学進学に対する親族の影響

		祖父母学歴			オジオバ学歴			オジオバ がいない
		低	高	差	低	高	差	
親学歴	低	42.1	47.7	5.7 *	39.8	60.3	20.4 **	40.1
	高	70.1	82.7	12.7 **	67.2	82.4	15.1 **	79.6

注：ケース数は4,402。*p<05　**p<.01

うように、正の効果が累積することでより強い効果を持つ（以下、「累積効果」と呼ぶ）ことを暗示する。この理解が正しければ、正の効果を持つ資源Xは、世代間で累積することによって、より大きな格差を生み出すと推測できる。一方、オジオバの場合には、親の学歴が低い場合により大きな効果を持つ。オジオバ学歴は、むしろ、親の低学歴を補償する効果（以下「補償効果」と呼ぶ）を持っているのかもしれない。

ところで、前節では、オジオバが低学歴であることによる負の効果よりも、高学歴であることによる正の効果の方が大きいと指摘した。しかしながら、親の学歴を考慮すると、それがあてはまるのは親学歴が低い場合に限られることがわかる。表2-6からオジオバが「いない」場合を基準として、オジオバ学歴の正負の効果を求めると、親学歴が低い場合には、正の効果が20%ポイントであるのに対し、負の効果はほとんどない。ところが、親学歴が高い場合を見ると、正の効果が3%にとどまるのにたいし、負の効果は−12%ポイントとなっている。つまり、オジオバ学歴は親学歴が低い場合には正の効果のみを発揮し、逆に親学歴が高い場合には主に負の効果をもたらすのである。言い換えるなら、オジオバの学歴は、親の低学歴を補償するだけでなく、親の高学歴の効果を薄めるような働きもしているということだ。その意味では、オジオバ学歴は親学歴の効果を正負両方向で調整するような働きをしていると言えるかもしれない。

以上より、親の学歴を考慮しても、祖父母やオジオバの学歴が子どもの大学進学に関連することが明らかとなった。したがって、親族効果は単なる「疑似相関」ではないと主張したいところだが、この結果は、親の学歴だけを考慮したにすぎないとも言える。親の職業や収入など他の階層的地位も、祖父母やオジオバの学歴と一定の関連を持つはずなので、まだ「疑似相関」の疑いが完全

に晴れたわけではない。また、これまでは祖父母とオジオバの学歴を個別に検討してきたが、両者をともに考慮した場合にどのような結果になるのかはわからない。特に祖父母学歴はオジオバ学歴よりも弱い効果しか持たないこと、祖父母とオジオバも親子であるため両者の学歴にも関連のあること等を考慮すると、特に祖父母学歴が本当に独自の影響を持つのかについては直接に確かめてみなければならない。

マルチレベル・モデルによる分析結果

そこで最後に、子どもの大学進学に関するマルチレベル・ロジスティック回帰モデルによる分析を行う。マルチレベル・モデルとは、データ内に互いに関連する何らかの集団が想定できる場合に、その集団に関する情報の効果を統計的に適切に推定するために開発されたものである。親と祖父母とオジオバは、いずれも親の定位家族のメンバーであり、互いの地位指標には関連があると予想される。したがって、適切な推定を行うためには、マルチレベル・モデルによって分析することが必要になってくる[6]。

図2-4は、以上の手続きにしたがって、マルチレベル・モデルによる結果の概要を図示したものである。詳しい結果は付表2-1に示してあるので、詳細を知りたい方は、そちらをご覧いただきたい[7]。このモデルでは、「子どもの要因」として、子どもの出生順位、性別（男子であること）、出生年を、「家族の要因」として子ども数（子どものキョウダイ数）、父親の職業（父親が「専門管理職」であるか否か）、親族学歴を検討している。また、親族学歴の効果は、親・祖父母・オジオバそれぞれの学歴の組合せ変数としてモデルに組み込んでいる。たとえば、「親のみ」は親だけが高学歴で祖父母やオジオバは低学歴の場合を、「親と祖父母」は親と祖父母が高学歴でオジオバは低学歴の場合というように、どのメンバーが高学歴であるかに着目して8つのパターンに分類している[8]。図中の実線の矢印は有意な正の効果を、点線は有意な負の効果を、薄いグレーになっている部分は統計的に有意な効果がなかったことを、それぞれ意味している。ここから親族学歴の効果について、次のようなことがわかる。

1)「祖父母のみ」が高学歴である場合をのぞいて、親族学歴およびその組

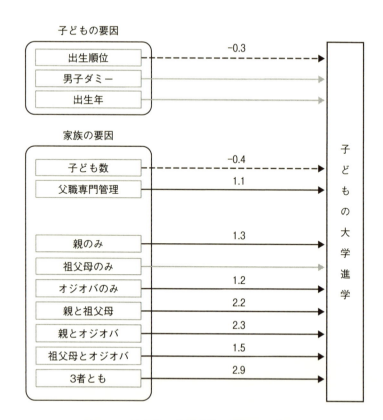

図2-4　子どもの大学進学に影響する諸要因

注：付表2-1のモデル2の結果に基づく。

合せの効果はいずれも統計的に有意である。言い換えるなら、祖父母学歴は、親も祖父母も高学歴の場合にのみ効果を持つ（累積効果）。

2)「オジオバのみ」が高学歴で親が低学歴の場合でも、子どもの進学率は高くなる。つまり、オジオバ学歴は親の低学歴を補償する効果がある（補償効果）。

3)「親のみ」が高学歴の場合と比べて、「親と祖父母」が高学歴の場合や「親とオジオバ」が高学歴の場合、および「3者とも」高学歴の場合の方が、子どもの大学進学率が高くなる[9]。つまり、祖父母学歴とオジオバ学歴は、子どもの大学進学に対して親の学歴とは独立した正の効果を持つ。

なお、これらの結果は、子どもの要因や親の学歴だけでなく、親の職業も考慮したものであることに注意して欲しい。付表には父親の職業を含まない場合（モデル1）の結果も示してあるので両者を比較してみると、親の職業を考慮することで親学歴の効果は係数にして0.4ほど小さくなるが、祖父母やオジオバの影響はそれほど変化していないことがわかる。以上より、子どもの大学進学に対する祖父母やオジオバの学歴の効果は、両親の社会的地位とは独立している、したがって疑似相関である可能性はほぼ否定されたと考えてよいだろう。

ただし、一般的には、家庭の経済的な豊かさの影響に強い関心が持たれているので、この点についても確かめておきたい。ちなみに、経済的な豊かさが教育格差に関与すると考えられるのは、それが学費などをどれだけ支払えるかを決定するからである[10]。また、塾や家庭教師などの学校外教育を利用することによって学力が高まることも、経済的な豊かさがもたらす影響とみなしてよいだろう。このように、経済的な豊かさが教育格差に影響するロジックは明白であるのに反して、そのことの証明は一般に考えられるほど簡単ではない。

まず、家庭の経済状況は個人のプライバシーに関する情報の中でも、特に重要度が高いと感じられているためか、調査によって回答してもらえないことが多い。もちろん、職業や学歴などもプライバシーに関わる情報だが、収入や資産の回答を拒む気持ちは、職業や学歴を答えたくないという気持ちよりも強いことが多い。また、仮に回答が得られても、NFRJ08のようなデータで確認できるのは、調査時点における親（調査対象者）の収入と、既に達成された子どもの学歴であるため、子どもの学歴に対する家計の影響を見積もる目的からすると、時間的な前後関係が逆転してしまっているという問題がある[11]。もちろん、現在の収入は子育て期の収入とも関連すると予想されるので、現在の収入を子育て期の収入の代理指標とした分析もできないことはない。ただし、その場合でも、子どもが既に30代や40代に達している場合には、子育て期から時間が経ちすぎてしまっているため適用するべきではないだろう。また、親が既に退職している場合には、現在の収入は子育て期の家計の状況を正しく反映していない可能性が高い。一方、親の年齢が極端に低い場合には、子育て後に再婚したケースなど、ここでの想定に合わないデータが含まれる可能性も高く

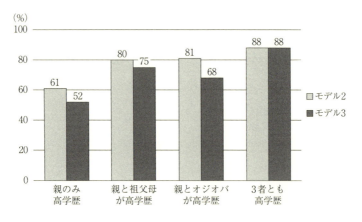

図2-5 家族学歴が子どもの大学進学率に与える影響（推定値）

注：付表2-1のモデル2とモデル3において、「親のみ」が高学歴の場合と比較した、祖父母やオジオバ学歴の効果を子どもの大学進学率に変換した値。

なる。以上を勘案して、できるだけ比較可能なデータを作成して再検討を行った（付表2-1モデル3)[12]。その結果、収入を考慮することによって値はわずかに低下するものの、大きな親族効果の残されることが確認された。

ところで、図2-4や付表2-1に示されたマルチレベル・モデルの分析結果では、子どもの学歴に対して、祖父母やオジオバの学歴がどの程度の影響を持つのかはイメージしにくい。そこで、親の職業を考慮したモデル2と、さらに収入も考慮したモデル3の推定値を元に、親族学歴の効果を進学率に変換して示したのが図2-5である。モデルによって値は若干異なるが、どちらの場合でも、親だけが高学歴の場合に比べて、祖父母とオジオバのいずれかが高学歴であると2割前後、どちらも高学歴の場合は3割前後、子どもの進学率の高まることが読み取れる。

5. 資源Xとは何か

これまでの分析から、祖父母やオジオバの学歴が子どもの大学進学に対して、それぞれ独自の影響を持つことが確認できた。これは大変に興味深い結果であ

る。しかし、それは一体なぜかと問われると即答することは難しい。この点に関連した様々な先行研究の整理からは、「直接的社会化説」と「資源配分説」という2つの見方が導き出された。このうち前者の社会化説には、現代の家族関係においても伝統的な家族制度の影響が強く残存するという立場と、母方親族との親密さを軸とした新しい家族関係が強く影響するという立場があるが、本章の分析結果は、どちらの理解とも合わないものであった。もちろん、本章の分析に限界のあることは間違いないが、直接的な社会化説の妥当性を否定する結果がこれだけ示された以上、別の可能性を検討してみることが有益だろう。

その意味で問題になってくるのが資源配分説の妥当性である。資源配分説には、配分する「資源の種類」や「配分原理」をどうとらえるかによって様々な考え方が存在しうる。本章では、後者の配分原理について、家族関係の影響を主に検討してきたが、上記の通り、伝統的な家族制度も新たな家族関係のあり方も、この資源Xの配分原理とは直接関わらないと判断された。したがって、残された検討課題は、この資源の種類を解明すること、および家族関係以外で、この資源の配分原理に関わるものを明らかにすることである。

資源Xの可能性としてまず思い浮かぶのは、経済的な資源であろう。親であれ、祖父母であれ、オジオバであれ、一般に学歴と収入には関連があるので、祖父母やオジオバの学歴による効果として示されたのは、両者の収入など、経済的な資源の影響をとらえたものなのかもしれない。多世代効果の重要性を指摘したメア（Mare 2011）においても、「資源の耐久性」という観点から、学歴のような人的資本よりも収入や資産のような経済的資源の方が、世代を超えて影響を及ぼす可能性が高いのでないかと指摘されている。本章においても、祖父母の学歴は親の学歴が高い場合にのみ有意な効果を持つ、つまり祖父母－親と高学歴が累積した場合に限って効果を持つことが確認されたが、祖父母も親も高学歴の家庭は経済的な資源も豊富な傾向にあると予想される。これらは経済的資源説の妥当性を意味しているようにも考えられる。しかしながら、マルチレベル・モデルにおいて親の収入の効果を検討したモデル3の結果は、こうした考え方を支持しなかった。そもそも、現代の日本社会において、オジオバから大きな経済的支援がある（全国調査において子どもの大学進学率への影響が検出されるほどの支援がある）とも考えにくい。もちろん、祖父母が子どもの学

5. 資源Xとは何か

費を支援するという話は耳にすることもあるが、少なくともそれが、上記の分析結果を説明する主な理由とは言えないだろう。

　資源Xの候補として、次に考えられるのが、いわゆる文化的な資源・資本である。その可能性について、本章では何も検討できていない。したがって、この点については改めて次章で分析してみたいが、本章の分析から、その資源は次のような条件を満たす必要がある。

1) 祖父母やオジオバの効果は、日常的な接触頻度や関係の良好さ（親密さ）とは関わりがない
2) 正負両方向の効果がある
3) その資源の影響は、少なくとも過去数十年にわたって安定的であった

　前章でも紹介したが、ヨーロッパ諸国で祖父母効果の比較研究を行ったダインドルとティーベンの研究（Deindl and Tiben 2012）でも、祖父母の経済的資源が弱い効果しか持たない一方で、文化的資源が強い効果を持つという結果が示されている。また、高等教育学歴の継承がなされている家庭ほど、子どもの学歴も高くなるというローレンス（Lawrence 2012）の結果は、そうした家庭ほど文化的資源が累積して強い効果をもたらすことを意味している可能性がある。ここで、ブルデューの言うような文化資本の相続ということを考えると、それは、祖父母から親に伝えられ、それが親から子へ伝えられる（それによって高学歴を達成する）という道筋になる。また親のキョウダイであるオジオバにも、それが伝達・共有されているほど、その家族における文化資本はより豊富で確固としたものであると予想できる。このような文化資本の伝達経路を考えると、祖父母やオジオバの影響が、子どもとの直接的な交流状況と関連しなかったとしても納得できる。また、文化資本は必ずしも特定の物を指すわけではないので、数十年にわたって効果を持ち続けることも十分に考えられるだろう。したがって、次章では、これらの可能性について詳しく検討してみたい。

付記
　第3回全国家族調査（NFRJ08）データの使用にあたっては、日本家族社会学会全国家族調査委員会の許可を得た。

付表 2-1　マルチレベル・モデルによる結果の詳細

	モデル 1	モデル 2	モデル 2′	モデル 3
固定効果				
切片	-1.34	-4.30	-68.21	-86.67
第 1 水準				
出生順位	-.24**	-.25**	-.46**	-.47**
男子ダミー	.10	.09	.26	.27
出生年	.00	.00	.03	.04
第 2 水準				
子ども数	-.36**	-.35**	-.30	-.27
父職専門管理		1.09**	1.06**	.87**
家族学歴				
親のみ	1.72**	1.31**	1.14**	1.02**
祖父母のみ	-.01	-.09	-.57	-.63
オジオバのみ	1.29**	1.16**	.77	.74
親と祖父母	2.60**	2.20**	2.28**	2.03**
親とオジオバ	2.64**	2.28**	1.97**	1.71**
祖父母とオジオバ	1.69**	1.50**	.87	.72
親・祖父母・オジオバ	3.34**	2.88**	3.10**	2.89**
世帯収入（対数変換）				.83**
ランダム効果				
家族水準誤差分散	3.59	3.39	3.59	3.39
モデル適合				
パラメータ数	13	14	14	15
-2LL	5203.3	5139.4	1395.2	1381.2
ケース数				
第 1 水準	4,402		1,234	
第 2 水準	2,154		734	

注：「家族学歴」は相対的に高学歴である家族成員の組合せ。たとえば「親のみ」は親のみが高学歴の場合、「親と祖父母」は親と祖父母が高学歴の場合など。モデル 2′ と 3 は 1980 年代に生まれた者のうち父親と子どもの年齢差が 18 歳以上かつ調査時点の父年齢が 60 歳未満のケースに限定している。*p<.05　**p<.01

注

1) 片岡（1990）は、1955年調査との比較から、1985年調査データでは、相対的に高学歴の祖父を持つ有利さがなくなったことを指摘している。
2) 平沢（2011）によれば、古い世代では逆の傾向も認められるものの、1950年代以降の出生においては、この傾向が明確に認められるという。本章の分析対象は概ね後者の世代に該当しており、確かに第1子の進学率が高い傾向にある。
3) 調査の詳細は日本家族社会学会・全国家族調査委員会（2010）を、学歴の聴取方法は荒牧（2011）を参照されたい。
4) 親は回答者の学歴、祖父母は回答者の父母学歴の平均、オジオバは回答者のキョウダイ学歴の平均について分布を調べ、高：低の比率がどの分布でも同等に区分できる点を探したところ、およそ1：2となる点で同様に分割できたので、この区分を用いた。
5) ただし、この変化はあくまで、オジオバが「いない」者、すなわち、親が一人っ子である場合との比較であることに注意が必要である。「いない」者の進学率は45%から57%へと上昇しているが、この時期に全体の進学率は必ずしも上昇しているわけではない。
6) 子どもの出生順位、性別、出生年など子ども自身に関わる要因を第1水準（個人水準）、子ども数や親族学歴など子どもの「家族」にかかわる要因を第2水準（家族水準）に設定している。なお、NFRJ08では7人までの子ども数が把握可能であるが、5人までで全体の99%を占める。ここでは外れ値の影響を避けるため5人以上をひとまとめにして用いている。
7) 結果が煩雑になるため省略したが、切片と誤差分散のみを推定したNULLモデルを用いて、マルチレベル分析の必要性を検討してある。このモデルにおいて、疑似ICC、すなわち全分散のうち第2水準の違い（すなわち子ども自身ではなく家族の違い）によって説明できる割合を求めると、約60%と高い値であった。ここから、このデータにマルチレベル・モデルを適用することが妥当だとわかる。
8) 親・祖父母・オジオバの学歴をそれぞれ2値変数として構成しているので、親族学歴を表す変数は合計8カテゴリーとなる。分析では、3者すべてにおいて低学歴のケースを基準カテゴリーとして用いている。
9) この結果は、「いずれも低学歴」の場合を比較の基準としている。そのため、祖父母やオジオバの学歴が本当に独自の統計的に有意な効果を持つのかは検討できていない。そこで、比較基準を「親のみ」に変更して再分析を行ったところ、「親と祖父母」「親とオジオバ」「親と祖父母とオジオバ」の効果は、いずれも統計的に有意な正の効果を持つことが確認できた。つまり、親だけでなく祖父母やオジオバも高学歴であることは、親のみが高学歴の場合よりも、子どもの学歴を高める効果を持つと言えることになる。なお、さらに祖

父母とオジオバの付加的効果を検討するため、「親と祖父母」および「親とオジオバ」に加えて3者とも高学歴であることの効果を検討してみたところ、5%水準では有意とならなかった（10%水準では有意）。つまり、「親と祖父母」に加えてオジオバも高学歴であることや、「親とオジオバ」に加えて祖父母も高学歴であること、より一般的に言えば、親族の中に占める高学歴者の割合が増えることの効果は、親以外に高学歴者がいることほどには効果がない（つまり、親以外に高学歴者がいるか否かが重要）ということになるだろう。ちなみに、そのことは図2-5の推定値からも読み取れる。

10) これには学費などの直接費用の負担能力ばかりでなく、働いていたら得られたはずの所得を放棄するか否かに関わる間接費用（機会費用）の負担能力も含まれ得る。ただし、社会学の分野では直接費用の扱いさえ十分ではなく、間接費用の効果まで考慮した実証研究は行われていないようである。

11) もちろん収入情報の正確さを重視して、たとえば現在の家庭の収入と子どもの通塾や成績との関連を調べることも可能だが、仮にそうした関連が明らかになったとしても、それが将来の学歴にどう関わるかはわからない。あるいは、すでに学歴達成の済んだ回答者自身の学歴に着目すると、学歴の情報は確実だが、家庭の経済状況については主観的な回顧情報になってしまう。結局、子どもの頃に家庭の経済状況を調査した後、数年後の学歴情報をパネル調査によって収集しない限り、正確な対応関係はわからない。ただし、繰り返し回答を依頼するパネル調査の場合、一回限りの調査よりも協力を得ることが難しく、多くのデータが欠落してしまうという問題が発生する。別の解決策としては、自治体で管理している過去の家計の情報と照合する方法もあり、諸外国では実際にそうしたデータセットによる分析もなされているが、日本ではそうした利用は認められていない。

12) 1980年代に生まれた（調査時点でほぼ20代）の「子ども」のうち、父親との年齢差が18歳以上であり、調査時点における父親の年齢が60歳未満のケースに限定した。なお、NFRJ08調査では生計をともにしている家族の「去年1年間」の税込み収入について、予め用意した選択肢（「400～499万円台」など）から該当するものを選んで回答してもらっている。分析では各選択肢に示された値の中央値（上記の例では450万円）を対数変換した値を用いた。付表のモデル2′は、この制限サンプルを用いてモデル2と同じ分析を行った結果であり、モデル3はモデル2′に世帯収入の効果を加えた結果になる。

第 3 章

親族効果の背景

1. 家族・親族と教育期待

　かつての日本社会では、お盆やお正月といった「伝統的」な行事の折りに、あるいは冠婚葬祭を機会に親族が一堂に会し、面と向かって話をする機会も多かった。近年では、そうした行事で集まる機会自体が減るとともに、その時々に集まる人数も少なくなっている。しかしながら、その一方で、携帯電話やスマートフォンが広く普及したこともあり、電話やメール、SNSなどを通じて連絡を取り合うことは、逆に以前よりも増える傾向にあるようだ[1]。また、直接にやり取りをする機会や頻度が減り、連絡を取る手段が時代とともに変化したとしても、家族や親族との交流によって、価値観や態度に何らかの影響を受けること自体は、現代でも残されているのではないかと考えられる。
　そのようなやり取りにおいて、具体的にどのような話題がのぼるかは、当然、それぞれの親族によって様々だろう。子どもに関する話題一つをとっても、野球やサッカーなどのスポーツや、剣道・柔道などの武道、ピアノや絵のコンクールなど、様々な分野での子どもの活躍が賞賛されることもあれば、地域の子供会やボランティアなど社会的な活動の様子が頻繁に取り上げられることもあるだろう。あるいは、そもそも子どものことをよく話題にするかどうかにも、大きな違いがあるかもしれない。そうした違いがなぜ生まれるかには、多種多様な理由が関係していると思われるが、親族の中でどのような価値観が共有されているかは、1つの重要な要因だろう。また、どのような価値観が共有され、あるいは少なくとも優勢であるかは、各自の占める地位や所有する様々な資本

によっても異なると考えることができる。たとえば全員が高等教育を受け、子どもたちの成績や進学先に関する話題が活発になされる親族と、大学へ進学した者が皆無でそうした話題が一切のぼらない場合とでは、子どもの教育に対する期待も異なるだろう。そうした違いは、結果的に子どもが達成する学歴にも、大きな違いを生む可能性がある。

このように考えてみると、子どもの学歴に対する祖父母やオジオバの影響は、親族に共有される価値観や態度を通じて生まれたのではないかと予想することができる。SSM や NFRJ といった従来の調査では、データの限界から、こうした親族の影響を検討することは難しかった。しかし、親族の学歴だけでなく、親自身の育った家族（定位家族）や親自身の教育経験についても、様々な情報を得ておけば、上記のような観点からの理解を深めることも可能だろう。なぜなら、子どもにとっての祖父母やオジオバとは、親自身の親キョウダイなので、親が育った定位家族の経済状態や文化資本の様子を知ることは、祖父母やオジオバに共有された経済資本や文化資本を知ることにもつながるからである。また、そうした家庭の中で、親自身がどのような教育経験（学校外教育や受験などの経験）をしてきたのかを知ることは、各家庭の教育的な風土について知ることにもなるだろう。そこで本章では、親族が子どもの教育達成に影響する理由について、第 2 章では検討できなかった、文化的な資源や資本の伝達・共有という観点から迫ってみたい。具体的な検討課題は、次の 2 点になる。

第 1 の課題は、第 2 章で示されたような親族効果、つまり、子どもの大学進学に対する祖父母やオジオバの影響を再確認することである。これには 2 つの意味がある。1 つは、第 2 章で検討した NFRJ データだけでなく、調査の内容や方法の異なる別のデータセットでも、同様の結果が得られるかどうかを確認することである。これまでのところ、親族学歴の効果について、日本ではあまり研究が進んでいないため、異なるデータを使って改めて確認しておくことは、結果の信頼性の面でとても重要なことになる。ただし、ただ単に異なるデータでも確認するというだけでなく、本章では、そうした関連の仕方が男女で異なるのかについても確認してみたい。というのも、子どもに対する親の教育期待は、子どもの性別によって異なることがよく知られているからである。もちろん、男女平等の意識が広がるにつれて、その差は着実に縮まってきているが、

比較的最近の調査でも、子どもの性別によって、親の期待する学歴には明確な差異のあることが確認されている（Benesse 教育研究開発センター・朝日新聞社 2013；NHK 放送文化研究所 2015 など）[2]。また、こうした違いが家族の社会経済的地位とも関連していることは、研究者の間では古くから知られている。第 1 章でも紹介したウィスコンシン大学の研究グループは、教育達成に対する親の社会経済的地位と社会心理的要因の複合的な影響に着目した草分け的存在であるが、その中でも、シーウェルらが（Sewell and Shah 1968）子どもの性別による違いに言及し、親の教育期待に対する親学歴の効果は、女子の方が大きいことを指摘している。日本のデータを用いた分析でも、娘より息子に高い学歴を期待する傾向や、女子への期待は親の地位や家庭の資源の影響をより強く受けることなどが報告されている（片瀬 2005 など）。ここからは、親以外の親族が子どもに与える影響も、子どもの性別によって異なる可能性が考えられる。

もう1つの、本章にとってより重要な課題は、親族効果が生まれた理由について、一歩踏み込んだ分析を行うことである。これまでにも述べたように、その理由は様々に考えられる。まず思いつくのは、祖父母やオジオバによる、子どもへの直接的な社会化の影響であろう。しかし、第 2 章の分析結果をふまえると、そうした理由では、親族効果を上手く説明できないと考えられる。その一方で、何らかの資源や資本の配分がそこに関わっている可能性には、まだまだ検討の余地がある。したがって、本章では、親族効果の生まれる背景として、経済資本や文化資本の伝達・共有を想定することが妥当なのか、もっと別の理由を考える必要があるのかについて、詳しく検討していくことにしよう。

2. 親族効果の再確認

ESSM データの特徴と変数の設定

上記の事柄を調べるために、本章では、2013 年に実施された『教育・社会階層・社会移動全国調査（以下、ESSM 調査）』のデータを用いる[3]。その第 1 の理由は、ESSM 調査が、第 2 章で用いた NFRJ 調査と同様、調査対象者の父母、配偶者、キョウダイ、子どもの学歴を調査していることにある。したがって、対象者の「子ども」の側から見ると、「祖父母」「父母」「オジオバ」「キ

ョウダイ」の学歴について、相互の関連性を調べることができる。ESSM データを使用する第 2 の、本章にとってより重要な理由は、この調査が回答者の定位家族（回答者が生まれ育った家族）の状況や回答者が子どもの頃の教育経験についても、様々な質問を行っていることにある。子どもにとっての祖父母とオジオバとは、回答者の親キョウダイのことであり、回答者が子ども時代を過ごした同じ定位家族のメンバーである。したがって、その定位家族の経済状況や文化的な背景、教育経験などの影響について知ることは、家族のメンバー内で伝達・共有された経済資本や文化資本の影響を知ることにつながる。したがって、これらの情報をできる限り活用して、上記の課題を探ってみたい[4]。

　ところで、本章では、第 2 章と同様、調査対象者の「子ども」の大学進学に対する、親族学歴の影響を検討する。そのため、ESSM 調査の全回答のうち、19 歳以上の「子ども」に関するデータのみを抽出した上で、分析単位を「回答者」から「回答者の子ども」に変換して分析に用いている。なお、ESSM データでは、子どもが 40 代以上に達するケースが非常に少なかった。こうした少数の事例によって、意図しないような結果の歪みが生じる恐れもあるため、ここでは 40 代未満の子どものデータに限定している。

　分析の要となる家族・親族の学歴についても、基本的に、前章と同様の方針で準備を行った。つまり、「子ども」の「親」の学歴は調査対象者の学歴を、「祖父母」学歴は調査対象者の父母の学歴を、「オジオバ」学歴は調査対象者のキョウダイの学歴を、「子ども」の学歴は対象者の子どもの学歴をそれぞれ用いる。また、ここで関心があるのは、「親」「祖父母」「オジオバ」それぞれの学歴が相対的に高いか低いかによって、子どもの大学進学がどのように異なるかである。したがって、それぞれの学歴をほぼ同じ比率で上下 2 つのグループに分けて分析に用いている[5]。具体的には、「親」は専門学校以上の学歴を得ているか否か、「祖父母」は少なくとも一方が中等教育以上の学歴を得ているか否か、「オジオバ」は短大以上の学歴を得た者が 1 人でもいるか否かによって区分した。

子どもの学歴と親族学歴の関連

　はじめに祖父母やオジオバの学歴と子どもの大学進学との関連を確認してお

こう。表3-1に示した結果から、まず「全体」の状況を見ると、祖父母やオジオバの学歴によって、子どもの大学進学率が約20%ポイント異なることがわかる。したがって、第2章で確認したNFRJデータだけでなく、ESSMデータにおいても、祖父母やオジオバの学歴と子どもの学歴が関連すると言えそうである。また、同じ表から男女別の結果を見ると、親族学歴の影響は、どちらの性別でも確認できる。なお、特に祖父母学歴の場合にはっきりしているが、その影響は、子どもが女の子の場合により大きいようである。

ところで、第2章でも指摘したように、一般に同じ定位家族のメンバーであった、祖父母やオジオバの学歴と親の学歴には、一定の関連があると予想されるため、こうした関連は親学歴の効果をとらえた疑似相関に過ぎないかもしれない。そこで、親学歴の影響を考慮した結果を次の表3-2に示した。すると、祖父母の場合もオジオバの場合も、親学歴が低い場合にはあまり差がなく、親学歴が高い場合には明確な差のあることがわかる。

これを男女別に見ると、先ほどと同様、祖父母学歴の影響は女子の方が大きい。ただし、それほど決定的な違いがあるわけではない。それよりも明確なのは、男女とも、祖父母の場合よりもオジオバの場合に、子どもの大学進学率により大きな違いが認められる点である。これはNFRJデータを用いた第2章の分析でも共通して確認されたことであり、信頼性の高い結果と言えるだろう。

以上の結果を第2章の場合と比較すると、いくつか違いのあることもわかる。もちろん、それぞれの調査の対象も分析方法も異なるため、結果が完全に一致しないのは当然のことである。全体の傾向として言えるのは、ESSMデータと比べるとNFRJデータの方が、子どもの進学率が高いことである。これは、それぞれのデータが持つ特徴を反映していると考えられるが、全体の関連構造が似通っていれば、ここでの考察に大きな影響はない。その意味でむしろ注意が必要なのは、第2章でオジオバの補償効果として言及した点である。補償効果とは、親の学歴が低くても、オジオバの学歴が高ければ、子どもの進学率も高くなることを指したものであった。ところが表3-2に示したESSMデータでは、親学歴が低くオジオバの学歴が高い場合に、子どもの進学率があまり高くなっていない。つまり、ESSMデータでは補償効果は認められなかったことになる。したがって、この補償効果については、改めて別のデータを用いて検

表3-1　子どもの大学進学に対する親族学歴の影響

	祖父母学歴			オジオバ学歴			ケース数
	低	高	差	低	高	差	
全体	43.4	62.7	19.3 **	36.6	60.5	23.9 **	1,892
男子	50.0	66.3	16.3 **	43.1	65.7	22.6 **	981
女子	36.1	59.2	23.1 **	29.6	54.9	25.3 **	911

注：** $p<.01$

表3-2　親の学歴別にみた親族学歴の効果

			祖父母学歴			オジオバ学歴			ケース数
			低	高	差	低	高	差	
全体	親学歴	低	36.0	35.4	−0.6	34.4	40.6	6.3 *	1,257
		高	63.7	76.7	13.0 **	50.7	73.6	22.9 **	635
男子	親学歴	低	42.6	35.9	−6.8	41.1	45.1	4.1	651
		高	70.0	80.9	10.9 *	55.8	79.1	23.2 **	330
女子	親学歴	低	28.8	35.0	6.3	27.1	35.9	8.8 *	606
		高	56.6	72.5	15.9 **	45.2	67.7	22.5 **	305

注：* $p.<05$　** $p<.01$

討する余地があると思われる。

　このように、NFRJ データの場合とは関連の仕方に若干の違いはあるものの、ESSM データにおいても、親族学歴の直接効果が確かに認められたと言えるだろう。

3. 親族の影響をとらえる視点

経済的な豊かさの影響

　それにしても、祖父母やオジオバの学歴はなぜ子どもの学歴と関連するのだろうか。第2章では、多世代効果の議論を先導してきたメア（Mare 2011）の議論も参照しながら、特に家族制度の影響を中心に検討したが、分析の結果は、親族効果の背景に家族制度が強く関与している、という考え方には合わないものであった。

　ただし、メアが指摘したような、社会の上下末端における富や貧困の多世代

にわたる継承は、日本社会でも存在しているのではないかと思われる。また、メアの議論は、経済資本など耐久性の高い資本が親族内で継承されるメカニズムを想定していたが、経済資本が多世代にわたって継承されているならば、それが教育達成に影響するというのは納得できる説明である。第 2 章における、親の収入を考慮した分析の結果は、こうした考え方とは合わないものであったが、用いたデータには色々と制約があったため、ここで改めて検討することにも価値があるだろう。

　仮に上記の考え方が正しいとすると、一般に同じ定位家族で育った回答者とそのキョウダイ（子どもにとっての「親」と「オジオバ」）の学歴にも、そうした経済資本の影響が反映されているはずである。ただし、経済資本の影響は完全に親学歴に表れるわけではないため、親学歴に反映されなかった経済資本の効果が、祖父母やオジオバの学歴には表れている可能性がある。つまり、経済資本の多世代的継承があり、それが家族のメンバーの教育達成に強く関与する（図 3-1 の①②③）という前提に立つと、祖父母やオジオバの学歴は、親の定位家族が継承してきた経済資本の代理指標とみなすことが可能である。このような考え方を「経済資本仮説」と呼ぶことにしよう。この仮説が正しければ、親の定位家族の経済的豊かさ（親が中学 3 年生の頃の「くらしむき」）を考慮して分析することによって、祖父母やオジオバの学歴が示す影響（図 3-1 の⑤⑥）は弱まる（あるいは消滅する）だろう。

　この仮説が想定する状況については、次のようなイレギュラーな例を考えてみると理解がしやすいかもしれない。たとえば、「豊かな家庭で育ったキョウダイのうち 1 人だけがたまたま大学へ進学せず残りの者は経済資本を生かして大学へ進学したケース」と、「貧しい家庭で育ったキョウダイのうち 1 人だけが大学へ進学し他のキョウダイは進学しなかったケース」を想定してみよう。仮に前者のケースにおける非進学者と後者のケースにおける進学者がともに調査の回答者であった場合、回答者（＝親）の学歴情報だけではとらえられない親族の経済資本の影響は、キョウダイであるオジオバ学歴の効果に反映されると考えられる。

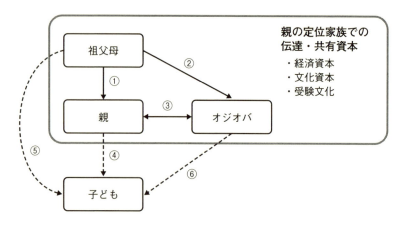

図3-1 各理論仮説の立場を分類する枠組

文化資本の影響

　家族や親族内での学歴の関連性を、経済的な豊かさから説明しようとするのは、極めて常識的な理解だと言える。一方、社会学の中で注目されてきたのは、家庭の文化的背景がもたらす影響であった。その中でも特に活発に研究が進められてきたのは、ブルデューの文化資本論の妥当性を理論的・実証的に検討する試みである。ごく簡単に振り返っておくと、文化資本論とは、親子間での文化資本やハビトゥスの伝達・継承が、教育達成の階層差を生み出すという主張であった。こうしたブルデューの議論は、基本的には親子2世代間での関連を想定したものである[6]。しかし、本章の冒頭に述べたような親族間での価値観の共有を考慮すると、ブルデューの想定したような世代間伝達のプロセスが、多世代にわたる親族間でも広がっているのではないかと予想することができる。つまり、子どもの学歴に対する親族の影響が、ブルデューの想定したようなメカニズムによって生じた可能性は、十分に考えられることである。

　ところで、経済資本であれ、文化資本であれ、従来の議論は、基本的には、様々な資本が多世代間で継承される、いわばタテ系列の影響を前提としてなされてきた。しかし、文化的要素の継承や共有は、キョウダイやオジオバ、イトコなど、ヨコやナナメの関係でも働いているのではないかと考えることができる。

ここで特に注目されるのが、第2章のNFRJデータでも、本章のESSMデータでも、祖父母学歴と比較して、オジオバ学歴の方が子どもの学歴と強く関連するという分析結果である。第2章では、経済的な豊かさから親族効果を説明するのは難しいと指摘したが、一般に、それは祖父母の場合よりもオジオバの場合に一層あてはまるだろう。というのも、子育て中の親が、自分たちの親（子どもの祖父母）から経済的な援助を受けているという例は、必ずしも珍しいことではないが、キョウダイ（子どものオジオバ）から同様の支援を受けているという話はあまり聞かないからである。それよりは、親とオジオバが共有する教育態度や、同じ家庭の中で培われた何らかの文化的背景によって、その影響が現れたと考える方が納得もいく。学歴自体も制度化された文化資本であることを考えると、親族学歴の効果に対する説明としては、経済資本仮説よりも文化資本仮説の方が、より妥当性が高いのではないかと予想できる。

　ところで、子どもの教育達成に影響を及ぼすような文化資本とはどのようなものであろうか。ブルデューの議論で重視されたのは、言葉遣いや立ち居振る舞いといった身体化された文化資本の影響や、行為を無意識のうちに方向付けるハビトゥスの働きであった。これらは生まれ育った家庭の社会的位置づけによって条件づけられながら、家庭内での長期にわたる相互作用を通じて伝達・共有されると想定されている。また、こうした文化伝達の過程は、教育制度によっても強化されるが、そうした過程は隠蔽されているが故に再生産が成功するとも指摘されている。

　文化資本の影響は、このように社会的に隠蔽された複雑な相互関連によって生み出されると想定されている。そのため、ブルデュー自身は、特定の「文化資本指標」のみに着目して、その影響を議論することには否定的であった。それゆえ、『ディスタンクシオン』（Bourdieu 1979 = 1990）において描いてみせたような社会空間を用いたアプローチを好んだのである。しかし、様々な文化資本の間に相関があり、それらが教育達成に強く関与するというのであれば、その主要な構成要素に着目することで、理論の妥当性を検討することも的外れとは言えないように思われる。したがって本章では、客体化された文化資本の主要な指標であり、教育達成との強い関連が指摘されている蔵書数[7]に着目することによって、この点を検討してみよう。

受験文化仮説

　階層論における議論を一旦離れてみると、現代の日本社会における教育格差や学歴の問題と切っても切り離せないものとして、「受験」に対する態度や行動様式の違いを指摘することができるだろう。これを仮に「受験文化」と呼ぶと、各家庭が持つ受験文化の違いが、結果としての学歴達成にも多大な影響を持つと考えられている。すなわち、受験競争で打ち勝つためには、様々な情報を駆使して適切な進学先を選び、塾などの学校外教育機関も利用しつつ、効率的に受験準備を進めることが重要である。そのため、上手く戦略を立てられた家庭の子どもほど、競争を有利に進めることができる。そして、教育熱心な家庭では、子どもが小さい頃から早期教育を行い、評判の良い塾や私立の小中学校を利用し、結果的に世間的な評価の高い学歴を得るのだ、と。

　こうした受験行動の選択には、もちろん経済的な豊かさも関連しているだろう。しかし、豊かであっても中学受験をしない家庭もあることからわかるように、受験行動の背後には各家庭の受験文化も大いに関与していると考えられる。では、その受験文化は、子どもの学歴に対する親族効果とどう関連しているだろうか。それは、基本的には、経済資本の影響と同様に理解すればよいだろう（図3-1を参照）。つまり、親の定位家族における受験文化を先導してきたのは、その家庭の保護者である「祖父母（回答者の親）」であり、その影響は、同じ家庭で育った子どもである「親（回答者）」にも「オジオバ（回答者のキョウダイ）」にも及ぶと考えられる。また、その受験文化は「親」の教育態度を通じて、子どもの学歴にも影響するだろう。

　たとえば、「祖父母（回答者の親）」が受験競争に前向きな態度や価値観を持っていた場合、その子どもである「親（回答者）」と「オジオバ（回答者のキョウダイ）」は、小さい頃から塾に通ったり、中学受験を経験している確率が高いだろうし、自分たちの子どもにも同様の子育てを行う傾向にあるだろう。学歴の高い祖父母ほど、そのような受験文化を持ち、その中で育った親とオジオバほど、高い学歴を得る傾向にあるとすると、それぞれの学歴は、家庭の受験文化をとらえる代理指標とみなすことができる。この場合、子どもの学歴に対して祖父母やオジオバの学歴が持つ影響は、受験文化の直接的な指標を考慮した分析を行うことによって、小さくなるはずである。ESSMデータでは、親

(回答者)自身に小学校時代の塾通いや中学校受験の経験を尋ねているので、これを親の定位家族が持つ受験文化の指標として用いることとしよう。

媒介効果仮説

　以上の考え方は、何らかの資本が親族内で伝達・共有されることを想定していた(図3-1)。しかし、一旦立ち止まって考えてみると、現代の日本社会において、親族、特にオジオバと子どもとの直接的なやり取りは、それほど日常的なものではないように思われる。また、第2章でも詳しく検討したように、祖父母の場合であっても、その影響が、主に子どもとの直接的なやり取りによって生まれたとは考えにくい。これらのことをふまえると、観察された親族学歴の影響が、親族の直接的な関与をとらえたものではない可能性についても検討してみる価値があるように思われる。

　たとえば、観察された祖父母やオジオバの影響とは、実は、親の教育期待を媒介した「間接効果」をとらえたものだとは考えられないだろうか(荒牧 2016)。すなわち、回答者(親)の親やキョウダイ(子どもの祖父母やオジオバ)の学歴が、回答者(親)による子どもへの教育期待に影響し、それが結果的に子どもの学歴に関与するというわけである。確かに、人々が自分自身の学歴だけでなく、自分の親やキョウダイの学歴にも強く影響を受けながら、子どもに対する教育期待を形成しているというのは、経験的にも納得のいく説明である。つまり、「祖父母やオジオバの学歴→子の学歴」(図3-1の⑤⑥)という直接的な影響だけでなく、「祖父母やオジオバの学歴→親の教育期待→子の学歴」(図3-1の①②③→④)という連鎖的な因果関係が想定できるのではないかということである。この考え方を「媒介効果仮説」と呼ぶことにしよう。

　第1章で紹介した、3世代社会移動に関する安田(1971)の先駆的研究は、「精神的遺産」という概念を使って、これと関連した議論を行っている。安田の言う精神的遺産とは、自分の親は上位層であったのに、自分自身は上位層から転落してしまった者が、自分の子どもを元の高い地位に回復させようとする「失地回復的モチベーション」のことである。なお、安田が問題にしたのは、親の地位から下降移動した者の意識だけであるが、上位層を維持している場合に子どもへの教育期待が高くなったり、ずっと下位層であれば逆に期待が低く

なったりしがちだというのも、十分にありそうなことに思える。また、親だけでなくキョウダイの学歴も、それと同様な形で、子どもへの教育期待に影響を及ぼすのではないかと予想できる。

4. 親の教育期待を媒介した影響

媒介効果仮説の妥当性

　以上のうち、どの考え方が妥当するのか、子どもの大学進学を従属変数とするマルチレベル・ロジスティック回帰分析によって確認しよう。ここでは、個別の子どもに関する情報（出生順位・性別・出生年）を第1水準、子どもの家族や親族に関する情報（それぞれの学歴・子どもの父親の職業・子ども数・親族効果の指標）を第2水準に設定している。

　結果の概要をまとめたのが図3-2である。ただし、検討したすべての結果を表示すると煩雑になるので、この図には、子どもの要因と家族・親族の基本的な情報だけを含んだモデル（モデル2）と、それに加えて様々な仮説の妥当性を評価した最終モデル（モデル4）の結果だけを示している。また、図中の矢印のうち、黒い実線は統計的に有意な正の効果を、破線は有意な負の効果を、薄いグレーは効果が有意でなかったことを、黒からグレーに変わっている実線はモデル2では有意であったがモデル4では有意にならなかったことを、それぞれ意味している。矢印上の数値は各項目に対応した係数であり、左側はモデル2の結果、右側はモデル4の結果になる。その他の詳しい分析結果については、章末の付表3-1を参照して欲しい。

　初めに、左側（モデル2）の結果を見ると、子どもの性別や出生年、家庭の子ども数や父親の職業（専門管理職かどうか）などを考慮しても、祖父母とオジオバの学歴が統計的に有意な正の効果を持つことがわかる。つまり、ESSMデータにおいても、親族の学歴が統計的に有意な独自の効果を持つことが改めて確認されたことになる。なお、付表に示したように、祖父母とオジオバの学歴を含まないモデル1とそれらを含むモデル2を比較すると、親学歴の効果を表す係数の値は「1.7」から「1.3」へと2割ほど低下している[8]。これは祖父母やオジオバの学歴を含まないモデル1において、親学歴の効果として示され

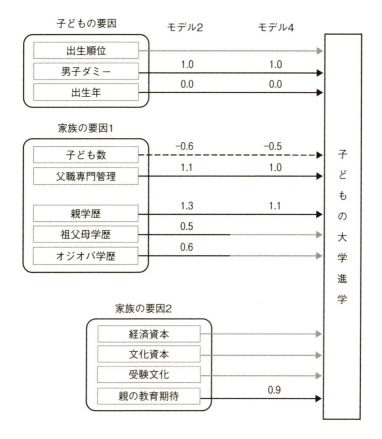

図3-2 子どもの大学進学に影響する諸要因

注：左は「子どもの要因」と「家族要因1」のみを含む場合（モデル2）。右は「家族要因2」を含む場合（モデル4）。詳細は章末の付表を参照されたい。

た値には、祖父母とオジオバの学歴の影響も混入していたことを示唆する。もしもこれが一般的に言えることだとすると、従来のモデルを用いて親学歴の効果と考えられてきた推定値には、祖父母やオジオバの学歴が持つ効果も混入していた可能性があることになる。

さて、本章にとってより重要な問題は、上記のような親族の影響が、どのような理由で現れたかである。それを調べた結果が右側（モデル4）の数値になる。まず注目すべきなのが、「家族の要因2」の結果である。親の定位家族の「経

済資本（15歳時くらしむき）」も「文化資本（15歳時蔵書数）」も「受験文化（親の小学校時代の塾通いと中学受験経験）」も、グレーの矢印で表されていることから、これらの要因が統計的に有意な独自の効果を持たないことがわかる。つまり、祖父母やオジオバの学歴と子どもの学歴との関連は、親族内で伝達・共有された経済資本や文化資本、あるいは受験文化に起因するという仮説は、いずれもデータに合わないことになる。

　その一方で興味深いのは、「親の教育期待」が統計的に有意な効果を持つことである。もちろん、この結果自体は、親の期待が子どもの大学進学と関連するという、これまでにも繰り返し明らかにされてきた点を意味するに過ぎない。しかし、ここで「家族の要因1」欄の祖父母とオジオバの学歴を確認してみると、右側（モデル4）の数値が空欄になっていることがわかる。つまり、「家族の要因2」を含んだ最終的なモデルにおいては、親族学歴が統計的に有意な効果を持たないのである。これは親族学歴の効果が親の教育期待を媒介していることを意味する[9]。

男女の違い

　ところで、先行研究では、子どもが女の子である方が親の期待や社会経済的地位の影響を強く受けると指摘されてきた。それもふまえて本章は、子どもの性別による親族効果の違いを考慮することを、1つの大きな分析課題としたのであった。その結果、第2節に示したクロス集計表の分析では、女子の方が親族の影響を強く受ける傾向が確認された。したがって、他の要因を考慮した場合にどうなるのか、マルチレベル・モデルでも確かめておく必要があるだろう。そこで、祖父母やオジオバの学歴の影響が女子に対してより強いと言えるのかについて調べてみたところ、そうした傾向は認められなかった[10]。したがって、多変量解析によって様々な要因を考慮すると、子どもの学歴に対する親族の影響が男女で大きく異なるとは言えないことになる。

　それでは、最終的な学歴でなく、教育期待についてはどうだろうか。つまり、女子に対する期待の方が、親族学歴の影響を強く受けているのだろうか。この点を確かめてみたいと思うのだが、上の分析で使用した「親の教育期待」は、「あなたのお子さん」に対する教育期待、つまり、すべての子どもに対する教

育期待をまとめてたずねたものである。したがって、個別の子どもに対する期待が異なるか、特に男の子と女の子に対する期待が異なるのかどうかについては確かめることができない。ただし、ESSM調査では、子どもが15歳未満の場合に限って、それぞれの子どもに対する教育期待をたずねている。この回答を用いて検討してみたところ、女子に期待する学歴は確かに低い傾向にあるが、それが親族学歴によって異なるという結果は得られなかった。

　結局、祖父母やオジオバの学歴が子どもの学歴や子どもに対する教育期待に与える影響は、子どもの性別によって異ならないということになる。

5. 親族効果と準拠集団

主な結果

　子どもの大学進学に対して、なぜ親族の学歴が影響するのか。素朴に考えると、こうした影響は、子どもに対する親族からの直接的な社会化によるのではないかとも考えられる。しかし、第2章の分析結果はそれを否定するものであった。そこで、本章では、親族内に継承・共有された経済資本や文化資本、あるいは受験文化が影響しているのではないか、という観点から検討を行った。しかしながら、少なくともESSMデータを用いた分析結果は、それぞれの仮説に適合するようなものではなかった。代わりに、分析結果によって妥当性が高いと判断されたのは、次のような考え方であった。すなわち、「親は親族の学歴を参照して子どもへの教育期待を形成し、それが結果的に子どもの学歴にも間接的に関与するのだろう」ということである。

分析結果の再検討

　こうした結論の意味について、さらに考察を加えることは、もちろん重要だが、その前に、ここまでの分析結果について、いくつか注釈を加えておきたい。
　まず、考えたいのが、経済資本仮説が否定された点についてである。というのも、メア（Mare 2011）の指摘したヒエラルヒーの最上位層と最下位層においてなら、上記とは違った結論になったかもしれないからである。現代の日本社会でも、富裕層や貧困層といったヒエラルヒーの上下末端においては、親族

における経済資本の継承・共有が子どもの教育達成に強い影響を与えている可能性が十分に想像できる。

　まず、近年注目を集めている貧困層について考えてみよう。従来の貧困研究（阿部 2008；山野 2008；稲葉 2011a, 2011b など）は、親の経済的困窮が子どもの教育達成を不利にしている点に着目してきた。しかし、親に加えて祖父母やオジオバも経済的に苦しい場合には、子どもの教育環境はさらに厳しくなると予想できる。そこには、定位家族が貧困家庭であったために学歴が低くなってしまい、その結果として自分の築いた家庭においても経済的にゆとりがなく、子どもの教育にも十分なお金をかけてやれなかった、というような連鎖的な関連がかくれているかもしれない。もちろん、それとは反対に、親が貧困であっても祖父母やオジオバから支援を得られるケースでは、状況が改善される見込みもある。あるいは、親が貧困状態ではなかったとしても、祖父母やオジオバが困窮しているために、経済的に支援したり、扶養したりしなければならないというケースもあるかもしれない。一方、富裕層においては、これらとまったく正反対の事柄が想定できる。

　このような指摘は、いずれももっともだと思える。しかしながら、本章の分析結果からは（限定的ではあるが2章の結果からも）、経済資本仮説は妥当ではないと結論づけられた。ただし、この結果は、データの限界を意味している可能性もある。ESSM調査や前章で用いたNFRJ調査は、日本全国からランダムサンプリングを行って実施された社会調査である。このように集められたデータは、あくまで日本社会全体を見渡した時に認められる一般的な傾向を把握するには適しているが、貧困層や富裕層のように相対的に少数の特異なケースを把握するには必ずしも適さない[11]。したがって、それらの状況について詳しく知るためには、その把握に特化したデータを手に入れる必要があるだろう。もちろん、こうしたデータの補足範囲の限界に加えて、指標の妥当性という問題もある。というのも、これらの調査で使用できる家庭の経済状況は主観的な回顧情報に頼らざるを得ないからである。

　このような留保はつくものの、一般的な社会調査によって把握可能な日本社会全体の傾向としては、経済資本仮説を強く支持する結果は得られなかった、というのも1つの事実である。これをふまえると、親族効果の背景としては、

経済資本とは異なる側面からも検討する必要があると言えるだろう。

その意味で注目されたのが、親族の文化的側面の影響であった。ところが、本章の分析結果は、これも否定するものであった。ただし、ここで用いた文化資本の指標は蔵書数だけである。したがって、経済資本の場合と同様、もっと別の指標を用いたり、分析方法を工夫したりする余地は残されている。しかしながら、別の理由としては、ブルデューが研究を行ったフランス社会と日本社会における教育制度や選抜制度の違いが影響している可能性もあるように思える。フランスでは、成績評価や選抜試験において、面接や小論文が重視されるが、その場合、試験問題の内容にも、評価や審査を行う者の判断基準にも、文化資本やハビトゥスが入り込む余地は大きいだろう。これに対し、大学入試センター試験に象徴されるような日本の教育選抜においては、神経質なほどに公平性を追求したペーパーテストが中心的な役割を果たしてきた。また、試験の内容においても、階級文化とはあまり関係しない知識の正確性が問われる。両社会における選抜方法のこうした違いは、文化資本が教育達成に及ぼす影響にも大きな違いをもたらしているのではないかと考えられる[12]。ただし、「受験文化仮説」で想定したような早期受験の効果も否定されたので、世間で注目を集めるような、日本の「受験文化」も、少なくとも親族効果の背景としては、強く関与しているわけではなさそうだ。

媒介効果とパーソナルネットワーク

冒頭の例に挙げたように、親族の中に高学歴者が多く、学歴や受験のことがよく話題にのぼるほど、子どもの学歴は高くなるのではないかと予想される。ただし、それは親族の中で経済資本が継承されるからでも、長い時間をかけて文化資本が伝達されるからでも、親族の間で受験文化が共有されているからでもないようだ。分析結果から予想されたのは、親族の保有する経済・文化資本や受験文化がどのようなものであったとしても、親やキョウダイたちが「結果的に達成した学歴自体」が、親の教育期待を媒介して、子どもの学歴に関与するのではないかということである。

ところで、親族の学歴が親の教育期待に影響したという結果自体は、「なるほどそういうことか」と納得できるような、ある意味では極めて常識的な結論

のようにみえる。しかし、親族の学歴がどのように親の教育期待に影響するのかと問われると、簡単には答えられないことにも気づく。もちろん、これまでに本書で展開してきた分析プロセスを知らなければ、教育格差生成メカニズムに関する従来の理論・仮説を援用して、親族の学歴が、経済資本や文化資本を形成し、それが親の教育期待にも影響したのだろうと容易に類推することができる。あるいは、今日の日本社会における常識的な理解に照らして、受験文化を媒介した関連によって、理解することもできるかもしれない。しかしながら、本章の分析結果によれば、こうした考えでは、祖父母やオジオバの学歴による影響を十分に説明できなかった。

　そう考えると、ここで発想の転換が必要なように思われる。これを解く1つの鍵となり得るのが、社会学では古くから知られてきた、準拠集団（Merton 1957 = 1961）の概念である。一言で言えば、準拠集団とは、人が自らの行うべき行為や自らの境遇を判断する際に参照される集団のことである。ちなみに、準拠集団は、行為の準拠枠となるような規範的準拠集団と、自らの境遇を判断する基となる比較準拠集団に区分し得る。このうち前者の概念を用いると、上記の分析結果は次のように解釈できる。すなわち、親たちは、身近な規範的準拠集団である親族を参照して、子どもに対する教育期待を形成し、それが最終的に子どもの学歴に影響していくのだと。

　このように考えてみると、親の教育期待に影響するのは、親族に限られないのではないかという新たな疑問が生じてくる。特に親族が必ずしも近隣に居住していない都市部を想像すると、日常生活においては、友人、職場の同僚、「ママ友」など親族以外の友人や知人との接触の方が、親族よりも多いだろう。そうしてみると、親族以外を含めた周囲の人々が持つ学歴や、学歴達成に対する彼らの考え方も、子どもに対する教育期待に影響を及ぼしているのではないかと予想することができる。

　このように考えるなら、階層と教育の関連を解明するには、家族や親族の社会経済的地位や資源の影響だけでなく、親が取り結ぶ社会関係（パーソナルネットワーク）の観点からアプローチすることにも実りがあるように思われる。したがって、次章からは、これらの可能性について詳しく検討していくこととしよう。

付記

　ESSM データの使用にあたっては、教育・社会階層・社会移動調査研究会の許可を得た。

付表3-1　マルチレベル・モデルによる結果の詳細

	モデル1	モデル2	モデル3	モデル4
固定効果				
切片	-.82	-1.10**	-1.51**	-3.67**
第1水準				
出生順位	-.07	-.05	-.04	-.07
男子ダミー	1.00**	1.00**	.99**	.99**
出生年	.04*	.04*	.03	.04**
第2水準				
子ども数	-.57**	-.55**	-.52**	-.45**
父職専門管理	1.21**	1.10**	1.07**	.96**
親学歴	1.71**	1.34**	1.24**	1.11**
祖父母学歴		.51*	.41	.39
オジオバ学歴		.63**	.56**	.40
親の経験など				
15歳時暮らし向き			.08	.07
15歳時蔵書数			.15	.11
通塾経験			.27	.26
受験経験			.39	.40
教育期待				.72**
ランダム効果				
家族水準誤差分散	3.29	3.09	3.02	2.75
モデル適合				
パラメータ数	8	10	14	15
-2LL	1878.1	1858.6	1854.0	1817.4
ケース数				
第1水準	1,621			
第2水準	842			

注：*$p<.05$　**$p<.01$

注

1) 朝霞市と山形市において、夫婦を対象として1993年と2014年に実施された調査の結果を用いた三田（2018）の分析によると、地域や夫婦で変化の現れ方は一様ではないものの、自分の親との対面的な接触頻度は減少する傾向にある一方で、非対面な接触頻度はむしろ増える傾向が認められる（ただし、配偶者の親との接触頻度は全体に低下する傾向にある）。

2) ベネッセと朝日新聞社が全国の小中学生を持つ保護者を対象にして繰り返し行った調査の結果をみると、子どもに「四年制大学まで」を期待する親の割合は、2004年調査では、男子に対しては56.4％、女子に対しては37.1％であったが、2012年調査では、同じく59.3％と44.8％になっている（Benesse教育研究開発センター・朝日新聞社 2013）。女子への期待の上昇によって男女差は縮まっているが、最近のデータでも男女の間には約15％ポイントの差が認められる。同様の傾向はNHK放送文化研究所による継続調査『日本人の意識』にも認められる。子どもに四年制大学以上の学歴を求める傾向は、息子に対しては、1973年の第1回調査の段階ですでに70％に達しており、最新の第9回（2013年）調査では77％である。これに対して、娘に対する期待は、同じ時期に、23％から61％までかなり大幅に増えているが、現代でも明確な男女差が残されている。

3) ESSM調査の詳細については、中村・平沢（2018）を参照されたい。

4) なお、NFRJでは、「回答者」のキョウダイの学歴しか調査していなかったが、ESSM調査では、「配偶者」のキョウダイについても、大学進学の様子をたずねている。このため、オジオバについては、父方と母方の両方の大学進学状況が利用可能となっている。しかし、配偶者の親の学歴はたずねていないので、祖父母については、回答者側の学歴しかわからない。また、本章では、上記の通り、親の定位家族の特徴や親自身の教育経験との関連も検討したいと考えているが、それらの情報は「回答者」についてしかわからない。したがって、ここでは、回答者側オジオバの影響に焦点化することとしたい。なお、配偶者側オジオバも、子どもの学歴に対して、回答者側オジオバと同程度の独立した影響を持つことは、ESSMデータの分析によって既に確認されている（荒牧 2015）。

5) 「親」は回答者の学歴、「祖父母」は回答者の父母の学歴、「オジオバ」は回答者のキョウダイの学歴について分布を調べた。すると、本文に記載した方法によって区分した場合、相対的に低い学歴と高い学歴が、いずれもほぼ55：45の比に分けられることがわかった。第2章のNFRJデータでは、2：1の比率で区分していたので、こうした分割方法の違いも、後に示す結果の違い（特に本章における親族効果が弱く検出されたこと）に影響している可能性がある。しかし、第2章と方法を合わせることよりも、本章において、「親」「祖父母」「オジオバ」を同じ比率で分割することの方が重要であるた

め、ここでは上記の方法を採用することとした。なお、父母やキョウダイの学歴情報のうち一部に不明がある場合は、判明している者の情報をできる限り利用した。
6) ただし、Bourdieu（1989 = 2012）には多世代での継承に関する言及がある。
7) 調査では、「中学3年生のとき、あなたのお宅には本がどのくらいありましたか。雑誌、マンガ、教科書は含めないでお答えください。」という設問に対して、「0～10冊」「11～25冊」「26～100冊」「101～200冊」「201～500冊」「501冊以上」という選択肢の中から、あてはまるものを1つ選んで回答してもらっている。この回答を冊数に直して変数化することも可能ではあるが、記憶の不確かさを考慮すると、かえって結果をゆがめてしまう恐れもあるため、ここでは順に1～6の値を与えて投入している。
8) ロジットモデルなどの非線形モデルにおいては、付表3-1のモデル1と2のようなネストされたモデル間における係数の比較から、媒介関係を把握することは不適切であることが指摘されている。したがって、この問題の解決法として近年注目されているKHB法（Karlson et al. 2012）を用いて推定してみたところ、祖父母とオジオバの学歴を投入することによる、親学歴の係数の減少割合は21.1%であり、付表から求めた値（21.6%）とほぼ同じであった。
9) 先の注8でも言及したように、非線形モデルにおいては、ネストされたモデル間の比較から媒介効果を判断することができない。そこで、先ほどと同様、KHB法によって推定してみたが、結果に違いはなかった。
10) 具体的には、祖父母やオジオバの学歴と子どもの性別（女子ダミー）の関連を表す交互作用項を加えたモデルを検討した。その結果、これらの交互作用項は確かに正の値（つまり、女子における効果の方が大きいこと）を示したものの、統計的に有意とはならなかった。
11) そもそもサンプルに含まれる割合が低いという意味と、これらの上下末端の層では、回答への協力が得られにくい（と予想される）という2つの意味がある。
12) この辺りの議論の詳細は荒牧（2016）で扱っている。日本の選抜システムが持つ特徴については第2章第1.4節、それとブルデューの議論との関連については第4章第6節（特に128-129頁）および終章の第2節（特に233-235頁）を参照されたい。

第 4 章
パーソナルネットワークの視点から考える

1. 教育達成と親のパーソナルネットワーク

　これまでの各章では、教育格差の背景について、様々な観点から考察を行ってきた。その結果、家族内外における親のパーソナルネットワークと教育期待の関連に着目することが有効なのではないか、という考えに到達した。したがって、以下の章では、この発想の妥当性を検討していくことになるが、その前に、これまでの議論の道筋を簡単に振り返っておきたい。

　従来の社会学において、教育格差の問題は、主に親の学歴や職業、収入などがもたらす格差の観点からとらえられてきた。しかしながら、近年、子どもの教育達成には、祖父母や曾祖父母など多世代にわたる影響があるという指摘がなされ、その方面からの研究が諸外国で活発に行われるようになっている。日本の NFRJ データを用いた分析においても、祖父母やオジオバの学歴が子どもの学歴に対して直接的な関連を持つことが明らかにされている。

　上記の分析結果は、素直に解釈するなら、祖父母やオジオバから子どもに対して直接的な関与があったことを意味しているように思われる。教育格差に関する過去の理論的・実証的研究を参考にすると、こうした関連は、祖父母やオジオバによる直接的な社会化によって、あるいは親族内での経済資本や文化資本、あるいは受験文化の伝達・共有によって生じたのではないかと解釈することができる。また、具体的にどのような関連が現れるかに関しては、家族制度も関与しているのではないかと予想された。しかしながら、これまでの分析結果は、いずれの見方も否定するものであった。

そこで、発想を転換し、「祖父母やオジオバから子どもへの直接効果」という分析結果が、祖父母やオジオバから子どもへの直接的な関与を必ずしも意味していない可能性を検討することとした。そこで考えられたのが、子どもに対する親の教育期待を媒介したメカニズムである。つまり、上記の関連は、子どもに対する親の教育期待が、親自身の親キョウダイ（子どもの祖父母やオジオバ）の地位（学歴）や考え方の影響を受けて生まれたのではないか、ということである。そこでESSMデータを用いて分析を行ったところ、親族学歴と子どもの学歴との関連は、親の教育期待を媒介しているとみなせることが明らかとなった。

　ところで、このように親の教育期待を媒介したプロセスから考え直してみると、教育格差の問題を別の角度からとらえる可能性が生まれてくる。というのも、親の教育期待は、親族以外の友人や知人からも影響を受けているのではないかと考えられるからである。たとえば、職場の同僚、学生時代の友人、ママ友などといった、親族以外のパーソナルネットワークからの影響を想定することができる。こうして、子どもの学歴に対する親族の影響という問題は、親の教育期待に対する、家族内外のパーソナルネットワークの影響という観点からとらえ直すことが可能となる。

　以上の関心から研究を進めるための準備として、本章では以下の検討を行う。まず、第2節では、社会学を中心としたソーシャルネットワーク（パーソナルネットワーク）研究の成果を概観する。なお、意識に対するネットワークの効果については、社会心理学の分野でも重要な検討がなされているので、その成果にも若干触れる。次に、そうした様々な研究成果のうち、本研究との関連が深い論点を抽出し（第3節）、さらに、親の教育期待にネットワークが与える影響を考察する上での注意点について議論を行う（第4節）。以上をふまえ、実証研究を行う際に準拠すべき研究枠組と調査項目については第5節で、それらに従って実施された調査の概要は第6節で述べる。

2. パーソナルネットワークによる社会意識の形成

都市社会学におけるネットワーク研究の概要

　社会学は、人と人との関係に着目する学問であると言えるが、その場合の「関係」とは、集団や組織における地位と役割を中心とした結びつきを意味することが多かった。しかしながら、社会変動や社会の多様化が進む中で、そうした枠にとどまらない個人と個人の結びつきが注目を集めるようになる。こうした結びつきのことを、「パーソナルネットワーク」と呼ぶ[1]。パーソナルネットワークには、つながりの全体像をとらえる「ソシオセントリック・ネットワーク」と、特定の個人（ネットワーク研究では、これを ego と呼ぶ）を中心とした人間関係をとらえる「エゴセントリック・ネットワーク」という区別があるが、本書は後者のエゴセントリック・ネットワークの観点から人々の結びつきに注目していく。

　大谷（1995：22）によれば、個人の行為に対するネットワークの影響は以下の2つの観点からとらえることができる。1つは、個人を周囲から圧力を受ける存在だとみなす立場である。この場合、ネットワークが個人の選択や行動の自由を制約する（あるいは方向づける）側面に着目することになる。他方、ネットワークを個人にとっての社会的資源とみなす立場もある。そこでは、個人が自己の利益となるようにネットワークを利用する側面に注意が向けられる。

　前者の見方の代表例に、フィッシャー（Fischer 1975＝1983）の下位文化理論がある。フィッシャーは、人口量の多い都市部では、個人による選択の余地や範囲が拡大するため、同質結合傾向が促進されること、また、同質性の高いネットワークの中で、非通念的・非伝統的な下位文化が形成されることを主張した。ただし、大谷（1995）の調査によれば、日米どちらにおいても、都市化によって逆に異質性（多様性）の高まる例もあり、フィッシャーの結論は必ずしもあてはまらない。また、同質的なネットワークは必ずしも非通念的な下位文化を形成するわけでもない。したがって、都市化の理論としてはフィッシャーの主張が支持されたとは言えないが、選択性の拡大によって同質性が高まるという指摘や、それが人々の意識に影響するという視点は、とりわけ、友人の影

響を考えた時に参考となる。なぜなら、家族・親族ネットワークの場合、配偶者選択を除いて、基本的に誰がメンバーになるかを選べないのに対し、友人は行為者自らが選択したものであるため、その影響をネットワークの同質性という観点から理解できる可能性があるからだ。

一方、ウェルマン（Wellman 1979 = 2006）は、社会的な分業が進行した産業社会におけるネットワークやコミュニティの状態を、第1次的紐帯の性質や組織化という観点から問題化した。ウェルマンは、これを「コミュニティ問題」と名付け、「コミュニティ喪失論」「コミュニティ存続論」「コミュニティ解放論」のいずれが適合するかを検討した。ここで「喪失論」とは第1次的紐帯が弱体化し連帯的なコミュニティが存続しなくなるという理解であり、「存続論」とは産業的・官僚的社会システムにおいても近隣や親族の連帯が力強く繁茂するという主張であり、「解放論」とは第1次的紐帯は密に編まれた単一の連帯ではなくなったが、空間的に分散して至る所に存在し、枝分かれした構造を持つと主張するものである。ウェルマンは、質問紙調査とフィールドワークやインタビューを組み合わせた調査結果に基づき、概ね解放論の理解が妥当することを明らかにした。

ウェルマンの研究は、コミュニティの本質とは、従来の都市社会学における想定とは異なり、必ずしも地域と結びついた連帯や共同性にあるわけではないことを明らかにした点で重要である。この点を強調するために提起されたのが、「ネットワークとしてのコミュニティ」という概念になる。これは、コミュニティの本質は、近隣や親族の連帯を超えて広がる、緩やかに結ばれた広範囲なパーソナルネットワーク（友人や職場仲間などつきあっている紐帯のすべて）にあることを主張したものである。つまり、人と人とのつながりは、物理的な距離や空間的な制約を超えた広範囲にわたって、パーソナル（個人的）な紐帯によって維持され得るという考え方になる。交通手段や通信手段の発達した現代の社会を考える時、遠くに離れた親族や友人であっても、個人の考え方に影響を与え得ると考えられることから、ウェルマンのこうした指摘は納得できるものと言えるだろう。

ウェルマンは、また、援助資源としてのネットワークについても検討している。分析の結果、緊急時であれ、日常的な援助であれ、援助の利用可能性は、

ネットワーク密度などの構造的特性よりも、親しさや接触頻度といった相手との関係性に強く関連することを明らかにした。

　ちなみに、ネットワーク密度とは、ネットワーク内のメンバー同士が知り合いである程度を表す指標である。たとえば、ネットワークの中心となる ego の他に、AさんBさんCさんという3人のメンバーからなるネットワークを考えるとする。この時、3人のメンバーはそれぞれ ego とは知り合いであるが、他のメンバーと互いに知り合いであるとは限らない。たとえば、全員が同じ会社の同僚で知り合い同士だということもあれば、Aさんは学生時代の友人、Bさんは自分の父親、Cさんは近所の人で、3人の間には全く面識がないということも起こり得る。前者の場合、密度は100%であるが、後者の場合は50%に留まる[2]。

　ちなみに、親密な関係のあり方について、ウェルマンは、交際を楽しむだけの関係、どんな問題であれ頼りになる人、毎日顔を合わせる親密な親族、年に1度しか会わない親密な友人など様々であると指摘している。また、現代社会では、援助的な親族が連帯して大きなネットワークをなすことはほとんどなく、援助が得られるか否かは、独立した2者間の関係に依存するという。こうしたウェルマンの指摘に沿って考えると、親族や友人などからなる親のネットワークが教育期待に与える影響は、メンバー同士が知り合いであるか否か（密度）などといったネットワークの構造特性よりも、個々の親族や友人と ego との関係性（それぞれの相手とどの程度連絡を取り合っているかや親密であるかなど）に依存することを意味する。

　日本では、ネットワークが様々な家族意識に与える影響を検討した野沢（1995）の研究が注目される。これは、伝統的な地方都市である山形市と首都圏郊外の朝霞市という2つの地域をフィールドとし、家族外ネットワークとの関連から夫婦関係の差異を比較したものである。この研究から野沢の提示した重要な概念に「磁場としてのネットワーク」がある。これは、親族を中心とする山形市の地縁的ネットワークが、あたかも磁場のように世帯の外側から夫婦関係に影響を及ぼすことから名づけられたものである。ちなみに、磁場とは「連帯性の強いネットワークが個人を（とくに他のネットワークの維持に関して）一定の行動に向かわせるような規範的な力を帯びている状態」と定義されてい

表4-1　都市社会学におけるネットワーク論の主な知見

論者	主な主張や観点
フィッシャー	選択性が高いほど同類結合が強まり強い制約効果を持つ
ウェルマン	居住地域や親族に縛られない個人的な繋がりがもたらす制約効果
	密度よりも、個々の紐帯との関係性（親密さや接触頻度）がもたらす資源の効果
野沢	磁場による規範的制約

る（同上：223）。規範性を帯びたネットワークが夫婦関係に影響するという点は、後述するボットの指摘と一致する。ただし、規範性を帯びたネットワークが夫婦の情緒的援助関係を強めるか弱めるかに関して、野沢とボットの知見は相反する。この理由について野沢は、ネットワークの磁場を成り立たせる規範の内容に違いがあると推測する。ボットのように、ネットワークの構造特性自体が（規範の内容は不問のまま）夫婦間の援助関係を特定の方向に導くとするよりも、規範の内容によって方向性が異なると考えた方が確かに説得力もある。

　ところで、野沢の分析から具体的に示されたのは、地縁的・親族ネットワークの磁場が強く働く山形とは異なり、それが弱い朝霞では、夫にとっての職場と妻にとっての近隣という2つの磁場が、夫婦の援助関係を構造的に規定するという結果であった。野沢の指摘に触発された後続の研究（伊藤1997；原田2002；三田2009）において、必ずしも一貫した知見が得られているわけではないが、「(1)伝統的・連帯的であると推測される親族・近隣中心のネットワークが個人の通念的・伝統的家族意識を補強・再生産する、(2)地理的に分散し、多様な他者（友人など）に接続する（おそらく構造的に分岐的な）ネットワークが個人（とくに女性）の家族意識を伝統や通念の拘束から解放する、という2つの仮説」(野沢2001：293)を巡って進展している。

　本書のテーマにおいて、伝統や通念が何を指すのかは必ずしも明確ではないため、この枠組に沿って磁場について論じることは難しい。しかし、ネットワークが磁場のように人々を一定の方向に向かわせるという指摘自体は参考になる。親族であれ、友人であれ、ネットワークメンバーの考え方が学歴達成に肯

定的か否定的かによって、また、ネットワークが連帯的であるか分散的であるかによって、親の教育期待に与える影響も異なるのではないかと考えることができる。

家族社会学における展開

　家族社会学領域に関わるパーソナルネットワーク論には、次のような2つの流れがある（目黒 1988；大谷 1995）。1つは、イギリスの社会人類学を中心に発達した諸研究である。中でも、夫婦の役割関係が夫婦の持つネットワークの結合度（今日で言う「密度」）に伴って変化することを論じた、ボット（Bott 1955 = 2006）の研究が特に重要視されている。ボットは、フィールドワークと事例研究を組み合わせた調査の結果、密度の高い緊密なネットワークでは夫婦間の役割分担が進み、密度の低いネットワークでは夫婦間の協力が見られることを明らかにした。密度の高いネットワークでは、メンバーが常に接触を保ち、互いに援助し合うという規範的な合意が成立しやすい。そのため、メンバー同士でインフォーマルな圧力をかけ合った結果、夫婦とも世帯外のネットワークから援助が得られることとなり、分離的な夫婦役割関係が成立する。逆に、緩やかなネットワークでは一貫した規範が生まれず、世帯外ネットワークからの援助も得にくいため、夫婦で協力して家族内の仕事をこなす必要が出てくるというわけである。ただし、先にも触れたように、このボット仮説の妥当性については議論があり、密度が役割分離度を直接的に規定するとは言えない、少なくとも状況によって異なると考えられる。しかし、密度が高いほど規範的な制約が強く働くという指摘自体は、常識的にも納得できるものである。親族の場合でも、友人の場合でも、連帯的な強い結びつきのあるネットワークほど、メンバー間で共有されている規範（たとえば、できるだけ高学歴を目指すべきだという規範など）が親の教育態度に強い効果をもたらすのではないかと予想できる。

　家族社会学における、もう1つの大きな流れは、パーソンズによる核家族の孤立論への反証として提出された、親族ネットワーク論あるいは新しい「拡大家族論」である。特に、リトワク（Litwak 1960）は、産業化・官僚制化の進んだ現代社会において、核家族は構造的には孤立しているものの、親族との紐帯

は重要性を維持し続けているとする「修正拡大家族論」を主張した。リトワクはまた、親族だけでなく、友人や近隣などの第 1 次集団との紐帯に着目することも重要だと指摘した。その後、アメリカ社会における親族ネットワーク研究では、核家族が持つ親族関係は費用と報酬に基づく交換関係の一種であり、産業社会における親族関係は核家族が機能する上で重要な資源であるとの理解が広まった (目黒 1988)。本書のテーマにおいても、親族だけでなく友人なども含めた第 1 次的紐帯が重要であるという指摘は傾聴に値する。また、日本における教育選抜の状況を考えた時、たとえばネットワークメンバーが受験に関する知識や情報という資源を豊富に持っているか否かが、親の教育態度や教育方針に影響するというのも、あり得る状況のように思える。

一方、イエ制度やイエの構造原理といった研究関心から出発した日本の家族社会学において、個人の社会関係に関する実証研究は親族関係の分析からスタートした。そのため、初期の研究は家族集団内での人間関係を解明することに焦点化していた (大谷 1995)。これに対し、1970 年代後半以降、修正拡大家族論の影響も受け、親族関係を他の諸関係との対比によって把握しようとする研究が現れた。その後、日本における集団論的アプローチによる家族研究を主導してきた森岡 (1993) も、そうしたアプローチの限界を指摘するようになる。その過程で、森岡は、現在進行しつつある「家族の個人化」現象は、小集団としての家族から「関係複合態としての家族」への変化であると述べた。こうして、外部環境から切り離して世帯内の夫婦関係や親子関係などを分析する研究や、集団としての家族を単位として親族関係などの世帯間関係を分析する研究だけでは、現代の家族状況を十分に説明できないと認識されるようになっていく (野沢 1995)。

こうした潮流と前後して、家族社会学でもネットワーク概念が用いられるようになってくる。目黒 (1980) は、何らかの危機的状態にある家族に対する、サポート基盤としてのネットワークに注目した。その後、上記の集団論的アプローチへの限界が叫ばれる中、個人を単位としたネットワーク研究の重要性も指摘されるようになる (目黒 1988)。

こうして、1970 年代以降の家族社会学において、「『集団論的パラダイム (あるいは核家族パラダイム、近代家族パラダイム)』から個人の織りなすネットワー

表4-2　家族社会学におけるネットワーク論の主な知見

論者	主な主張や観点
ボット	密度が高いほど強い制約効果を持つ
リトワク	遠居の親族や友人などの第1次的紐帯も核家族の重要な資源
目黒ほか	サポート資源としてのネットワーク
石田	非選択的関係がもたらす負の効果

クとしての家族モデルへ」という「パラダイム転換」が生じた[3]。ここには「集団からネットワークへという家族観の転換と、家族単位から個人単位へという社会の基礎単位の捉え方の転換」という2つの意味が含まれている[4]。こうした背景のもと、その後の家族社会学におけるネットワーク研究は、主として、育児援助や高齢者などに対する援助を念頭においた、サポートネットワークに関する研究として展開していく。

こうした状況に対して石田（2006：31）は、サポートの有無からネットワークの効果を探ることの限界として、「関係選択の余地が少ない人々の影響力を見落としてしまうこと」を指摘している。関係の選択性に関する議論は従来からあり、「血縁、地縁、社縁」を「選べない縁」、それ以外を「選べる縁」と区分してきた。これに対し石田は、関係自体が制度や規範に埋め込まれている場合を非選択的関係と定義するとともに、非選択的関係にある他者との関係の良し悪しが満足度に与える影響について実証研究を行った。分析の結果、非選択的関係にある他者との関係が悪いと、満足度に負の効果を持つことが明らかにされた。ここから石田は、ネットワーク内におけるサポートの有無ばかりでなく、非選択的関係にある他者との関係の良し悪しがもたらす影響に着目すべきことを指摘した。

そもそも、ボットの古典的研究においても、ネットワークはサポート源としてのみ着目されたわけではない。むしろ強調されたのは、ネットワークの構造特性（密度）が、規範の生成に関わることで、夫婦間での役割分担のあり方を制約することであった。この節の最初に示した大谷（1995）の分類にしたがうなら、資源としてのネットワークよりも、ネットワークが制約をもたらす点に着目していたと言える。

また、ネットワークは個人の欲求充足や問題解決の資源となるばかりでなく、問題を生み出す源泉としてのストレス要因ともなり得る（目黒 1988）。石田（2006）も指摘したように、ネットワークは必ずしも自発的・選択的なものではなく、義務的な紐帯によるストレス、時間や資源の圧迫といった拘束をもたらすこともある。つまり、ネットワークは ego にとって望ましくない、ネガティブな影響を及ぼす可能性もあるのだ。何が親の教育期待にネガティブな影響を与えるのかは定かでないが、低学歴の親族がいることによって、子どもの学歴が低くなる傾向があるという知見も、ネットワークがもたらしたネガティブな影響の現れなのかもしれない。いずれにしても、ポジティブな同質化とは異なるネットワークの影響も考慮しておく必要があると言えるだろう。

社会心理学的なメカニズム

　社会心理学的なメカニズムに着目した研究として、第1に紹介したいのが、社会階層論の分野における、階層帰属意識に関する研究である。階層帰属意識とは、自分がどの社会階層に位置づくと認識しているかを表す概念であり、階層アイデンティティや地位アイデンティティとも呼ばれる。階層研究において中心的に問題とされてきたのは、学歴・職業・収入など客観的な階層指標でとらえられる機会の不平等であるが、階層帰属意識などの主観的な階層についても、人々の意識や行動に関わる重要な概念として研究が進められてきた[5]。

　では、階層帰属意識とパーソナルネットワークはどのように関連するのであろうか。星（2000, 2001）や石田（2001）の研究が共通に見出したのは、ネットワーク内に社会的地位の高い者がいることによって、階層帰属意識が高まる効果である。これは、自分と相手を同じ仲間だとみなしていること（同化）を意味していると考えられる。ただし、星は、「高地位の人々との接触は階層帰属意識を高めるものの、保有するネットワークに自身よりも高地位の者が多く含まれる場合には逆に階層帰属意識を低める」（星 2001：64）ことも指摘している。つまり、ネットワーク内に高い地位のメンバーがいる場合、自分も同じ仲間だとみなして階層帰属意識が高まることもあるが、自分よりも高い地位の知り合いが多い場合には、相手を比較対象として考えることによって、自分の地位を低く評価してしまうこともある、ということだろう。以下、前者をネットワー

クの「同化機能」、後者を「比較機能」と呼ぶことにしよう。なお、石田は「社会的資源は、階層帰属意識に対して個人属性とは異なる独立した効果を持ちうるが、相対的剥奪の効果までは持たない」(石田 2001：50) として、比較機能を否定している。相対的剥奪とは、自分よりも恵まれた相手と自分を比較し、自分の境遇が劣っているという不満を感じてしまうことを指す[6]。ここで、どちらの見解が妥当なのかを判断することはできないが、ネットワークメンバーの地位が ego と比較して高いか否かによって、またどちらが多数派であるかによって、親の教育期待も影響を受けるのではないかと予想することができるだろう。

　ネットワークと意識形成に関する社会心理学分野での議論については、ネットワークによる性役割態度への影響を検討した石黒 (1998) の研究が参考になる。ネットワークメンバーが性役割に肯定的だと思うと、性役割に肯定的な態度が形成されるというのが主な結果である[7]。石黒は、この結果に対して想定される、以下の2つの批判について議論を行っている。第1の批判は、これはネットワークの効果ではないというものである。つまり、上記の結果は、性役割態度の似た者同士がネットワークを形成している (これを「同類結合」と言う) のであって、因果関係が逆であるという批判になる。これに対し、石黒は、別の分析結果から、こうした批判が当たらないことを明らかにしている[8]。

　もう1つの心理学らしい批判は、「ネットワークメンバーの性役割に対する態度は自分と類似している」という行為者の認知自体が歪んでいるというものである。こうした現象は、「人々は、実際以上に、自分と同じ意見の者が多いと考えてしまう」という認知の歪みであるため、「合意性の過大視」と呼ばれている。石黒は、この点についても検討した結果、「合意性の過大視」による解釈には無理があることを明らかにしている[9]。

　この問題については、安野 (2006) が、「意見分布の無知」という概念でより一般的な観点から議論を整理している。合意性の過大視は、自分と同意する者が多いという過大推定を主張した議論だが、逆に、「自分と同意する者は少ない (自分は孤立している)」という過小推定も起こり得る。そこから、人々は、他者がどのような意見を持っているかについて無知であるという形で一般的に論じたのが「意見分布の無知」に関する議論になる。専門外ということもあり、

個々の実証研究の成果について紹介することは控えるが、ネットワークメンバーの意識・態度について、人々は必ずしも正確に把握していないという指摘は考慮に値する。

　なお、ネットワークの効果についても、社会学とは異なる観点から検討がなされている。以下、安野（2006）のレビューを参照しながら簡単に紹介したい。本書のテーマから特に興味深いのは、身近な他者の影響を「情報環境」という観点から解釈するものである。上述の通り、ネットワークと意識の関連は、自分と似た相手と交際しやすいこと（「選択的接触」あるいは「同類結合」）を意味しているに過ぎないとも考えられる。しかし、そのように行為者の意図を仮定しなくても、周囲の人々の持つ傾向がたまたま似通っていれば、それが「情報環境」を形成し、行為者に影響を及ぼすというメカニズムが想定できる。たとえば、ある政党の支持者が周囲に多ければ、その政党に好意的な行動を多く見聞きするため、相手の側に説得の意図がなかったとしても、行為者の側に影響を及ぼすということである。

　もう1つの興味深い観点が、「世論のクラスター」あるいは「意見分布のクラスター化」に関する議論である。一旦ネットワーク内で「世論」が形成されると、規範の効果や、合意性の過大推測などの認知の歪みにより、すでに持っている態度に疑問を持たなくなる。こうして意見分布がネットワーク単位で分化した状態、世論のクラスターが形成される。こうしたクラスターが形成されるのは、物理的・心理的距離によってコミュニケーションが制約されるからである。この説明に対して、マスメディアの発達した現代社会では、身近な他者にばかり影響されるわけではないという反論も考えられる。しかしながら、シミュレーション分析の結果からは、マスメディアの情報によっても社会全体が均一化することはなく、多様な少数派のクラスターが維持され続けることが明らかにされている。

　注意が必要なのは、上記の議論は、必ずしもネットワークがそのままクラスターを表すと主張しているわけではないということである。たとえば、日常的に相互作用するネットワークメンバーの支持政党がバラバラであれば、ネットワーク内に支持政党に関するクラスターは形成されない。あるいは、ネットワーク内に別々の政党を支持する群が含まれる場合、同一のネットワーク内に複

表4-3 社会心理学におけるネットワーク論の主な知見

論者	主な主張や観点
星および石田	高い地位のメンバーへの同化による階層帰属意識の上昇
星	高い地位のメンバーとの比較による階層帰属意識の低下
石黒	メンバーの性役割態度への同化
安野のまとめ	情報環境による無意識の制約
	意見分布のクラスター

数のクラスターが形成される可能性もある。いずれの場合も、同一ネットワークに属するからといって、態度が同質になるとは限らないことになる。

3. 先行研究における論点の整理

前節の様々な領域における議論から、本書のテーマに関連した重要な論点として、以下の事項をあげることができる。

1) ウェルマンのネットワークとしてのコミュニティ論、リトワクの修正拡大家族論、日本の家族社会学におけるパラダイム転換などを参照すると、家族・親族の枠や地理的な近接性を越えて、親のパーソナルネットワークについて検討することにも大きな意味があると期待できる。
2) ネットワークには個人に制約を与える側面と、ニーズを充足する資源を提供する側面があり得る。
3) ボットの指摘したように、密度の高さは、規範の発生も伴いつつ、人々の意識・態度・行動を一定の方向に向かわせる可能性が指摘できる。
4) ネットワークの効果は、親密さや接触頻度など相手との関係性によっても異なる。ウェルマンは、援助の利用可能性は、密度などの構造特性よりも相手との関係性が重要だと指摘した。ネットワークは資源も提供し得るがストレス要因ともなり得るという目黒の指摘も、関係性の良し悪しという観点から検討する価値がある。特に石田の指摘した非選択的関係の場合、関係性の効果がより重要となる可能性がある。

5) フィッシャーが指摘したように、あるいは社会心理学の研究で示されたように、選択されたネットワークは同質性の高い可能性がある。また、同質性の高いネットワークは、同質な態度を形成する可能性がある。これは、同質性が高いほど規範が発生しやすいからだとも考えられるし、メンバーの意図がなくても情報環境として影響するからだとも考えられる。
6) ネットワークによる態度形成という見解に対しては、もともと似た態度を持つ者による同類結合（逆の因果関係）や単なる認知の歪み（合意性の過大視）に過ぎないという批判もある。
7) ネットワーク内で意見や態度のクラスターが形成されていると、外部社会からの影響によらず、そのクラスターは維持されやすい。なお、ネットワークが存在するからといって、単一のクラスターが形成されるとは限らない点には注意が必要である。
8) ネットワークの効果は、ネットワークメンバーの属性によっても異なる。また、階層帰属意識の研究で示されたように、メンバーの地位と行為者自身の地位との相対的な位置づけから、同化機能と比較機能という2つの側面を考える必要がある。

　以上を参考にしながら仮説を立て、社会調査データを用いて検討を行うのがこれからの課題になる。ただし、親の教育期待に対するパーソナルネットワークの影響を調べるためには、上記の先行研究とは異なる、固有の問題について検討する必要がある。したがって、いくつかの重要な論点について、次項で改めて議論してみたい。

4. 議論

意識の同質なネットワークにおける同調機能
　人々の意識に与えるネットワークの影響として第1に考えられるのは、ネットワーク内の主要な意識・態度に同調する働き（以下、同調機能）であろう。上述の先行研究では、メンバーが共有する規範やそこから発生する磁場、あるいはメンバーの意識の集合が形成する情報環境によって同調機能が発生するこ

と、および、それらの強さがネットワークの密度などの構造特性や、個々のメンバーとの関係性（親密さ・良好さ）によって左右されることなどが示されてきた。

　なお同調機能が働くには、ネットワークが同質性を持つことが前提となるが、同質性という概念には、意識の同質性と地位の同質性が含まれ得ることに注意が必要であろう。このうち、親の教育意識に対するネットワークの効果を調べる上では、まず、意識の同質性に着目する必要があるだろう。規範や磁場が働くためにも、情報環境が形成されるためにも、ネットワーク内に意識の同質性が不可欠だからである。一方、地位の同質性については、それが高いほど意識が同質化しやすいということが想定できる。また、地位の同質性や異質性は、先に述べた比較機能に関わると考えられるが、この点については準拠集団論との関連から、後で改めて議論してみたい。なお、意識の同質性であれ、地位の同質性であれ、選択されたネットワークは同質性が高い傾向にあると考えられる。

　同質性の議論の中で、もう1つ心得ておく必要があるのは、ネットワーク内に複数のクラスターが存在し得ることである。この場合、前段落の議論を、ネットワーク内の同質性ではなく、各クラスター内での同質性にあてはめて理解する必要がある。また、複数のクラスターに分化している場合、ネットワーク全体としては同質性が低くなるので、データ分析においては、周囲の人々との交際範囲をどう扱うべきかについて慎重に判断する必要があると言えるだろう。

　他方、関係性については、良好であるほど同調しやすいということが考えられる。たとえば、家族の学歴が総じて高い場合、家族間の関係が良好であれば、同調機能が強く働き、高学歴を求める傾向も強くなるのではないかと考えられる。ただし、後述の通り、関係性が悪い場合に、どういう結果がもたらされるのかはわからない。また、関係性の効果は、全体としてのネットワークの効果というよりも、個々のメンバーとの紐帯の質に関わるものだと考えてよいだろう。

ネットワークの影響のとらえ方

　ネットワークの影響を論じる際に注意が必要なのは、サポートの有無や地位

図4-1　ネットワークの影響をとらえる2つの枠組み

達成など、本人の状況を従属変数にした場合と、本書のように子どもに対する親の教育意識（他者に向けられた意識）を従属変数にした場合とでは、ネットワークの影響の仕方も異なるのではないかという点である。たとえば、ネットワークによるサポートの有無に関する研究では、メンバーの持つ地位や資源の直接的な影響（図4-1a）が問題となる（親からの支援が多いとか、経済的に豊かな相手から援助が得られるなど）。しかし、他者（子ども）に向けられた意識にメンバーの地位や資源が与える影響となると、もう少し複雑なメカニズムを想定する必要がありそうだ。たとえば、先に見た階層帰属意識の場合のように、メンバーの地位が高いという同じ状況が、同化機能をもたらすこともあれば、比較機能をもたらすこともある。こうした違いが生じるのは、相手の地位が直接に結果を生むのではなく、それをどう評価するか（同一化の対象とみなすのか、比較対象と見なすのか）が介在するからである。これをふまえると、子どもに対する親の教育期待のように、本人ではなく他者に向けられた意識の場合には、なおさら、メンバーの地位をどう評価・判断するかが介在する余地も大きいのではないかと考えられる（図4-1b）。

　この点についてもう少し考えるため、「非選択的関係」に関する石田（2006）の議論を振り返ってみたい。石田は、非選択的関係にある他者との関係の悪さが満足度に負の効果を持つことを指摘した。これはメンバーとの関係の悪さが、満足度という本人の状況に直接関与することを意味している。しかし、あくまで子どもに対する親の教育意識を問題にする限り、関係の悪さが必ず負の効果を持つとは限らない。たとえば、キョウダイとの関係が悪く、しかも相手の学歴が高いという場合、「関係の悪い相手と同じ学歴にはさせたくない」からといって、子どもに低学歴を求めることになるだろうか。もちろん、その可能性もあるが、そう考えない場合の方が多いのではないだろうか。「相手のことは

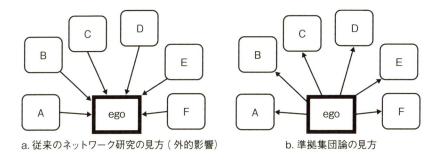

図 4-2　ネットワークの影響の方向性

嫌いだが高学歴を志向する（関係の良し悪しと高学歴志向は無関係）」こともあるだろうし、「嫌いな相手に負けたくないからこそ高学歴を志向する」ことも考えられるかもしれない。つまり、あくまで本書の関心においては、ネットワークメンバーとの関係性自体よりも、それはそれとして、相手の地位をどのように評価し、あるいは参考にするかの方が重要なのではないだろうか。

ところで、ソーシャルネットワークに関する先行研究の議論では、主として、ネットワーク（メンバー）の様々な属性や性質が、いわば外側から行為者に影響を与えると想定されていた（図4-2a）。また、ネットワークが結局のところ集団（あるいはクラスター）を形成し、行為者もその集団に所属していることを前提にする場合も多かった。これは、磁場論や情報環境論でも、ネットワークの密度や同質性に関する議論でも同じであろう。

これに対し、同じように行為者の意識に対する他者の影響を扱った理論でも、マートンの準拠集団論（Merton 1957 = 1961）が想定するメカニズムでは、他者（ネットワークメンバー）に対する見方が逆転している（図4-2b）。ネットワークの影響に関する従来の議論は、あくまでegoの外側にあるネットワークメンバーから内向きに向かうベクトルを問題にしてきた。これに対し、準拠集団論の場合、焦点はegoの側にあり、あくまでegoが主体的に周囲の集団を参照するという構図を想定している。

ここで、先ほど留保していた、地位の同質性について改めて考えてみたい。準拠集団論の見方にしたがうと、地位の同質性が高い場合には、egoの意識もそれと同化するような方向に向かいやすいことが予想できる。ただし、先の図

4. 議論　77

4-1bに示したように、周囲を取り囲む人々の地位をどのように評価しているかによって、その影響は異なり得る。たとえば、周囲に高学歴（あるいは低学歴）の者が多い場合に、自分もそれと同化するように高学歴（あるいは低学歴）を目指すのか、それとも反対の方向に向かうのかは、周囲の学歴をどのように評価するかによって異なるだろう。また、たとえ1人でも自分にとって重要な準拠人がいる場合、他のメンバーの地位がどうであれ、その相手の地位が重要だということも起こり得る。そのように考えてみると、地位の同質性というネットワーク自体の性質よりも、個々の相手の地位をどのように評価するか、あるいは誰を参考にしようとするかが重要になってくるようにも思われる。

社会空間とライフコース

ところで、ネットワークや準拠集団の影響を考える際には、少なくとも次の2つの観点から注意が必要である。1つは社会構造あるいは社会空間上の位置づけとの関連であり、もう1つは個人のライフコースとの関連、つまり、これまでの人生におけるどの時期のネットワークや集団を考慮するかという問題である。

ここで社会空間とはブルデュー（Bourdieu 1979 = 1990）の提示した概念を想定している。一言で表現すれば、人々の職業・学歴・収入などの地位属性に加えて、食べ物や音楽・車などの趣味、あるいは生活様式も含めた相互の対応関係から構成される空間になる。ある職業の人々は、学歴や収入などが類似しているばかりでなく、食べ物や服装、芸術に対する好みなども似ているため、それらの情報を集約することによって、地位や趣味と人々を空間的に配置することができる[10]。社会空間上で近くに位置する者は似たような生活を送り、似たような考え方を持つ。また、人々は空間上に無秩序に並ぶわけではなく、経済資本と文化資本をそれぞれどの程度保有しているかに従って、空間上に序列を持って配置されることになる。

社会空間は、人々の階層的な序列を空間的に位置づけたものと言えるが、通常考えられる階層構造という概念とはいくつかの違いがある。第1に、たとえば職業階層という概念は、職業という1つの物差しで人々を分類する概念であるのに対し、社会空間は経済資本と文化資本という2つの軸にそって序列づけ

られる。誤解のないように付け加えておくと、社会階層という概念においても、学歴階層、収入階層など、様々な基準が存在し得ると想定されている。また、Aさんは職業階層は高いが学歴が低い、Bさんは学歴は高いが収入は中程度であるというように、各階層指標における位置づけは必ずしも一貫しない（これを「地位の非一貫性」と言う）ことも指摘されている[11]。これに対し、社会空間は予め物差しを設定して構成されたわけではなく、上述の通り、様々な地位と生活様式の対応関係を調べた結果に基づいて描かれたものであり、そこに文化資本と経済資本に沿った秩序の存在することが見出されたのである[12]。特徴的なのは、様々な地位指標だけでなく、趣味やライフスタイルに関する情報も同時に考慮し、それぞれが対応関係を持つことを明らかにした点である。さらに、人々の考え方が、社会空間上の位置づけと対応することを指摘した点も興味深い。日本のデータを用いた分析でも、消費行動、格差に対する認識、公平感などが、社会空間上の位置づけと対応することが明らかにされている（近藤 2008, 2011, 2019）。

　では、上記の議論と社会空間はどのように関連するのだろうか。まず、人々の学歴や職業、趣味やライフスタイルと社会空間が対応するということは、どのような人々と出会い、交流するかが、各自の占める社会空間上の位置によって異なることを意味する。それは、誰を（どの集団を）準拠集団とするかにも関わるだろう。

　また、ブルデューの指摘したように、社会空間上で現在占めている位置だけでなく、これまでに通ってきた道筋（これを「軌跡」あるいは「軌道」と呼ぶ）も重要になる。別の言い方をするなら、人々のライフコースあるいはライフヒストリーが、社会空間上にどのような軌跡を描くかが問題となる。出発点になるのは親の地位（出身階層）であるが、そこから社会空間のどこを通って現在の地位にたどり着いたかによって、ネットワークメンバーの構成も異なってくるだろう。具体的には、ライフコースに沿って、家族や親族、学生時代の友人、職場の同僚、近隣の人々などが随時ネットワークに組み込まれると想定されるが、それぞれがどのような地位・生活様式・価値観などを持つ人々で構成されるかは、その時々に社会空間上のどこに位置づいていたか、および過去にどの道筋を通ってきたか（軌跡）に影響されると考えられる。

ところで、人々の人生はまさに千差万別であるため、それぞれの軌跡をすべて辿ることは難しい。しかしながら、教育意識の形成にとって重要なライフステージを想定すると、少なくとも次のような段階を考える必要があると言えるだろう。すなわち、親族や定位家族の位置づけ、学校教育における位置づけ（学歴）、そして成人後の位置づけとしての職業や居住地、あるいは自ら築いた生殖家族の位置づけである。それぞれの段階における人々の位置づけ（学歴・職業・経済的地位など）、および上昇移動や下降移動といったライフコースにおけるプロセス、そして現在の周囲の人々と比較した相対的な位置づけなどが、教育意識の形成に影響すると考えられる。

　ここで改めて非選択的関係の議論に戻ると、誰が家族や親族であるかは選択できないため、これが非選択的であるということは間違いない。しかし、個々のメンバーとの付き合い方については選択が可能である。逆に、職場の同僚[13]、近隣、友人など家族・親族以外の場合、誰と交流するか自体は行為者が選択可能だが、いずれの場合も一定の制約の中での選択であるに過ぎない。なぜなら、行為者の社会空間上の位置づけとその軌跡が出会いの機会や交際の範囲を制約するからである。以上のことから、関係性が選択的か非選択的かの二分法よりも、どの程度の選択性があるか（どの程度の拘束された関係なのか）を考慮すべきだと言えるかもしれない。なお、こうした見方は制約としてのネットワークからの発想になるが、知識や情報といった資源の入手源としてのネットワークという観点からは、行為者の側がどの程度それぞれのメンバーを参考にするかを調べることが重要になってくるだろう。

5. 分析枠組みと分析課題

　以上の考察をふまえ、本書のテーマに即した実証研究の枠組みと分析課題を設定してみたい。前節の最後に述べたように、人々のパーソナルネットワークが個々人のライフコースに沿って形成されることを考慮すると、次の図4-3のような枠組みを設定することができる。
　egoは、まず自分の定位家族のメンバーやその他の親族と相互作用しながら成長する。このネットワークは、程度の差はあれ、生涯に渡って影響を及ぼし

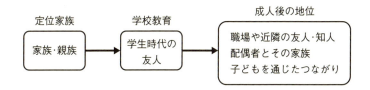

図 4-3 教育態度に影響し得るパーソナルネットワークの形成過程

得る。ただし、個々のメンバーとの関係性は時間とともに変化すると考えられる。その後、成長とともに友人からの影響を強く受けるようになる。特に青少年期には、その傾向が強まる。一般に、学校を卒業すると学生時代の友人との関係はしだいに弱まるが、パーソナルネットワークの一部として長年にわたって関係が続く場合も少なくない。やがて、仕事に就くと同僚や仕事の関係者との交流が生まれ、結婚すれば配偶者やその家族や親族との関係が生じ、子どもが生まれれば子どもの友達の保護者との間でも新たな関係が形成される。居住地域の住民との関係は、転居がなければ幼少期からの継続的なものとなり得るが、進学や結婚、あるいは就職や転勤などによって転居した場合には、新しい土地で新たなネットワークが形成されるだろう。

こうして個々人のライフコースに沿って、その都度の社会的地位や居住地において、様々なネットワークが形成される。あるものは継続的に影響を及ぼし、あるものは地位や住居の移動に伴いしだいに消滅する。なお、これらのネットワークが、ego 自身の「子どもの教育に対する考え方」にどのような影響を及ぼすかを考察する上では、各メンバーの地位（特に学歴）や意識（特に子どもの教育や学歴に関する考え方）についても知っておく必要がある。

以上をふまえると、ego のパーソナルネットワークに関して、調査すべき項目は次のようになる。

a. ネットワークメンバーのタイプ（出会いの文脈）：親族・学生時代の友人・職場の同僚・近隣・ママ友など
b. 各メンバーとの関係（紐帯）の質：交際の方法や頻度・時間距離・会話の頻度や内容（特に子どもの教育に関する会話の内容）・支援の授受

c. 各メンバーの社会的地位：学歴・職業・暮らし向きなど
　　d. 各メンバーの意識：特に子どもの教育に関する考え方（それに対するegoの認知）
　　e. 各メンバーの地位や意識に対するegoによる評価
　　f. ネットワーク自体の構造特性：特に密度と同質性

　初めにも指摘した通り、従来、ソーシャルネットワークには、個人の意識や行動を制約する側面と、資源や資本を獲得・形成するチャンスを提供する側面があると想定されてきた（大谷 1995）。一方、ブルデューは、上述の通り、社会空間とその軌跡において、文化資本・経済資本・社会関係資本が形成・蓄積・転換され、社会的地位の再生産が行われることを論じた。これは見方を変えると、主に親の地位によって規定される、幼少期における社会空間上の位置づけが交際の範囲（パーソナルネットワーク）を規定し、そこでの生活（家族だけでなく家族外のネットワークメンバーとの交際）を通じて様々な資本やハビトゥスが形成・伝達され、それらが一定の影響を与え続けながら成長後の地位や交際範囲にも関与していくことを意味している。これを階層論の文脈からとらえると、親の地位や資源だけでなく、パーソナルネットワーク（交際相手の地位や資源）も考慮することによって、従来の階層論の枠組みよりも広い範囲に及ぶ、家庭背景の影響が注目されるところである。一方、人々の人生をこのようなプロセスとして理解することは、家族だけに留まらない交際の範囲から、人々の意識や行動が形成されるという見方と親和性がある。
　ここで考慮すべきなのは、自ら選択的に形成したパーソナルネットワークが、階層の枠を越え、たとえばその不足を補う可能性もあるということである。もちろん、それとは逆に、もともと有利な地位にあった者が、達成にとって不利に働くようなネットワークの影響を受けてしまうこともあり得るだろう。もちろん、ブルデューが指摘したように、そもそもどのような相手と交際しやすいか（どのようなネットワークを形成しやすいか）自体が出身階層や社会空間の影響を免れない。したがって、家族外の選択的ネットワークが、教育意識の形成にどのような影響を及ぼすのか──たとえば、上述したように社会階層のより強い影響力を発見することになるのか、逆に、それを補償するような働きが見

いだされるのか、あるいは、あまり大した影響はもたないのか——は、調べてみなければわからない。しかし、どのような結果が得られるにしろ、家族外のパーソナルネットワークにまで範囲を広げて、階層と教育の問題を研究することは、この分野に新たな知見をもたらしてくれるだろう。

6. 調査の概要

以上の検討に基づき、2016年10月から12月にかけて大都市部のX自治体において、小中学生の子どもを持つ母親を対象に、家族内外のパーソナルネットワークや教育観をたずねる質問紙調査を郵送法により行った。大都市部を選んだのは、人口密度の高い都市部においては、選択の余地の拡大によって同質的なネットワークが形成されやすい（Fischer 1975 = 1983）と指摘されており、都市部ほど友人・知人の影響が明確に現れると期待できるからである。

他方、教育達成過程の途上にある小中学生の親に着目したのは、現実感を伴った教育意識を把握するには、その年代の親にたずねるのが適当だと判断できるからである。逆に、子どもが小さすぎる場合も大きすぎる場合も、子どもに対する親の教育期待をリアリティのある形で把握することは難しい。中学受験や高校受験、高校段階での教育的トラッキングという日本社会における教育選抜の特徴を考慮するなら、小中学生の子どもを持つ親を研究対象とするのが妥当だろう。

ところで、現代の日本社会では、未だ「子育ては母親の仕事」という意識が根強く残っており、子育て役割は主に母親が担っているケースが多いと言われている。そうした現実を反映して、子育てに関する保護者調査も母親の回答していることが多い[14]。このような状況で保護者の性別を特定せずに調査を実施すれば、男性からの回答が非常に少なくなってしまい、結果的に分析に用いることができない恐れもある。また、対象を女性に限定した方が、いわゆる「ママ友」の影響も検討できるなど、研究目的に合った情報を端的に得ることが容易であるし、調査票の設計から不要な煩雑さを除去できるなど、調査をする側にも協力者側にもメリットが多い。以上の理由から、調査対象は母親に限定した。

表 4-4 主な住居地域の区分

区分	概要
第一種低層住居専用地域	低層住宅のための地域。小規模な店舗や小中学校などが建てられる。
第二種低層住居専用地域	主に低層住宅のための地域。150㎡までの店舗などが建てられる。
第一種中高層住居専用地域	中高層住宅のための地域。病院、大学、500㎡までの店舗などが建てられる。
第二種中高層住居専用地域	主に中高層住宅のための地域。病院、大学などのほか、1,500㎡までの店舗など必要な利便施設が建てられる。
第一種住居地域	住居の環境を守るための地域。3,000㎡までの店舗、事務所、ホテルなどが建てられる。
第二種住居地域	主に住居の環境を守るための地域。店舗、事務所、ホテル、カラオケボックスなどが建てられる。

注：国土交通省都市局都市計画課の HP を参照。

　サンプリングは、以下の手順で行った。1）まず、この地域の多様性を反映するよう、主に商工業地域と第二種住居地域で構成される「市街地」、商工業地域と第一種・第二種の住居地域および中高層住居専用地域を中心とする「混在地区」、商工業地区を一部に含み第一種の中高層および低層住居専用地域を中心とする「住宅中心地区」、主に第一種低層住居専用地区が広がる「郊外の住宅地」という4つのエリアを設定し、各エリアから確率比例抽出法により人口規模に応じて合計 40 地点を無作為に抽出した[15]。2）次に、各地点の住民基本台帳から1地点 15 名ずつ、小中学生と同居する 30 ～ 50 歳代の女性 600 サンプルを無作為に抽出した[16]。このうち転居 21 件とサンプリングミス2件[17]を除く 577 ケースに調査を行い、306 票の回答を得た（回収率 53.0%）。
　なお、回収されたデータの偏りを判断するため、本調査の回答者における四年制大学進学率を国勢調査で得られる対象地域の平均値と比較してみた。すると、本調査の場合が 37.6% であったのに対し、国勢調査の場合は 34.3% であった[18]。本調査の値はわずかに高いものの、比較的良好なデータが得られたと判断できる。
　「社会階層と社会移動調査（SSM）」や「全国家族調査（NFRJ）」などの全国調査と比較すると、調査対象が特定の地域に限定されている点やケース数が少

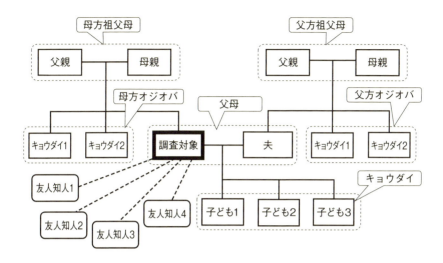

図 4-4　PNM 調査で情報を収集したネットワークメンバーの範囲

ないことは本調査のデメリットと言える。しかし、複数の調査目的に基づく全国調査では、調査対象者の年齢層などの属性のバラツキが大きく、質問項目の設定も一般的になりがちで、後述の通り、真に知りたい情報を得難い場合も多い。また、全国の状況を大まかにとらえることが目的のため、地域の特徴をとらえた比較研究は難しい。これに対し、目的やエリアを限定した小規模調査では、焦点化された研究課題に対して最適化された設計で調査を実施することが可能となる[19]。

　本調査では、NFRJ などで用いられる、個々の家族メンバーとの付き合いの様子をたずねる質問形式と、親族以外の友人・知人に関するネームジェネレーター方式[20]のネットワーク調査で用いられる質問形式を組合せて調査票を作成した。これにより、図 4-4 に示した範囲の人々について、交際の様子や教育意識に関連した情報を収集した。このように母親のパーソナルネットワークに関する情報を収集した調査という意味で、以後、本調査を PNM（Personal Network of Mothers）調査と呼ぶことにする。次章以降では、このデータを用いて分析を行っていくことにしよう。

注

1) 「社会（的）ネットワーク」や「ソーシャルネットワーク」という語も用いられるが、その場合には、関係を取り結ぶ行為者は個人である必要はなく、企業間の関係、地域と地域の関係なども含む。これに対し、「パーソナルネットワーク」は個人と個人の関係に注目するものである（星 2010）。本書では、個人と個人の結びつきに着目するので、「パーソナルネットワーク」という語を用いていく。なお、以下のまとめは、星（2010）を参考にしている。
2) 4人からなるネットワークの場合、任意のペアの組合せには6つのパターンがある。ここで知り合い同士である者を線で結ぶとすると、全員が知り合いであれば当然6本の線が引かれるが、AさんBさんCさんが互いに知り合いでない場合は、egoとそれぞれを結ぶ3本の線のみが引かれる。なお、以上は線（紐帯）が方向性を持たない無向グラフの考え方であるが、方向性を持つとする有向グラフの考え方もある。詳しくは安田（1997）などのテキストを参照されたい。
3) 家族社会学のあゆみを振り返る『家族社会学研究』の特集コメントにおいて、落合（1998：146）が要約した表現になる。
4) 落合（1998）によれば、このパラダイム転換には、さらに制度論・変動論の復活という意味も含まれている。先の個人への着目と合わせて、こうしたパラダイム転換は、近代家族モデルからの脱却を意味する。
5) 階層帰属意識を巡る議論については、第7章で詳しく取り上げる。
6) より正確に表現すると、相対的剝奪とは、人々の不満が、その人の客観的な境遇の劣悪さではなく、その人の抱く期待水準と達成水準（あるいは機会の可能性）との知覚された格差によって生じるとする理論概念である。期待水準が自分の過去の生活経験に依存する「個人型」、比較準拠集団によって期待水準が規定され、自分の境遇を達成水準とする「自己本位型」、比較準拠集団によって期待水準が規定され、自分の所属集団の境遇を達成水準とする「友愛型」がある。この場合は、2つめの自己本位型になる（『新社会学辞典』有斐閣より）。
7) その理由としては、「同調圧力」と後述の「情報環境（ただし、石黒は「情報バイアス」と呼んでいる）」が挙げられている。
8) 以下の2つの分析を行ったところ、どちらも有意な違いが認められなかったという。①性役割態度が似ていることによって選択された可能性の高い「配偶者」を除いた分析。②家族に関する会話は性役割に関する情報を含みやすいため、家族に関する会話の頻度が多い相手は、そうした会話内容を理由に選択された可能性が高いという前提から、「家族に関する会話の頻度」を考慮した分析。
9) 「性役割に肯定的な対人環境」と「社会における性役割への受容度に関する認知」との関連を調べ、両者が正の相関を持つことから、「合意性の過大

視」や「合意性の過小視」といった認知の歪みによっては、分析結果を解釈することはできないと指摘している。

10) このように書いたからといって、職業にのみ重要な意味が与えられているわけではない。それどころか、必ずしも地位指標のみが重要なわけでもない。実は、様々な意識やライフスタイルの類似性に基づいて社会空間を描いても、同じ職業や学歴などを持つ人々は近くに配置されることになる。日本のデータを用いた分析例としては近藤（2008, 2011, 2019 など）を参照されたい。

11) そもそも「社会階層」概念は、「社会階級」概念へのアンチテーゼとして考え出されたものである。階級という概念は、たとえば「上流階級」「中産階級」「労働者階級」のように、1つの軸で人々を区分するとともに、Aさんは中産階級、Bさんは労働者階級というように、人々が所属する集団として構想された。これに対し、社会階層という概念自体は、本文にも述べたように、多次元的な地位の状況をとらえるものであり、人々の存在と一対一に対応するものとは想定されていない。学説史的な考察も含めた両概念の解説については原・盛山（1999）が詳しい。

12) ただし、後述の近藤（2008, 2011 など）の分析によれば、日本の場合、文化資本と経済資本の分化が弱く、資本の一次元性が高い傾向にある。

13) ちなみに、先述の石田（2006）の研究でも、職場の人間関係は非選択的関係の一例として取り上げられている。

14) 一例として、Benesse 教育研究開発センター（2012）が小中学生の保護者を対象に実施した子育てに関する調査を見ると、回答者の 93.1% が母親である。なお、子育て役割が母親に偏っていることについては、第 6 章で取り上げている。

15) 各エリアには複数の「地域（住民基本台帳の管理区域）」が存在するため、各エリアの代表的な特徴を備えた「地域」を選び、そこから地点抽出を行っている。

16) X自治体では台帳が世帯ごとに作成されていたため、義務教育年代の子どもと同居する 30 ～ 50 歳代（ほとんどが 30 ～ 40 歳代）の女性を母親とみなしてサンプルを抽出した。回収された調査票においては、基本的に、この想定で問題のなかったことが確認できている。ただし、未回収のケースには、同居する小中学生の母親でないサンプルを抽出した例も含まれていた可能性は否定できない。

17) 年齢が 20 代の者が 1 名と子どものいない者が 1 名含まれた。

18) 残念ながら、公開された国勢調査の集計から完全に比較可能な値は得られない。次善の策として、2010 年の国勢調査から、本調査の対象となった自治体全体における有配偶女性（子どもの有無や年齢はわからない）のうち、2016 年の調査時点で 31 ～ 50 歳にあたる 25 ～ 44 歳の値を求め、本調査における同年代の者と比較した。

19) 複数の研究目的を持った大規模調査とは異なり、調査の目的が絞られているため、全体の質問数が少なく、調査協力者への負担が軽減される点や、小規模のため、低予算かつ短期間に実施できる点（データクリーニングなどのコストもあまりかからず、すぐに分析が可能）などもメリットと言えるかもしれない。
20) 「よく話す人」や「〇〇について相談できる人」などの条件を設定して、当てはまる人物を数名挙げてもらい、それぞれの相手との関係性などを問う質問形式のこと。ここでは「家族や親戚以外で、お子さんの教育について話す方々」を4名まで挙げてもらっている。

第5章
ネットワークと学歴志向

1. 教育格差とパーソナルネットワーク

　子どもの学歴になぜ親族が関係するのか。前半の第1章から第3章では、様々な角度から、この疑問を解明するよう試みた。その結果、祖父母やオジオバの「直接効果」は、必ずしも通常考えられるような影響——すなわち、彼らと子どもとの直接的な交流、および経済資本や文化資本が親族内で伝達・共有されること——によるわけではないことが明らかになった。代わりに指摘されたのが、彼らの学歴が親の教育期待に与える影響であった。つまり、家族や親族の学歴は、人々が子どもにどの程度の学歴を期待するかに影響を与え、それが結果的に子どもの学歴につながるのだと考えられる。

　このように、子どもの学歴に対する周囲の影響を、親の教育期待の観点からとらえ直してみると、そこには家族以外の人々も影響しているのではないかと予想することができる。日常的に子育てを通じて交流している子どもの友達の保護者や近所の人々、あるいは子育てとは別の場面で交流している職場の同僚や学生時代の友人といった人々も、日々の交流を通じて、あるいは子育てに関する相談相手として、親の教育意識に影響を与えている可能性がある。したがって、本章では、家族内外のパーソナルネットワークが、子どもに対する親の教育意識に与える影響について検討を行う。

　ところで、第1章で紹介した、教育格差の背景を説明する様々な理論や仮説を振り返ってみると、上記のような見方は、ブリーンとゴールドソープ（Breen and Goldthorpe 1997）の提示した「相対的リスク回避仮説」や、「ウィスコンシ

ン・モデル」(Sewell et al. 1969；Sewell et al. 2004 など)の理解と親和的であることがわかる。

まず、前者の相対的リスク回避仮説とは、親の地位と比べた下降移動を回避するような教育選択を行うという想定に基づく考え方であった。荒牧(2016)でも指摘したように、この仮説は日本社会には適さないという研究も多いのだが、それはあくまで子どもの教育達成における格差を説明しようとした場合のことである。それに対し、ここで問題にしているのは、子どもの学歴ではなく、親の教育期待に対する影響である。子どもの地位が自分よりも低くならないように親が望むというのは、無理のない想定のように思われる。つまり、この説明の枠組は、子どもの教育達成格差を直接説明するには適さないものであったかもしれないが、親が子どもに抱く教育期待を理解するには有効である可能性がある。

ところで、ブリーンらが想定している因果の流れを、ここでの議論にあてはめて単純化すると、「親の地位→親子の教育期待→下降回避的な選択」と表現することができる(図5-1a)。ここで、「親子の教育期待」となっているのは、ブリーンらが行為者としての親と子を区別していないからである[1]。しかし、実際には親と子の教育期待は完全に一致するわけではないため、「親の地位→親の教育期待→子の教育期待→下降回避的な選択」のような因果関係を想定した方が現実的だろう。いずれにしても、重要なのは、親自身の地位が下降移動を回避する準拠点となることによって、具体的な教育期待に結びつくと想定している点である。ここで、教育期待を形成する準拠点に、「親自身の地位」だけでなく「ネットワークメンバーの地位」も含めると、この枠組に沿ってパーソナルネットワークの影響をとらえることが可能になる(図5-1c)。

一方のウィスコンシン・モデルを適用した教育格差の理解とは、簡単に言えば、「親の地位→重要な他者(親の教育期待)→子の教育期待→子の学歴」という因果連鎖を想定したものであった[2](図5-1b)。この図式の中で、出身階層の影響が生まれるポイントは、最初の部分、つまり親の地位が親の教育期待に関与するという部分にある。ここでも、格差を生む出発点として想定されているのは「親自身の地位」だけであるが、先ほどと同様に、「ネットワークメンバーの地位」にまで拡張すると、本章の見方に合った説明の枠組となり得る。

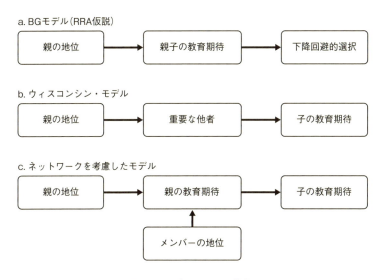

図5-1　各モデルの枠組

　ところで、ウィスコンシン・モデルの大きな特徴は、子どもの教育期待に、子どもにとっての「重要な他者」が影響すると想定した点にある。それと同様に考えれば、親の教育期待には、親にとっての「重要な他者」である家族や友人などのネットワークメンバーが影響すると想定できるだろう。もちろん、家族や親族以外の他者が、自分の子どもに具体的な教育期待を持つということは考えにくい。しかしながら、周囲の身近な人々の中に高学歴者が多く、子どもの進学や学歴が当然のように話題になる状況では、高学歴を目指すべきだという規範も共有され、子どもにも高学歴を求めるようになるといったことが想像できる。もちろん、これと逆の状況であれば、無理に高い学歴を求めることは少ないだろう。このように、人々が子どもの学歴達成に求める傾向を「学歴志向」と呼ぶとすると、親族だけでなく友人や知人などを含めた周囲の人々の持つ学歴志向も親の学歴志向に影響すると考えることができる。また、ライフコースに沿った地位の移動（図4-3）という前章の考察をふまえるならば、学歴志向に影響を及ぼすような周囲の人々として、親族、学生時代の友人、職場の関係者、ママ友や近所の人々などが鍵になってくると考えられる。

　ところで、ウィスコンシン・モデルでは、親の地位が親の教育期待にのみ影

響すると想定していたが、その考え方は果たして正しいのだろうか。子どもが親の意を汲んだり、親が子どもの期待をサポートするといった親子間の相互影響を考慮すると、親の社会経済的地位は子ども自身の教育期待にも直接的に関与しているかもしれない。この問題については、藤原（2009）が、高校生と母親をともに対象とした調査のデータを用いて検討している。親子の教育期待が互いに影響することを考慮した分析の結果[3]、親の学歴や世帯収入といった階層的要因は、母親の期待にのみ影響する（高校生自身の教育期待には階層要因が直接的な影響をもたない）ことが明らかにされている[4]。この結果から考えても、教育格差の背景を考える上で、親の学歴志向、特に、子どもにできるだけ高い学歴を求める傾向（以下、これを「高学歴志向」と呼ぶ）がどのように形成されるかが極めて重要な意味を持つことは明らかだろう。

ところで、現代の日本社会では、子育て役割が母親に過度に集中していることが問題視されており、その改善の糸口を探る目的からも、多くの先行研究が、「母親」のネットワークを対象としてきたのであった（落合 1989；渡辺 1994 など）。

以上をふまえ、本章では、母親の高学歴志向にパーソナルネットワーク・メンバーの学歴や彼らの持つ高学歴志向が与える影響に着目していく。

2. パーソナルネットワークと意識形成

パーソナルネットワークが社会意識に及ぼす影響については、前章で詳しく検討した通りである。これをふまえると、パーソナルネットワークが親の学歴志向に与える影響は、以下のように整理することができる。

第1に考えられるのは、メンバーの持つ学歴や学歴志向に同化・同調する働きである（星 2001；石田 2001；石黒 1998）。すなわち、周囲の学歴が高いほど（地位への同化）、あるいは周囲に高学歴志向を持つ者が多いほど（意識への同調）、本人も高学歴志向を持ちやすくなることが予想できる。ネットワークメンバーの地位を参照基準としたり、重要な他者とみなすことで、親の学歴志向が形成されるとも表現できるだろう。

第2に、こうした同化や同調の働きは、ネットワーク内の密度や同質性が高

いほど、規範を発生させることを通じて、あるいは意図せずとも彼らの言動が情報環境として作用することによって、促進されることも予想できる（Bott 1955＝2006；野沢 1995；安野 2006）。

一方で、メンバーの地位については、同化機能だけでなく、比較機能も持つ可能性が指摘されていた。星（2001）が指摘したのは、本人よりも高い地位の者が多い場合、それらの人々との比較によって、階層帰属意識が低くなるというメカニズムであった。この知見が一般的にあてはまると仮定すると、ネットワークメンバーと比べて自分の学歴が低い場合、自らの地位を低く認識し、高学歴志向を持ちにくくなる可能性がある。ただし、第4章で議論したように、子どもへの教育期待に対するネットワークの影響は、本人の状況に直接的な影響を与える場合（図4-1a）とは異なっているはずである。したがって、仮にメンバーの地位と自分の地位とを比較するとしても、上記のような判断になるとは限らない。中には、相手と比べて自分の地位が低いからこそ、子どもには高学歴を望むということも考えられる。先に紹介した、安田（1971）の言う「失地回復的モチベーション」なども、そうした心理を前提にしたものだろう。つまり、子どもに対する学歴志向を問題とする場合には、周囲の人々の地位をどのように評価・判断するかが介在する（図4-1b）と想定することができる。その場合に重要なのは、相手の地位との相対的な比較というよりも、相手の地位や態度にどれだけ同化・同調しようとする意思を持つかであろう。

なお、ネットワークによる態度形成という見解に対して、社会心理学の分野では、もともと似た態度を持つ者による同類結合や単なる認知の歪み（合意性の過大視）を意味するに過ぎないという批判があった。このうち同類結合という指摘が仮に正しかったとすると、あくまでネットワークの効果を主張しようとする立場にとっては望ましくない結論と言えるかもしれない。しかし、本書のように、教育格差の背景を解明しようとする立場にとっては、同類結合という知見はむしろ興味深いものである。というのも、この指摘が正しければ、学歴達成の階層差は、親のパーソナルネットワークが、同類結合によって形成されることも影響している可能性を示唆するからである。これは、社会空間上の位置づけが社会関係の形成に関与し、そうした社会関係が学歴再生産プロセスに影響するという第4章での議論を補強することにもなるだろう。

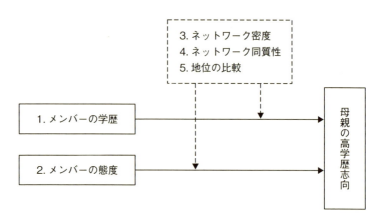

図 5-2　分析の枠組

　一方、後者の指摘、すなわち、ネットワーク効果は、実際には「合意性の過大視」など認知の歪みに過ぎないという指摘は、基本的には、主観的な意識に関するものである。したがって、周囲の学歴志向という主観的な意識への同調だけでなく、学歴という客観的な地位への同化を同時に検討することによって、この批判の妥当性を判断することができるだろう。

　以上の検討をふまえ、家族内外のネットワークが親の学歴志向——特に、高い学歴を求める「高学歴志向」——に及ぼす影響について、本章では、次のような仮説の検討を行うこととしたい。なお、上記の議論からは、これらに加えて、相手の地位や態度をどの程度参考にしようとしているのかに関する仮説も導き出される。しかしながら、本章のデータでは、個々のメンバーに対する評価を扱うことができないため、この点については次章で検討したい。

仮説 1：メンバーの学歴が高い／低いと、高学歴志向を持ちやすい／持ちにくい（地位への同化仮説）。
仮説 2：高学歴志向を持つメンバーが多い／少ないと、本人も高学歴志向を持ちやすい／持ちにくい（意識への同調仮説）。
仮説 3：ネットワークの密度が高いほど、メンバーの影響が強く表れる。
仮説 4：メンバーの地位の同質性が高いほど、その影響が強く表れる。

仮説5：メンバーの中に自分よりも高学歴の者が多いと、高学歴志向を持ちにくい。

3. データと変数

データ

上記の検討を行うため、第4章で紹介した、PNM調査のデータを用いる。この調査は、大都市部に住む小中学生の母親を対象とした質問紙調査であり、基本的に第4章で議論した諸課題を検討する目的で実施されたものである。そのため、NFRJ調査などで用いられる、個々の家族メンバーとの付き合いの様子をたずねる質問形式と、ネームジェネレーター方式のネットワーク調査で用いられる質問形式を組合せて調査票を作成している。これにより、図4-4に示したように、自分と夫の親キョウダイ（子どもにとっての祖父母やオジオバ）に加え、母親自身の友人・知人についても、交際の様子や教育意識およびそれぞれの地位指標について情報を得ている点が最大の特徴になる。本章では、このうち、調査対象者側と夫側それぞれの両親とキョウダイ（2人まで）および友人・知人（4人まで）の、合計最大13人のネットワークメンバーに関する情報を用いて分析を行う。

変数の設定

PNMデータを用いて分析を行うにあたり、主な変数を以下のように設定した。

①高学歴志向

SSMなど従来の調査では、高学歴志向の指標として、「子どもにはできるだけ高い教育を受けさせるのがよい」という質問に対する回答を用いてきた。しかしながら、この質問は「するのがよい」という文末表現を用いて一般的な認識や規範意識をたずねたものであり、自分の子どもに対する期待や願望を直接とらえたものではない。一般的な社会認識の把握を目的とした全国調査にとっては、子どものいない者や子どもが学齢期を過ぎてしまった者も回答できるこ

とを含めて、こうした聞き方はメリットともなり得る。しかし、学齢期の子どもを持つ親自身の学歴志向を把握する目的にとっては、こうしたワーディングは適切とは言えない。これに対し、本調査は、調査対象を小中学生の母親に限定するとともに、「子どもにはできるだけ高い教育を受けさせたい」のように「̇受̇け̇さ̇せ̇た̇い̇」という表現を用いて、子どもに対する高学歴志向を直接にたずねている。分析では、この質問に肯定的に回答（「そう思う」＋「ややそう思う」）したか否かに着目していく。

②学歴

本調査では、回答者本人側と夫側の双方について「両親」と「キョウダイ（2人まで）」[5]、および子どもの教育について話をする「友人・知人（4人まで）」、の学歴をたずねている。階層研究を代表するSSM調査などでも本人と配偶者双方の両親とキョウダイの学歴までは聴取していない中で[6]、従来は調査されなかった友人・知人を含め、本人と関わる最大13人の学歴をたずねたのは本調査の大きな特長である。ただし、全員の学歴情報をそのまま分析に用いるのは非常に煩雑になるため、「夫」「父母」「夫の父母」「キョウダイ」「夫のキョウダイ」「友人・知人」というカテゴリーごとに検討を行う。

なお、各学歴変数は、3段階（親世代）と4段階（本人世代）の選択式で回答してもらっているが、以下の要領で、それぞれ2段階にリコードしている。まず、回答者本人と夫の学歴については、四年制大学以上の学歴を得ているか否かで区分した。また、その他の人々については、上記のカテゴリー毎に組合せの変数としている。すなわち、本人側と夫側双方の親については、それぞれの親夫婦のうち少なくとも一方が中等後教育を受けているか否かによって、双方のキョウダイについては、一人でも四年制大学以上の学歴を得ているか否かによって、友人・知人の場合は四年制大学以上の学歴を得た者が過半数に達しているか否かによって、それぞれ相対的な学歴の高低をとらえている[7]。

③周囲の高学歴志向

ネットワークメンバーには「『子どもにはできるだけ高い教育を受けさせたい』と考える人が多い」かどうかをたずね、「そう思う」「ややそう思う」「あ

まりそう思わない」「そう思わない」の中からあてはまるものを選んでもらった。この質問に肯定的に回答（「そう思う」+「ややそう思う」）したか否かを周囲の高学歴志向の指標とした。

④ネットワークに関するその他の指標
ネットワーク密度：友人・知人のネットワークについては、「これらの方々は、互いに知り合いですか」という質問に対して「全員が知り合い同士」「一部は、知り合い同士」「全員が互いに知らない」「わからない」という選択肢で回答してもらったので、その回答をネットワーク密度の指標とした[8]。
メンバーの地位の同質性：メンバーの地位の同質性は、メンバー全体の学歴分布に着目し、「全員が同程度の学歴（同質性：高）」「同程度の学歴の者が多い（同質性：中）」「異なる学歴が拮抗している（同質性：低）」に分類した。
メンバーの地位との比較：メンバーの地位との比較に関する仮説で問題とされたのは、自分よりも高い学歴の者が多い場合に、自分の地位を低く見積もることによって、子どもへの期待も低くなるというものであった。この仮説の妥当性を調べるには、メンバー全体に占める高学歴者の割合が必要なので、その割合を3段階に区分して用いた[9]。

4. ネットワークの効果

　分析結果を紹介する前に、混乱を避けるため、家族・親族の呼称について確認しておきたい。子どもの学歴達成自体を問題としていた第3章までは、子どもの立場から見た続柄を議論しやすいように、調査対象者を子どもの「親」、その親キョウダイを「祖父母」や「オジオバ」と呼んできた。しかし、本章以降では、調査対象者自身の学歴志向に対する影響に着目するため、調査対象者を「本人（回答者）」、本人および夫の親キョウダイについては、そのまま「親」「キョウダイ」「夫の親」「夫のキョウダイ」と呼ぶことにする（図5-3）。

地位への同化と意識への同調
　はじめに、家族内外のネットワークメンバーの学歴と子どもの母親である回

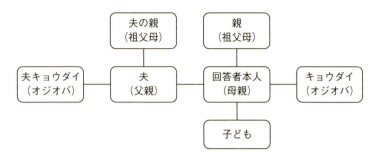

図 5-3 調査対象者からみた関係と呼称

注：（　）内は第3章までにおける呼称

答者の高学歴志向との関連を確認しておこう。表 5-1 は回答者本人およびネットワークメンバーの学歴別に、高学歴志向を持つ回答者の割合をまとめた結果である。ここから、本人や夫の学歴だけでなく、夫の親、本人のキョウダイおよび友人・知人の学歴が高いほど、高学歴志向を持つ回答者の割合も高くなることがわかる。このうち特に興味深いのは、家族だけでなく、友人・知人の学歴によっても統計的な有意差が認められた点であろう。これは本調査から明らかになった新たな知見と言える。本人の親や夫のキョウダイの学歴は有意な効果を持たないため、全員の学歴が影響するわけではないという留保がつくものの、基本的には仮説1を支持する結果が得られたと考えてよいだろう。なお、夫のキョウダイはともかく、親の学歴が影響しないことには意外な感じをもたれた方も多いのではないだろうか。ところが、学歴の分類方法を色々と変えてみても、あるいは第3章でも用いた全国調査である ESSM 調査のデータを使って同様の集計を行ってみても、やはり親の学歴によって統計的に有意な違いは認められなかった[10]。以上から、親の学歴は高学歴志向にあまり影響しないと考えてよいようだ。

次に、仮説2で取り上げた、周囲の高学歴志向と本人の高学歴志向との関連を調べてみたところ、極めて明瞭な関連のあることがわかった。具体的には、周囲には高学歴志向を持つ者が多いと回答した場合には、本人が高学歴志向を持つ割合も 88.8％と高かったのに対し、周囲に高学歴志向を持つ者が少ないと回答した場合には、その割合が 43.2％と前者の約半分に留まった。これは、周

表5-1　それぞれの学歴別にみた高学歴志向（仮説1）

	それぞれの学歴		
	低	高	差
本人	77.9	92.2	14.3 **
夫	72.2	89.9	17.7 **
親	79.6	86.3	6.7
夫の親	73.8	95.5	21.7 **
キョウダイ	76.2	93.6	17.3 **
夫のキョウダイ	80.1	87.9	7.8
友人・知人	76.2	92.0	15.8 **

*$p<.05$　**$p<.01$

囲の高学歴志向に同調する傾向を想定した仮説2を、明確に支持する結果だと言えるだろう。

ネットワークの複雑な効果

　以上より、各メンバーの学歴や態度と本人の高学歴志向には関連のあることがわかった。では、これらの関連は、ネットワーク密度やメンバーの地位の同質性によって異なるのだろうか。

　はじめに、「ネットワーク密度が高いほど関連が強まる」という仮説3の想定が正しいかどうかを確認しよう。ただし、親族の場合は基本的に全員が知り合いなので、密度の効果を確認するのは友人・知人の場合に限られる。結果は表5-2に示した通りで、密度が低い場合には、友人・知人の学歴が関連しない一方で、密度が高まるほど明確な関連のあることがわかる。この中でも特に興味深いのは、密度が高い場合、友人・知人の学歴が低いと本人が高学歴志向を持つ割合も6割程度とかなり低くなることである。つまり、密度が高い場合には、正の効果だけでなく負の効果も同時に強くなるのである。以上の結果は、仮説3を支持するものである。

　次に、メンバーの地位の同質性が与える影響を検討してみよう。仮説4では、メンバーの地位の同質性が高いほど、強い影響があると想定していた。この仮説が正しければ、本人の学歴にかかわらず、同質性が高いほどメンバーの地位が影響をおよぼすはずである。別の言い方をすれば、メンバーの地位にかかわらず、同質性が低いほど本人の学歴によって高学歴志向が決まるはずだ。実際

表5-2 ネットワーク密度の効果（仮説3）

		友人・知人の学歴		
		低	高	差
密度	低	79.1	82.1	3.07 n.s.
	中	79.8	94.0	14.2 **
	高	61.5	94.1	32.6 **

*$p<.05$ **$p<.01$

表5-3 地位の同質性の効果（仮説4）

地位の	本人の学歴		
同質性	低	高	差
低	88.5	91.8	3.3 n.s.
中	79.2	97.0	17.8 *
高	55.0	85.7	30.7 *

*$p<.05$ **$p<.01$

はどうだろうか。結果は表5-3に示した通りで、仮説の予想とは正反対に、同質性が低い場合には本人学歴が影響せず、同質性が高いほど本人学歴による差が明確に表れている。したがって、仮説4を支持する結果は得られなかったことになる[11]。

残る仮説5では、メンバーに自分よりも高い学歴の者が多いと、自分の地位を低く見積もることによって、高学歴志向も弱まることを予想していた。表5-4がこの仮説を確かめた結果になる。仮説に照らして関心が持たれるのは、本人の学歴が低く周囲の学歴が高い場合（左下のセル）において、高学歴志向を持つ者の割合が低くなるかどうかである。ところが、結果は正反対で、本人の学歴が低くても、周囲の学歴が高いほど、本人が高学歴志向を持つ傾向も強くなっている。しかも、この傾向は本人の学歴が高い場合にも共通している。さらに興味深いのは、周囲の高学歴者の割合がどの水準であっても、本人の学歴による差が有意とならないことである[12]。結局のところ、本人の学歴にかかわらず、周囲の学歴が高いほど本人も高学歴志向を持つと言える。つまり、周囲の地位は同化機能（仮説1に対応）を通じて本人の高学歴志向に影響しているが、比較機能（仮説5に対応）は生じていないと結論づけることができる。

表5-4 周囲の地位との比較（仮説5）

高学歴者の割合	本人の学歴 低	本人の学歴 高	差
低	64.4	84.6	20.2 n.s.
中	88.5	91.8	3.3 n.s.
高	95.5	95.1	−0.3 n.s.

*$p<.05$　**$p<.01$

　以上より、ネットワークメンバーの影響は、基本的に、「周囲の地位への同化（仮説1）」と「周囲の意識への同調（仮説2）」によって生じること、また、友人・知人の影響はネットワーク密度と関連すること（仮説3）がわかった。その一方で、メンバーの地位の同質性（仮説4）やメンバーの地位との比較（仮説5）は、これらの関連に影響を与えないという結果になった。

多変量解析による検討

　以上の通り、親族であるか否かにかかわらず、ネットワークメンバーの地位や考え方が高学歴志向に影響するという結論になった。しかし、親族や友人・知人の学歴は、本人の学歴などの地位属性とも少なからず関連していると考えられる。また、それらの属性自体も高学歴志向と関連している可能性があるので、上記の結果は本人の属性の影響を反映した疑似相関に過ぎないかもしれない。その可能性を検討するため、代表的属性と高学歴志向との関連を確認したのが表5-5である。

　ここから、年齢以外の地位属性は高学歴志向と関連することがわかる。具体的には、本人の就業形態がフルタイムの場合や、夫が無職あるいは不在の場合には高学歴志向を持ちにくいこと、逆に、世帯収入が高いほど高学歴志向を持ちやすいことが確認できる。これらの結果は、先に観察された関連が擬似的なものである可能性を示唆する。したがって、これらの要因を統制しても、家族や友人・知人の学歴による効果が認められるのか、多変量解析によって確認してみよう。

　図5-4は、高学歴志向の有無に関するロジスティック回帰分析の結果を要約したものである。矢印や数字の表示方法は、第3章までと同じである。この

表5-5 その他の属性別にみた高学歴志向を持つ者の割合

年齢	40歳未満 81.1	40-45歳 84.2	46歳以上 83.7	
就業形態	専業主婦 89.7	パートタイム 83.3	フルタイム 74.0	自営・家族従業 88.0
夫の職業	労務 81.4	事務 86.5	専門・管理 88.0	無職・いない 67.7
世帯年収	300万円未満 56.3	300-700万円 76.2	700-900万円 84.6	900万円以上 92.2

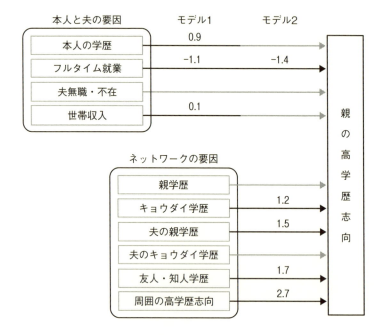

図5-4 親の高学歴志向に影響する諸要因

注：左は「本人と夫の要因」のみを含む場合。右は「ネットワーク要因」を追加した場合。
　　詳細は章末の付表5-1を参照されたい。

うち左側に示したのが、本人と夫の属性要因のみを投入したモデル（モデル1）の結果であり、右側がそこにネットワーク要因を追加したモデル（モデル2）の結果になる。その他の詳しい結果は、章末の付表5-1に示してあるので、関心のある方にはそちらを参照してもらいたい。

まず、左側の結果から、本人の学歴が高く世帯収入が多いほど高学歴志向を持ちやすく、就業形態がフルタイムだと高学歴志向を持ちにくいことが改めて確認できる[13]。ただし、夫の職業（無職または不在）が統計的に有意な効果をもたない点は表5-5の結果と異なる[14]。この結果は意外に感じられるかもしれないが、階層意識に関する研究では、職業が様々な社会意識に対して、強い効果をもたないことが知られている[15]。そもそも、表5-5の結果を見ても、比較的大きな差異があったのは「無職・不在」とその他の間であり、職業カテゴリー自体によっては、ほとんど違いがない。

次に、これらを統制しても、ネットワークメンバーの学歴や高学歴志向が直接的な影響を持つのか確認してみよう。結果は図の右側に示した通りで、本人のキョウダイ、夫の親、友人・知人それぞれの学歴、および周囲の高学歴志向がいずれも有意な効果を持つことが改めて確認できる。したがって、周囲の地位への同化および周囲の意識への同調効果は、疑似相関ではなかったと結論づけてよいだろう。

ここで興味深いのは、左側のモデルでは有意であった本人の学歴と世帯収入が、右のモデルでは有意でなくなっていることである。この結果は、本人学歴や世帯収入は高学歴志向に直接関連しているわけではなく、周囲の学歴や高学歴志向を媒介して間接的に影響していることを示唆する。そこで、本人学歴と世帯収入が、ネットワークを媒介している割合を調べたところ、どちらも8割前後であることがわかった[16]。これらの結果は、本人の学歴が高かったり、世帯収入が多かったりすると、高学歴や高学歴志向を持つ人々と付き合いやすくなり、そのことが高学歴志向に影響するというメカニズムが働いていることを示している。

ところで、表5-4では、相手が誰であるかにかかわらず、高学歴を持つメンバーの割合が高いほど、本人の高学歴志向も強まることを確認した。そこで、「親」「キョウダイ」「友人」といった区分なく、メンバー全体に占める高学歴

者の割合をモデルに投入してみたところ、確かに統計的に有意な正の効果が確認できた。しかし、このモデルを用いた結果よりも、上記のように、誰の学歴かを区別した方がデータへのあてはまりはよかった。ここから、単純に周囲に高学歴者が多いかどうかではなく、誰の学歴が高いか（あるいは低いか）が重要なのだとわかる。

　以上より、夫婦の地位や経済的な豊かさにかかわらず、ネットワークメンバーの学歴や高学歴志向が本人の高学歴志向に影響することが確認できた。では、高学歴や高学歴志向を持つメンバーとの付き合いは、高学歴者の優位性をさらに高めているのだろうか。これを確かめるため、ネットワークメンバーの学歴や高学歴志向と本人の学歴との交互作用項を順番に投入して検討してみた。その結果、付表5-1のモデル3に示した通り、周囲の高学歴志向と本人学歴の交互作用項だけが、統計的に有意な効果を持つことがわかった。この結果は、周囲の高学歴志向は誰にとっても正の効果を持つ（主効果）とともに、本人が高学歴の場合にはさらに効果が付加される（交互作用効果）ことを意味する。この点からのみ判断すれば、ネットワークの効果は高学歴者の優位性をより高めると結論づけられそうに思われるかもしれない。しかし、結果を注意深く確認してみると、交互作用項を考慮したモデル3では学歴自体の効果は負になっている。つまり、たとえ本人の学歴が高くても、周囲の人々が高学歴志向を持っていなければ、本人も高学歴志向を持たないのである（周囲の低位な学歴志向への同調）。

　一方、本人の学歴とネットワークメンバーの学歴の間には有意な交互作用効果が認められなかった。これは、本人の学歴が高いか低いかにかかわらず、メンバーの学歴が高いか低いかによって、高学歴志向を持ったり持たなかったりすることを意味している。つまり、仮に本人の学歴が低くても、キョウダイや夫の親あるいは友人・知人の学歴が高ければ、高学歴志向を持つ傾向も強まるのである。もちろん、逆に言えば、本人の学歴が高くても、周囲の学歴が低ければ、本人も高学歴志向を持ちにくくなることになる（周囲の学歴への正負両方向への同化）。以上を総合すると、高学歴者だけがネットワークの効果によって、さらに優位性を高めるといった単純なメカニズムではないと判断できる。

　ところで、先に、友人・知人学歴の影響は、ネットワークの密度によって異

なることを示した（表5-2）。そこで、多変量解析でもその影響が認められるのかを確かめてみたが、密度の有意な効果は認められなかった。ここからは、密度の効果と見えたものが、実はメンバーの学歴や高学歴志向の疑似効果であったという解釈が導かれる。そもそも密度とは、メンバー同士が知り合いである程度を意味するが、メンバー同士の学歴が同等であるほど、互いに知り合いである可能性も高まるのではないかと想像できる。たとえば、そもそも同じ学校の出身者である場合もあるだろうし、同じ学歴であればライフスタイルや価値観も似た傾向となりやすいため、本人も含めた集団を形成しやすいことなどが予想できる。この見方が正しければ、密度の効果と見えたものは、実はメンバーが持つ学歴の効果であったということになる。

5. メンバーへの同化と同調

ネットワークの効果とその意味

　本章では、友人や知人も含めたネットワークメンバーの持つ学歴や態度が、回答者本人の高学歴志向に影響するのかを確認した。その結果、本人のキョウダイ、夫の親、友人・知人それぞれの学歴、および学歴達成に対する周囲の態度（高学歴志向）がいずれも独自の影響を及ぼすことが明らかになった。こうした分析結果をふまえて、改めて考えてみたい点が3つある。

　1つは、上記のようなネットワークの効果を考慮すると、夫婦の学歴・夫の職業・世帯収入といった代表的な階層要因が関連しないという結果についてである。もちろん、表5-1や表5-5に示したように、それぞれの変数と高学歴志向の間には、統計的に有意な関連が確認できる。ところが、ネットワークの影響を考慮すると、それらの差異が消滅するのである。この結果は、夫婦の地位や家計の豊かさが、ネットワークを媒介して、高学歴志向に関与していることを示唆する。

　ここで、第4章で触れた社会空間（Bourdieu 1979 = 1990）に関する議論を振り返ると、夫婦の社会空間上の位置づけは、どのような地位や態度の人々と交際するかに関与することを通じて、間接的に影響しているのだと解釈できる。これには、どのような社会空間で生活しているかが出会いのチャンスに関係す

るという面もあるだろうし、出会った者のうち誰を選んで積極的に交際するかという「好み」の形成に対しても、社会空間上の位置づけや人生の軌跡が影響する面もあると理解できる。仮に、こうしたメカニズムが他の意識の形成過程にも同じように働いているとすると、調査対象者が誰と交際しているかに着目することによって、社会的地位と社会意識の新たな関連が発見できるかもしれない[17]。

　これをふまえた上で考えたい第2の課題は、ネットワークメンバーの効果をどう解釈すべきかである。ネットワークの影響を見出した本章の分析結果は、核家族の影響だけに注目してきた従来の研究で指摘されてきた以上に、社会階層や社会構造が影響することを意味しているのだろうか。つまり、これまで考えられてきた以上に、格差や不平等が存在するということなのだろうか。この問いに対して、分析結果からは2つのことが指摘できる。

　まず重要なのは、ネットワークメンバーの学歴が及ぼす影響は、本人の学歴が高くても低くても変わらないということだ。つまり、「学歴の高い者は従来から知られていた以上に有利だ」という話ではないのである[18]。もちろん、誰と出会うかについては、上記の通り、どのような社会空間で暮らしているかが関連するのだろう。しかし、ネットワークメンバーの学歴は、どの社会空間で生活する者にも同じように影響するのである。しかも、友人・知人の場合には、誰と交際するのか自体も選ぶことができる。したがって、そうした選択に影響する、階層とは異なる要因を明らかにできれば、教育格差を縮小する要因の解明に近づく可能性さえ生まれてくる。

　他方、メンバーの持つ高学歴志向は、本人の学歴と交互作用を持っていた。つまり、周囲の人々が高学歴志向を持つか否かが与える影響は、本人の学歴が高いほど強いのである。したがって、周囲に高学歴志向を持つメンバーが多い高学歴者は、かなり高い確率で高学歴志向を持つと考えられる。過熱した受験競争に向かう「教育熱心」な親の背景には、こうしたネットワークの影響が働いている可能性がある。

　以上の議論からは、高学歴者ほど「有利」だと結論づけたくなるかもしれない。しかし、これには2つの点から注意が必要である。第1に、忘れてはいけないのは、上記の交互作用には反対の効果も含まれるということだ。つまり、

仮に本人の学歴が高くても、周囲に高学歴志向を持たない者が多ければ、本人自身も、高学歴志向を持たなくなるのである。したがって、高学歴者ほどネットワークを「有利」に活用しているかという問いには、単純に「イエス」か「ノー」で答えられるわけではないことがわかる。それを判断するには、ネットワークメンバーが持つ態度についても注意深く観察する必要がある。このことを考えても、核家族の枠に留まることなく、ネットワークメンバーの影響も含めて、調査・研究を進めることが重要だと言えるだろう。もう1つの注意点は、そもそも過剰に教育熱心な行動が「有利」と言えるかどうかであるが、この点については終章で改めて議論してみたい。

なぜネットワークが影響するのか

　第3の重要な課題は、ネットワークメンバーの学歴や態度の与える影響が、どのようなメカニズムやプロセスによって生じるかの解明である。前章の議論と照らし合わせたときに浮かび上がるポイントは、友人・知人や親族が磁場を形成して積極的に働きかけたのか、彼らが重要な他者と認識されているのか、それとも単に情報環境を形成したに過ぎないのかといった点になる。

　まず鍵になるのが、仮説3で取り上げたネットワーク密度の効果をどう考えるかである。というのも、表5-2のクロス集計表では密度の影響が認められたものの、多変量解析ではそうした効果が認められなかったからである。もちろん、PNM調査では、密度の測定を選択式（「全員が知り合い同士」「一部は、知り合い同士」「全員が互いに知らない」という選択肢から選んで回答）で簡易に行ったにすぎないため、今回の分析結果だけから、密度の効果について断定的に述べることは難しい。ただし、そのように不十分な指標を用いた場合でも、クロス集計表では関連が認められたにもかかわらず、多変量解析では認められなかったという結果からすると、やはり密度自体が直接的な影響を持たない可能性についても考えるべきだろう[19]。

　その際に考慮すべきなのは、やはり個々の紐帯の性質がもたらす影響であろう。これに関連して、ウェルマン（Wellman 1979 = 2006）は、ネットワークメンバーによる援助の利用可能性は、ネットワーク密度などの構造的特性よりも、親しさや接触頻度といった相手との関係性に強く関連することを指摘している。

他方、密度の効果を指摘した古典と言われるボット（Bott 1955 = 2006）の研究においても、夫婦の役割分離度の違いが、実際には密度自体によってもたらされたのではない可能性もあることには注意が必要である。というのも、社会構造の効果に関するボットの分析結果を詳しく再検討すると、密度とは別の背景要因として、「地域コミュニティにおける人間関係の継続性」が存在しているようにも解釈できるからだ[20]。その意味では、ネットワークの構造特性だけにこだわるよりも、ウェルマンの指摘にしたがって、個々の紐帯の性質について詳しく調べてみることにも価値があるように思われる。

地位への同化機能と比較機能に関する仮説1と5の検討結果からも、個々の紐帯について関係性を詳しく検討すべきだと言える。というのも、これらの仮説の検討から、単にメンバーの中に高学歴者が多いか少ないかだけでなく、誰の学歴が高い（あるいは低い）かが重要であることが明らかになったからである。

これらとの関連から重要になってくるのが、相手のことを参考にしようとする意思があるかどうかの影響である。第4章における議論の整理からは、本人が同化しようと思う相手の学歴ほど、高学歴志向に強く関連するのではないかという予想が導かれる。残念ながら、本章のデータでは、この仮説を検討できなかったため、結論は保留となっているが、上記の議論をふまえても、この点を確かめることが重要であるとわかる。

もう1つ考慮すべきなのが、ネットワークが影響を与える関連構造の違いである。密度の効果を主張したボットの研究が着目したのは、ネットワークの密度がego自身の状況に直接的な影響を及ぼす場合だと言える。これは第4章の図4-1aのケースに該当する。こうした場合と、本章で着目した学歴志向への影響のように、egoによる判断が介在する場合（図4-1b）とでは、関連構造が異なるのではないかと考えられる。そして、このようにegoの判断が介在する場合にはなおさら、egoとメンバーとの関係性について、詳しく検討する必要があると考えられる。

以上の考察をふまえ、次章では、ネットワークメンバーとの交際の様子について詳しく検討してみたい。

その他の考慮すべき課題

　ところで、親族の中で「夫の親」の学歴が強い効果を持った意味については、別の文脈からも考えてみる余地がある。仮に男女を入れ替えても同様の結果が得られるとすれば、自分の親ではなく配偶者の親の学歴が重要だということになる。しかし、妻の態度に対しては夫の親の学歴が影響するのに対し、夫の態度には妻の親の学歴が強い効果を持たないという非対称性が認められる可能性もある。もし、そのような非対称な関係があるとすれば、「夫親」学歴の強い効果という知見は、家庭内での態度形成における権力のジェンダー差を意味しているのかもしれない。

　属性要因の中でフルタイム就業ダミーのみが有意な負の効果を持った理由も、ジェンダーの観点から解釈できる可能性がある。日本社会では、子どもの教育の「成功／失敗」に対する責任が、母親に対してのみ強く求められる風潮があるとも指摘される。しかしながら、フルタイム就業をしている場合には、母親役割のウェイトが相対的に小さく、そうした責任追及から相対的に自由なのかもしれない。その結果、子どもの「成功」に過剰に拘る必要がないため、高学歴志向も低くなりがちなのではないだろうか。

　ところで、上記の議論では、ネットワークの効果が生まれる理由を、1つの観点からのみ理解しようとしている。しかし、前章で指摘した「クラスター」の議論をふまえると、ネットワークの効果がクラスターによって異なる可能性についても考慮すべきだと言えるだろう。一般に、「夫の親」と「友人・知人」は直接的なつながりを持たない場合が多いと想定できるので、それぞれがクラスターを形成していると考えてもよさそうだ。そこから、たとえば、夫の親を含む親族ネットワーク（クラスター）の磁場からは規範的な働きかけを受け、友人・知人ネットワーク（クラスター）は情報環境として作用するといったケースが想定できる。あるいは、家族か否かにかかわらず、本人が重要な他者と見なした周囲の人々の学歴や態度が、各々独立に影響している可能性も考えられるだろう。そのような意味からも、個々の紐帯について調べておくことは重要だと言える。

　最後に、仮説5で取り上げた、メンバーの地位との比較についても触れておきたい。この仮説は、自分よりも高学歴の者が多いと、自分の地位を低く見積

もるため、高学歴志向を持ちにくくなるというものであった。この議論の前提にあるのは、客観的な地位ではなく、主観的な地位の認識が高学歴志向に影響を及ぼすという想定である。つまり、客観的な地位は別として、相手の地位との比較によって自分の地位の相対的な位置づけを評価し、それが高学歴志向の有無につながるということである。本章では、こうした理解を否定する結果が得られたが、ここでは地位の認識自体を直接に考慮した分析を行ったわけではない。したがって、この点については第7章で改めて検討してみたい。

付表 5-1　高学歴志向の有無に関するロジスティック回帰分析の結果

	モデル 1	モデル 2	モデル 3
フルタイム就業ダミー	-1.11 **	-1.40 **	-1.30 **
本人学歴	0.94 *	0.32	-2.40
夫無職・不在	-0.16	-0.45	-0.37
世帯収入（100万円単位）	0.12 *	0.02	0.01
親学歴		-0.83	-0.89
キョウダイ学歴		1.22 *	1.57 *
夫の親学歴		1.48 **	1.73 **
夫のキョウダイ学歴		-0.10	0.14
友人・知人学歴		1.67 **	1.83 **
周囲の高学歴志向		2.70 **	2.06 **
周囲の高学歴志向×本人学歴			3.44 *
定数	0.76	-1.15	-0.81
McFadden's R^2	.107	.340	.370
-2LL	207.8	153.6	146.6

注：値は対数オッズ比。
　N=258　*p<.05　**p<.01

注

1) 行為者としての親と子を区別しないという設定は、ブルデューの理論にも共通する問題点と言える。この点については、終章で改めて議論したい。
2) もちろん、こうした図式化は、理解を容易にするために単純化したものであり、ウィスコンシン・モデル自体の説明としては正確さを欠いている。モデルの全体像については、Sewell et al.（1969, 2004 など）および荒牧（2016）の第4章を参照されたい。
3) 藤原の適用した「相互依存モデル」では、高校生と母親の教育期待が相互に影響することを考慮に入れた上で、それぞれの期待のみに影響する要因を明らかにすることが可能である。詳しくは藤原（2009）を参照されたい。
4) 藤原（2009）は、高等教育進学希望と四年制大学進学希望について分析を行い、どちらの場合も、親の学歴と収入は母親の期待に対してのみ影響を与えること、親の職業は高校生と母親どちらの期待に対しても有意な効果を持たないこと、したがって、高校生の期待には階層要因が影響しないこと、などを指摘している。
5) 質問量や回答者への負担、それらによる回収率への影響も考慮し、2人までのキョウダイについて回答してもらった。ちなみに、この世代では3人以上のキョウダイを持つ者（本人を含めて4人キョウダイ以上の者）は少なく、2人までのキョウダイによる捕捉率は、本人が86.6%、夫が81.1% であった。
6) 第3章で用いたESSM調査は、先述の通り、配偶者のキョウダイの学歴情報まで把握した貴重な先行調査であるが、「大学に進学したキョウダイ数」という限定された情報に留まる。また、配偶者の親の学歴はたずねていない。
7) 荒牧（2018b）では、それぞれ以下の3区分を用いて、高学歴志向との関連を検討したが、基本的に、本書で用いた2区分によって違いのあることが確認できている。したがって、本書では煩雑さを避けるため、この2区分を採用した。ちなみに、荒牧（2018b）では、本人と夫の学歴については「高校以下」「短大・高専・専門学校」「四年制大学・大学院」の3分類、双方の親は「父母とも義務教育まで」「どちらかのみ高校（旧制中等）以上」「父母とも高校（旧制中等）以上」の3分類、双方のキョウダイは「四大以上がいない」「一部が四大以上」「全員が四大以上」の3分類、友人・知人は「四大以上がいない」「四大以上が5割未満」「四大以上が5割以上」の3分類とした。なお、本人の親については、中位層と高位層の間で相対的に大きな差が認められるため、「低位層」と「中位層」を統合した場合や、3分類のままの場合も検討してみたが、いずれも有意な効果は認められなかった。
8) 「わからない」と回答した1名は分析から除外した。
9) 具体的には、3割以下を「低」、4〜6割を「中」、7割以上を「高」とする3段階に区分した。
10) ESSMデータを用いて、両親の学歴と高学歴志向を同様に分類し、30〜

40 代の女性について集計を行ってみた。その結果、親学歴が低い場合が 73.5%、高い場合が 80.3% と若干の差はあるものの、統計的に有意とはならかった。なお、PNM 調査は都市部で行われたため、高学歴志向の値が数 % ポイント高いものの、全国調査である ESSM 調査の結果と、よく似た分布となっていることが確認できる。
11) 同じように同質性が高いと言っても、もちろん、周囲の学歴が高い場合もあれば低い場合もある。したがって両者を区別すべきだとも考えられる。ところが、同質性の高低と周囲の学歴の高低を組み合わせた類型を作成すると、結局のところ、高学歴者の割合を区別することと等しくなる。結果は、次の表 5-4 に示した通りで、同質性の高低にかかわらず、周囲の学歴が高いか低いかが重要だとわかる。
12) ただし、本人の学歴が低い場合には、約 20% ポイントの差がある。統計的に有意とならなかったのは、周囲の学歴が低く本人の学歴が高い場合が 13 ケースと少なかったことによる可能性がある。
13) 表 5-1 で確認したように、夫の学歴も高学歴志向と関連する。しかし、夫の学歴は、本人の学歴や夫の職業、世帯収入とも強い関連を持つため、そのままモデルに投入すると、結果を歪めてしまう（本人と夫の学歴も世帯収入も有意でなくなってしまう）。したがって、夫の学歴は分析から除外した。
14) 表 5-5 において、夫の職業が無職あるいは夫がいない場合にのみ、本人の高学歴志向が低いという結果が得られたため、夫の職業については「夫無職・いないダミー」として投入した。なお、調査票では夫の職業を 9 分類でたずねているので、そのまま投入したり、「専門管理職ダミー」としたり、いくつかの分類を試みたが、いずれの場合も夫の職業は有意とはならなかった。
15) たとえば、2005 年 SSM データにおいて、高学歴志向に対する職業階層単独による説明力は 2% に過ぎない（吉川 2008）。
16) 第 3 章の注でも紹介した KHB 法（Karlson et al. 2012）を用いて媒介割合を調べてみると、本人学歴の 76%、世帯収入の 86% がネットワーク効果を媒介していると推定された。また、ネットワーク効果の中では、友人・知人の学歴（約 2 割）および周囲の高学歴志向（4 割弱）を媒介する効果がほとんどを占めている。
17) たとえば、階層研究の文脈では、理論上は階層との関連が想定される「階層意識」変数が、実際のデータでは階層変数とあまり（あるいはまったく）関連しないことが指摘されている（吉川 2008）。しかしながら、パーソナルネットワークを媒介した効果に着目すると、異なる結論が得られるかもしれない。
18) わかりやすさを重視して「有利」という言葉を用いたが、もちろん、高学歴志向が強いほど「有利」だと言い切れるわけではない。

19) 変数やモデルの構成を様々に工夫してみたが、やはり密度の効果は有意とはならなかった。
20) ボット（Bott 1955＝2006）において、高密度のネットワークを持つ家族の唯一の事例として紹介されたN夫妻は、二人とも狭い地域コミュニティの中で生まれ育ち、それぞれが子どもの頃から続く人間関係を維持していた。これに対し、密度の低いネットワークを持つ家族では、夫婦とも結婚以前から転居を繰り返し、現在の居住地と関わらない仕事に就いていた。このことからすると、夫婦の役割関係を主に特徴づけているのは、転居の経験と結びついた地域コミュニティや人間関係の継続性や安定性であり、ネットワークの密度は、その結果としてもたらされた面が大きいのではないかとも思われるのである。

第6章
準拠枠としてのネットワーク

　第5章では、家族内外のパーソナルネットワークが学歴志向に与える影響について検討を行った。調査データの分析から見えてきたのは、ネットワークメンバーが持つ学歴への同化とメンバーの学歴志向への同調——しかも、高学歴者ほど周囲の高学歴志向に同調しやすい——というメカニズムである。ただし、分析から直接に明らかとなったのは、周囲の学歴や高学歴志向と回答者本人のそれらが関連するという事実だけであり、「同化」や「同調」という表現は、あくまで解釈として用いられたに過ぎない。つまり、周囲の学歴や高学歴志向が、一体どのようにして本人の学歴志向につながり得るのかについて、直接にデータ分析を行ったわけではない。したがって、本章では、ネットワークメンバーとの交際の様子を詳しく調べることで、この問題に迫ってみたい。
　ただしその前に、少し遠回りのようだが、教育達成にとどまらず、子どもの教育をテーマとした時に、母親のパーソナルネットワークに着目することがどのような意味を持ち得るのか、少し広い文脈から振り返ってみたいと思う。

1. 子育て環境とパーソナルネットワーク

　かつては地域共同体が担っていた次世代の養育は、近代化以降、しだいに母親がわが子を育てることとみなされるようになっていった。ただし、母親たちは必ずしも孤立して子育てを行ってきたわけではない。家事使用人・自分のキョウダイ・子育て仲間と、時代により支援者は入れ替わっても、何らかの形で周囲から支えられてきたのであり（松田 2008）[1]、それは母親の孤立が指摘される現代にもあてはまるとされる（落合 1989）。

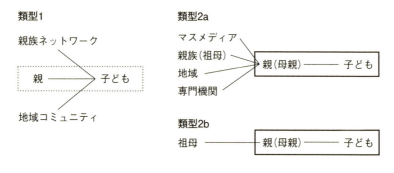

図 6-1 育児構造

注：渡辺（1994）の図1より作成。

　現代社会における子育て環境の特徴について、渡辺（1994）は、前近代社会との「育児構造」の比較という観点から論じている。渡辺によれば、図6-1の「類型1」によって表される前近代社会では、家族と社会の境界は曖昧で、子どもは親族ネットワークや地域コミュニティと直接に関わっていた。そうした社会では、小さな子どもが1人でいても安全で、食べ物や昼寝場所も容易に手に入り、誰かが遊び相手になり、けがの手当もしてくれた。そのため、親は子どもに付きっきりでいる必要はなく、安心して農作業などに出かけることもできた。ところが、近代以降の「類型2」の社会においては、核家族の内外を分ける境界が非常に明確で、親（母親）が単一の育児の担い手とされている。核家族外の様々な主体による育児作用は、ゲートキーパーである親（母親）のスクリーニングを経て間接的に子どもに達することになる。

　言い換えるなら、類型2の社会においては、核家族と外部の育児主体を仲立ちする親（母親）がコーディネイターとなって子育て環境を作り上げているのである[2]。親が子どもに対する外部からの影響を独占的にコントロールしているといってもよい。そのため、親が望まないような外部の接触を排除できる（たとえば、「甘い物ばかり与えるおばあちゃんを遠ざける」「有害なTVを見せない」など）面もある一方で、自ら外部社会に働きかけなければサポートを得ることは難しい。その結果、親と外部の主体との結びつきが多元的・複合的な場合もあれば（類型2a）、限定的・単線的な場合もあり得る（類型2b）。つまり、類型

2の社会では、外部の育児主体と親がどのような関係を取り結ぶかが、子育て環境を左右することになる。

　ここで注意が必要なのは、どのような子育て環境を構築できるかは、コーディネイターとしての親のスキルや性格特性のみによって規定されるわけではないということだ。当然、周囲にどのような育児主体が存在し、どのような育児資源や育児機会にアクセスし得るかにも依存する。親自身の特性のみが子育て環境を規定するのでないことは、環境の変化を強制的にもたらしてしまう引越の影響を考えると理解しやすい。松田 (2008) は、もともと豊富なネットワークを持っていた母親が、引越をきっかけに孤立してしまった例を紹介している。つまり、子育て環境は、親自身の社会階層的な位置づけや、居住地域の諸条件によって制約を受ける中で、親（母親）がどのように外部の育児主体と関係を取り結ぶかによって形成されると言える。そのため、母親がどのようなパーソナルネットワークを築いているかや、それがどのように機能しているかが重大な関心事となる。

2. パーソナルネットワークの機能

子育て支援とネットワーク

　子育てとネットワークとの関連をテーマとした先行研究は、主として、「育児期（子どもが乳幼児から就学前までの時期）」の母親に対する「サポート機能」に焦点をあててきた（落合 1989；関井ほか 1991；久保 2001；前田 2004, 2008；松田 2008；星 2011, 2012 など)[3]。幼い子どもの「育児」には手間もかかり、親の不安も大きいため（牧野 1982, 1987, 1988 など）、サポートの必要性が注目を集めやすかったのだろう。それは、女性の就労機会や性別役割分業とも関連することからも、鍵となるテーマなのだと理解できる。

　しかし、子育て環境とパーソナルネットワークとの関連は、育児に手がかからなくなったからといって終わってしまうわけではない。とにかく健康に育ってくれることが最大の関心事であった乳幼児期を過ぎれば、どのように「教育」していくかが次第に重要になってくる。子どもの成長に伴って人手のサポートは必要なくなるのかもしれないが、各時期の発達課題に対応する必要のあ

る親にとって、ネットワークメンバーは「相談相手」となったり、教育方針に影響を及ぼしたりするなど、長期にわたり様々な形で子育てに関与していくと考えられる。したがって、コーディネイターとしての母親に対して、ネットワークがどのような影響を及ぼすのかについては、サポートとは異なる関係性も含めて、多面的に検討していくことが重要だと考えられる。

　とはいえ、ネットワークのサポート機能についても理解を深めることには、次のような意味がある。第1に、先行研究では育児期のサポートネットワークに関する研究が充実しているので、新たに「ポスト育児期（子どもが小学生以降の子育て期）」におけるサポート機能を調べれば、パーソナルネットワークの働きが、子育てのステージに応じてどのように異なるのか（あるいは同じなのか）を明らかにすることができる。ネットワークメンバーとの関わりが、ライフステージに沿ってどのように変化するかはあまり研究されてこなかったため、この点の知見を増やすことは、ネットワーク研究一般にとっても意味がある。

　さらに、問題とする現象によって、ネットワークの働きがどのように異なるかを議論の俎上に載せられる点もメリットだと言えるだろう。というのも、本書の注目しているような学歴志向への影響と、サポートを巡る関係性とでは、ネットワークの機能にも違いがあるのではないかと予想されるからだ。ここで、第4章の図4-1に示したネットワークの影響過程に関する議論を思い出してもらいたい。そこでも触れたように、ネットワークメンバーからのサポートは、egoへの直接的な関与であるのに対し、学歴志向などの意識への影響は、egoである親がネットワークの地位や資源に対して下す評価や判断を媒介した間接的なものである。また、サポートの議論で問題にされているのは、苦労しながら育児に取り組む母親自身へのサポートであるのに対し、学歴志向に関する議論の射程は、周囲の影響がコーディネイターとしての母親の評価や判断、およびそれに基づく実際の教育行為を通じて、子どもに及ぼす影響までを含んでいる。このように、一口にネットワークの影響を問題にすると言っても、関心とする対象によってネットワークの働きも異なると予想されるが、従来、こうした議論はあまりなされてこなかった。本章は、あくまでその糸口を示すに留まるが、こうした観点から検討を行うことも、ネットワーク研究の新たな展開にとって意義のある取り組みとなるだろう。

以上のような問題意識から、本章では、「ポスト育児期」におけるサポート機能にも着目することとしよう。その際、本書の問題意識から特に重要なのは、ポスト育児期における支援のチャンスが誰にも平等に与えられているのかどうかである。というのも、第1節でも指摘したように、誰もが社会空間の中に位置づいている以上、ネットワークのサポート機能にも、その位置づけが関与するのではないかと予想されるからである。実際、育児期のサポートネットワークに関する松田（2008）の研究では、母親の年齢が高かったり、フルタイムや自営業で就業していたり、世帯年収が低い（400万円未満）場合にはネットワーク全体の規模が小さくなること、逆に、母親が大卒以上であったり、地域に6歳未満の子どものいる世帯数が多かったり、居住年数が長いほど非親族ネットワークの規模が大きくなること等が明らかにされている。また、大和（2000）は、通常のネットワーク研究が対象としてきた「交際のネットワーク（社交・相談・軽い実際的援助）」と「（身体的）ケアのネットワーク」を区別しながら、ネットワーク構成の多様性について検討を行い、前者の場合は男女とも、後者の場合も女性においては、階層が高いほどネットワーク構成が多様であることを明らかにしている[4]。したがって、本章でも、階層的な位置づけによって、サポートを受ける機会が制約されるかどうかに着目していきたい。

ネットワークがもたらす影響の方向性

　第4章でも述べたように、パーソナルネットワークが人々の意識や行動に影響を与える働きは、従来、メンバーがもたらす「資源」と規範的「制約」の2側面から検討されてきた（大谷 1995 など）。このうち資源については、上記の通り、主にサポート資源という観点から研究が進められてきたのであった。

　他方、制約については、ボット（Bott 1955 = 2006）の提起した、密度の高い緊密なネットワークがもたらす規範的な制約の効果や、野沢（1995）の主張した「磁場」の効果を挙げることができるだろう。また、ウェルマン（Wellman 1979 = 2006）が主張したように、地理的に分散した広範囲にわたる多様な構成のネットワークがコミュニティを形成し得るという主張もある。これらの研究から、友人や知人も含めた地理的には広範囲に分散したネットワークがコミュニティを形成し、特にそれらが高密度で磁場を発生する場合には、親の学歴志

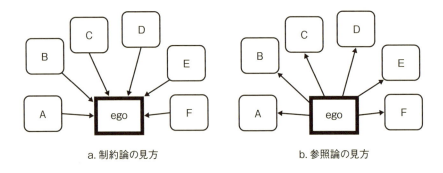

図6-2　ネットワーク効果のとらえ方

注：図4-2を一部修正。

向に一定の規範的制約を与え得ることが予想できる。こうした考え方を、以下、「制約論」と呼ぼう。

　ところで、ネットワークがサポート資源を与えてくれるとみる場合も、制約をもたらすと考える場合も、ネットワークの効果は周囲のメンバーの側からegoへもたらされるものと想定されている（図6-2a）。しかし、ネットワークメンバーは、egoの外側から制約や資源をもたらすだけの存在ではないだろう。第4章の議論や第5章の分析結果をふまえるならば、パーソナルネットワークのメンバーが、いわば親の準拠集団（Merton 1957 = 1961）になっている可能性についても検討すべきように思われる。つまり、親は、準拠集団である自分の親族や友人・知人の持つ学歴および彼らの学歴志向を選択的かつ意図的に参照して、自らの学歴志向を形成するのではないかということである。言い換えるなら、親はゲートキーパーとして外部社会から子どもを守るだけでなく、ゲートの位置から周囲の人々を参照し、子どもの教育環境をどのように整えるべきか——学歴志向はその方向性を決める重要なファクターの1つと言える——を決定している面もあると考えられる。

　ここで注意が必要なのは、準拠集団といっても、家族のメンバーと友人・知人が互いに知り合いであり、1つの集団を形成していると想定しているわけではないということである。その意味では、「準拠集団」という用語を用いるよりも、ネットワークメンバーの地位や考え方が参照基準となって「準拠枠」が

構成され、それが学歴志向に影響すると述べた方が、この理解の骨子を誤解なく表せるかもしれない。もちろん、マートン（Merton 1957 = 1961）自身は、所属集団のみを準拠集団として想定していたわけではないし、人々が実際に集団を形成していることさえ必要と考えていたわけでもない。いわば「参照すべき人々」として行為者に主観的に認知されるカテゴリーのみが必要だったのである。その意味では準拠集団という言葉を用いても問題はないのだが、「ネットワーク」という概念は、そもそも「集団」という概念へのアンチテーゼとして提案された面もあるため、ここでは「準拠枠」という語を用いることとしよう。

以上のような理解を「参照論」と呼ぶなら、この参照論の1つの重要な特徴は、図6-2bにも示したように、egoとメンバーを結ぶ紐帯がegoの側からメンバーへ向けて外向きに働く側面に着目している点にある。これに対し、上述の制約論は、egoとメンバーを結ぶ紐帯がメンバーの側からegoへと内向きに働くことを想定している。もちろん、分析結果から因果の方向性を判断することは困難であるため、制約効果と参照効果のどちらがデータに適合するかを判定することは難しいかもしれない。しかしながら、egoとネットワークメンバーとの交際の様子に踏み込むことによって、従来の制約論だけでは説明できないことの少なくとも一部は、参照論によって理解できることを示し得るだろう。

以上をふまえ、本章は次の2つの観点から、子育て環境のコーディネイターとしての母親と、ネットワークメンバーとの関わりを明らかにすることを通じて、教育格差生成メカニズムの一端を明らかにしたい。

1) ポスト育児期において母親がネットワークメンバーから得たサポートや子どもの発達段階に応じたその変化、およびサポートに対するニーズなどから、母親とネットワークメンバーとの関連を明らかにする（第4節）。
2) 子どもの進路に関するネットワークメンバーとの関わり（子どもの進路に関する会話や参照相手など）を調べることで、制約論との対比から参照論の可能性を検討する（第5節と第6節）。

3. 研究方法

本章の分析には、次の2種類のデータを用いる。まず第4節のサポート状況

および第6節の参照状況の詳細（「何を」参考にするか）で使用するのは、以下に述べるPNM調査の追加調査のデータである。

　前章でも用いたPNM調査プロジェクトでは、質問紙調査に関連した補足的な情報を得ることを目的として、後日、インタビュー調査を実施する計画であった。その計画に則って、質問紙調査の回答者からインタビュー調査への協力者を募ったところ、予想を超えて71名と多くの方から協力の申出が得られた。そこで、全員にインタビュー調査を実施するのは困難だと判断し、2017年1〜2月に、この71名に対して、追加の探索的な質問紙調査を行った（54票の回収）。この追加調査（以下、第2次調査）では、サポートの状況やニーズ、子育ての苦労等について、自由記述式の質問も含めて詳細な状況をたずねている。その後、このデータの分析結果をふまえて、2018年5〜6月に第3次調査（WEB調査）を行った。対象者は、第1次調査への回答者のうち第2次調査に回答していない252名である（143件の回収）[5]。

　これらの追加調査のデータは、上記のような手続きを経て収集したものであるため、通常の無作為抽出法による調査と比較すると、回答者の偏りが大きいことが危惧される[6]。したがって、これらのデータを用いた分析は、先行研究の知見も参照しながら、あくまで概要を把握する程度にとどめる。また、2つの調査で同様の内容を質問していても、質問紙調査とWEB調査という調査モードの違いも回答に影響している可能性があるため、回答傾向の違いにも注意しながら結果を示すこととしたい。

　一方、第5節と第6節で主に用いるのは、第5章と同じPNM調査（第1次調査）のデータである。ただし、第5章とは異なり、最大12人のネットワークメンバーを分析単位に設定した、いわゆるロング形式に再構成したデータを用いる。

4. ポスト育児期におけるサポート

実利的な支援の状況

　本節では、ポスト育児期を中心としたネットワークメンバーからのサポート状況を確認することで、回答者とネットワークメンバーとの関係性を明らかに

してみたい。

はじめに、「人手の支援」(「子どもの世話」と「家事支援」)や「経済的支援」といった実利的支援の状況を確認しよう。先行研究では、人手の支援が親族、特に自分の親を中心になされることが繰り返し指摘されているので、支援者を「自分の親」「その他の親族」「非親族」に区分して、それぞれから支援を受けたかどうかを見ていこう[7]。集計の結果は図6-3に示した通りで、親族からは、自分の「親」を中心に多面的な支援がある一方で、非親族からの実利的支援は非常に限られていることがわかる。

では、こうした支援の状況は、回答者の地位などによって異なるのだろうか。上述の通り、ネットワークの「規模」を取り上げた松田(2008)や「多様性」に着目した大和(2000)の研究では、学歴、職業、世帯年収、居住年数などの効果が認められていた。それをふまえ、これらの要因による違いを検討した結果、大変興味深いことに、ほとんどの属性要因による差は認められなかった。唯一、明確な関連が認められたのは、年収500万円未満の場合に、親からの経済的支援を受ける者が多いという点に限られた。これは年収の低い場合にサポート機会が制約されるという先行研究の指摘とは、いわば逆方向の関連となっている。もちろん、松田や大和が問題にしたのはネットワーク規模や多様性であるのに対し、ここでは支援の有無を検討していること、また、本章の追加調査データには限界の多いことを考慮すると、この結果がどこまで育児期とポスト育児期の差異をとらえているのかには慎重になる必要がある。しかし、少なくともその可能性を検討してみる余地はありそうだ。

そこで、限られたデータではあるが、子どもの成長とともにサポート状況がどう変化するのかを調べてみよう。第2次調査では、子どもの年齢(第1子の年齢)に沿って、親族からの実利的支援がどう変化するかをたずねている。その結果、1)自分の親を中心とした「人手の支援(子どもの世話と家事)」は、子どもの年齢とともに低下すること、2)「経済的支援」は、自分の親と夫の親からの支援が同程度であることや、子どもの成長によっても支援を受ける割合には変化のないことがわかった(図6-4)[8]。ここから、子どもの成長とともに人手の支援に対するニーズが低下する中で、ポスト育児期においては、人手の支援と属性要因との関連も認められなくなったのではないかと予想できる。

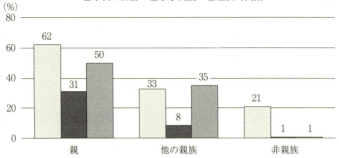

図6-3 支援者別にみた支援内容

注:第2次調査と第3次調査のデータを使用。

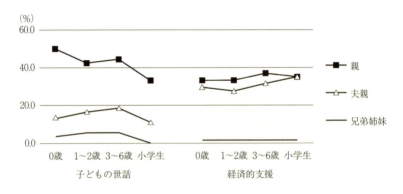

図6-4 子どもの成長段階に応じた支援状況の変化

注:第2次調査のデータのみを使用。

　ところで、図6-3と図6-4を見比べると、図6-4では支援を受けたと回答した者の割合が低いことに気づく。これは用いたデータが異なる(図6-3は第2次調査と第3次調査の合算だが図6-4は第2次調査のみ)ことに起因する可能性もある。そのため、図6-3の項目についても図6-4と同様に第2次調査に限定して集計してみたが、結果に違いは認められなかった。つまり、2つ

の図に示された結果の違いは、データの違いに起因するわけではない。おそらく、図6-3は過去に一度でも支援を受けた経験の有無であるのに対し、図6-4は各時期の支援状況をとらえたものだという違いが影響しているのだろう。その認識にしたがって、もう一度2つの図を見比べると、特に自分の親からの支援でズレの大きいことがわかる。あくまで推測の域を出ないが、「親から少なくとも一度は支援を受けたが、それは必ずしも長期間にわたる継続的なものではなかった」というケースが多いのではないだろうか。自分の親が支援の中心であることは先行研究でも繰り返し報告されてきたが、支援を受けた期間や頻度についても、詳しく調べてみる必要があるようだ。

情緒的支援の状況

次に、情緒的支援(相談相手)についても、結果を確認してみよう。調査では、子どもの「成長や性格」「習い事(勉強以外)」「成績・塾・受験」「友達関係や学校」の4項目について、よく相談する相手を回答してもらった[9]。なお、第2次調査では、メディア(「本や雑誌」「インターネット」)の情報を利用するかどうかもたずねているので、その結果も合わせて示している。

図6-5より、情緒的支援に関しては、全体に非親族を頼る傾向の強いことがわかる。子どもの発達に関してのみ親族を頼る傾向もあるが、子どもの学校生活や学校外教育については、非親族が中心になっていると言えるだろう。また、こうした「教育」面での悩みでは、親族以上にメディアが頼りにされている点も興味深い。いずれにしても、人手の支援など実利的支援が親を中心とする親族に偏っていたのとは対照的である。なお、調査の時期も対象や方法も異なるが、自分の親を中心とする親族からは手段的援助も含んだ多面的な支援を受ける一方、非親族からは情緒的支援が中心になるという点は、「育児期」を対象とした従来の研究(落合 1989;関井ほか 1991;久保 2001;星 2012 など)でも共通して指摘されている。ただし、先行研究と比較すると、図6-5に示された非親族への依存傾向は、育児期よりも強いようだ。子どもが幼い時期には、子育ての悩みの多くは心身の発達に関するものだが、しだいに教育に関する悩みが大きくなってくると考えると、ポスト育児期においては、非親族の重要性もより高まっているのではないかと予想される。

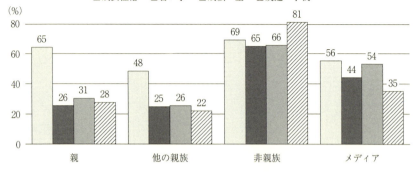

図 6-5 相談相手別にみた相談内容

注:第2次調査と第3次調査のデータを使用。ただし「メディア」は第2次調査のみ。

　これらの相談内容についても、回答者の属性による違いを調べた結果、ほとんどの項目には差が認められなかった。比較的はっきりとした違いが認められたのは、「成績・塾・受験」と「友達関係や学校」の2項目に関して、居住年数が3年未満であると、非親族への相談が少ないことである[10]。居住年数が短ければ、ママ友を中心とする非親族ネットワークの形成が難しいことは容易に想像できる。裏を返せば、居住年数が長くなるにつれて、その面での不足は解消される見込みもあるだろう。その意味では、職業や所得などの階層要因による差が認められなかったという点が重要である。
　以上の結果から、子どもの成長とともに手がかからなくなるにつれて、親を中心とする親族からの人手のサポートはしだいに必要とされなくなる一方で、相談相手としての非親族の重要性がしだいに高まっていることが読み取れる。また、本書の立場から興味深いのは、ポスト育児期では、階層によるサポート機会の違いが認められなかったことである。これは、学歴志向に対するネットワークの影響が、階層によって異なっていたという第5章の結果と合わせて考えた時に大変興味深いものである。サポートと学歴志向ではネットワークの機能が異なり、階層の与える影響も異なっているということになる。

支援してもらいたかったこと

　これまでの分析から、落合（1989）や松田（2008）の指摘したように、多くの母親たちは必ずしも孤立しているわけではなく、様々な形で周囲からサポートを受けていることがわかる。ただし、そうした支援は必ずしも十分ではない可能性もある。そこで、第2次調査では、「実際には受けられなかったが支援してもらいたかったこと」について、「いつ」「誰に」「どんな」支援を受けたかったかを、自由記述で回答してもらった。その結果、支援を求める時期は主に子どもが乳幼児の時期であること、また、子どもが病気の時に支援が欲しかったという声や、公的機関に経済的支援を望む者も少なくないことがわかった[11]。

　これらの結果をふまえて第3次調査を行った結果が図6-6になる。ここから、ポスト育児期においても、親族にはどの項目にも追加の支援を求める者が一定の割合（1～2割）で存在する一方、非親族には主に「悩みの相談相手」を求めていることがわかる。政策的に重要なのは、「家事」をのぞくすべての項目で公的機関に対してより一層の支援を望む割合が相対的に高いことである。特に「相談」と「経済的支援」に関しては全体の3分の1が支援を望んでいる。日本では、子育てに対する公的支援が不足していると指摘されるが、その結果が明確に表れていると言えるだろう[12]。子育てにおけるサポートの不足は、子育ての苦労をたずねた質問からも読み取れる。第2次調査で、「子育てで特に苦労したこと」について自由記述式で回答してもらったところ、「相談面での支援不足」と「人手の不足」を訴える者が多かった[13]。

　その上で興味深いのは、非親族に対する相談ニーズの高さである。先の図6-5に示した通り、非親族には既に様々な事柄を相談する者が6～8割に達していたにもかかわらず、さらに非親族への相談ニーズを持つ者が35％にも達しているのである。このように非親族に対して、情緒的な面での支援を強く望んでいるという分析結果は、「相談」以外の場面においても、非親族を心理的に頼る傾向の強いことをうかがわせる。これは、「人手」や「経済」面の支援で、主に親族を頼りにしていたことと対照的である。

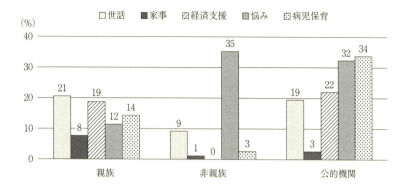

図6-6 支援者別にみた「支援してもらいたかったこと」

注：第3次調査のデータのみを使用。

5. 子どもの進路に関する交際

　前節の結果から特に興味深いのは、既に多くの者が非親族に様々なことを相談しているにもかかわらず、さらに非親族への相談を求める者が多いことである。これらの結果は、ポスト育児期の母親が教育環境をコーディネイトする際には、育児期におけるよりも、非親族の地位や考え方の影響が増していることを示唆する。このことを検討するため、以下、子どもの進路に関するネットワークメンバーとの交際（子どもの進路に関する会話や相手を参照する状況）に焦点を絞って、第1次調査のデータから詳しく検討してみたい。

属性による違い
　はじめに、子どもの進路を巡る交際が、調査対象者自身の属性によってどう異なるのかを確認してみよう。図6-7は、「子どもの進路」についての会話の有無、および子どもの進路を考える時にネットワークメンバーを「参考にする」と回答した者の割合を、回答者の属性別に集計した結果である。ここから、就業状況と所得については明確な差異が読み取りにくい一方で、学歴の高い者ほど相手のことを参考にする（低い者ほど参考にしない）傾向のあることがわかる。前節でみたように、サポートの有無には階層要因が関連しなかったのに対

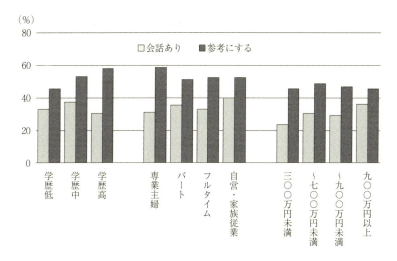

図6-7 子どもの進路に関する会話と参照状況（本人の属性別）

し、進路に関する交流では学歴が強い効果を持つという点が注目される。

次に、相手の属性別に同様の集計を行った結果を図6-8に示す。ここから、まず、会話の場合も参照の場合も、非親族＞自分の親族＞夫の親族の順に回答率の高いことが指摘できる。また、親族の場合は、自分の家族か夫の家族かによらず、概ね、母＞姉妹＞父＞兄弟の順に会話も参考にする者も多い傾向にある。ただし、会話相手としては相対的に選ばれにくい夫の父親は、夫の家族の中では最も参考にされている。第5章では、夫の親の学歴が子どもの教育期待に独自の効果を持つことを指摘したが、これは単に2つの変数の間に関連があることを指摘したに留まる。これに対して図6-8の結果は、回答者の主観的な意識の面においても、夫の親を参照しようとする意思のあることを示している。

もう1つの興味深い点は、学歴の高い相手ほど、進路に関する会話の相手としても参考にする相手としても選ばれやすいという点である。また、学歴による違いは、会話の場合よりも参考の場合により大きい。先に、本人の学歴が高いほど相手を参考にする傾向のあることを指摘したが、参考にするか否かには相手の学歴も強く関与するのである。繰り返しになるが、前節のサポート状況

5. 子どもの進路に関する交際　　129

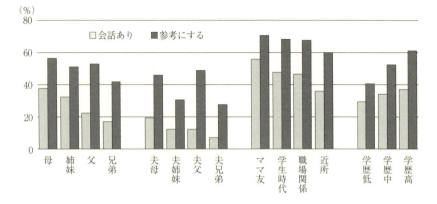

図6-8 子どもの進路に関する会話と参照状況（相手の属性別）

に関する分析では、回答者の属性要因がほとんど関連しないことを指摘したが、子どもの進路に関する交流、なかでも相手を参考にするか否かには、本人および相手の学歴が大きく関与するのである。予想通り、サポート機能と準拠枠機能とでは、ネットワークの働きが異なると考えてよいだろう。

多変量解析による結果

最後に、以上の結果が多変量解析によっても確認できるのか、マルチレベル・ロジスティック回帰モデルによって検討しよう。ここでは、個々のメンバーの属性を第1水準、回答者の属性を第2水準に設定している。なお、これまでの章と同様、詳しい結果は付表6-1に示すこととし、ここでは結果の概要を図示することとする（図6-9）。ここから、以下の点を指摘できる。

1）基本的には、会話の相手として選ばれやすい続柄の者が、参考にする相手としても選ばれやすい。ただし、誰を参考にするかに関する続柄による差異は、会話の有無で認められたほどではない[14]。また、よく話す相手が必ずしも参考にされやすいわけでもない。すなわち、母親、姉妹、ママ友、学生時代の友人は、会話の相手としては選ばれやすかったが、それに比べると参考にする相手としては相対的に選ばれにくくなっている[15]。会話相手は近くにいて交流しやすい人がなりやすいのに対し、参考にする相手は、その中からego

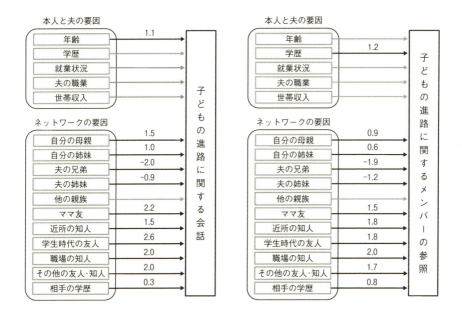

図6-9　子どもの進路に関する会話と参照の背景

が学歴などを基準に選択している様子がうかがえる。2) 階層要因としては、本人についても相手についても、学歴のみが有意な正の効果を持つ。就業状況、世帯収入、夫の職業（専門管理職ダミー）などの属性は教育達成に関連する主要因であることが繰り返し指摘されてきたが、ネットワークの準拠枠機能に関しては、有意な効果を持たないのである。この点は、改めて強調しておく価値があるだろう。

6. 参照状況の詳細

　第5節では、回答者本人とネットワークメンバーの属性に焦点をあてて、子どもの進路に関する交際状況を確認した。学歴の高い者ほど、また、学歴の高い相手のことほど参考にするという結果や、会話相手はアクセスの容易な相手であるのに対して、参考にする相手は意図的に選択されている傾向の読み取れることは、参照論による理解と整合する。本節では、相手との関係性について

詳しく調べることによって、こうした解釈の妥当性をさらに検討してみたい。

相手との関係性

まず、ネットワークメンバーとの交際状況や関係性が与える影響について調べるため、「相手に会うまでにかかる時間」「会話頻度（電話やSNSなどを含めて話をする頻度）」「支援の授受関係」によって、どのような違いがあるのかを調べてみた。その結果、まず、相手に会うまでにかかる時間は、親族の場合は全く関連が認められないこと、また、非親族の場合はむしろ遠くに住む者を参考にしていること（近くに住む場合の32.3％に対し、遠くに住む場合は48.5％であった）がわかった[16]。ここから、予想通り、単にふだん近くにいる者を参考にしているわけでないと結論づけてよいだろう。

次に会話頻度との関連を調べた結果が図6-10である。ここから、親族の場合はよく話す相手のことほど参考にするが、非親族の場合は会話頻度による違いはあまりないことがわかる。非親族の場合は、そもそも自分の選んだ相手であるため、仮に会話頻度が低くても参考にしようとする者が多いのだろう。逆に、本人の意思にかかわらず関係が続く非選択的関係（石田 2006）である親族の場合、そこから自分の選んだ相手を参考にするのではないかと考えられる。

この点を詳しく検討するため、親族に限って、支援の授受状況による違いを調べてみた。具体的には、「子どもの面倒をみてくれる」「あなたを金銭的に援助してくれる」「喜びや悲しみを分かち合える」「あなたが金銭的に援助している」「あなたが介助や介護をしている」という5項目への回答別に、参考にする割合を集計した。結果は図6-11の通りで、いずれかの面で支援してくれる相手のことほど、また、自分が支援する必要のない相手[17]のことほど参考にすることがわかる。

「何を」参考にするか

では、参考にするのは、相手の考え方なのだろうか、それとも相手の学歴や暮らし向きなのだろうか。図6-12は、「考え方」と「属性（学歴・職業・暮らし向きの少なくともいずれか1つ）」をそれぞれ参考にするか否かについて、相手との続柄別に集計した結果になる。ここから、親族の場合は、「考え方」と

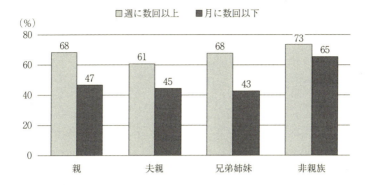

図6-10　会話頻度と参考にする割合の関連

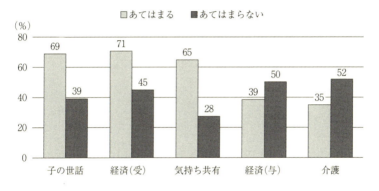

図6-11　支援の授受状況と参考にする割合の関連（親族のみ）

「属性」を同程度に参考にしていること、その傾向は「親」「夫親」「兄弟姉妹」のいずれも同様であることがわかる。一方、非親族の場合は、特に「考え方」を参考にしているのが特徴的である。ただし、「属性」も親以外の親族と同程度に参考にしていることを指摘しておこう。

　第4節では、相談面で非親族が頼りにされていることを明らかにしたが、子どもの進路を考える際にも、非親族の考え方が重要視されていることが確認できた。これは大変に興味深い結果である。これらの結果は、単に自分にとって身近な存在が影響する（制約を与える）のではなく、自ら選んだ相手の考え方や学歴などが意図的に参照されていることを示唆する。

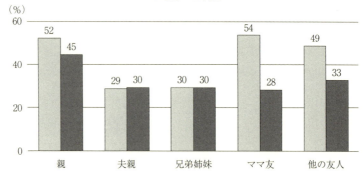

図6-12 参考にする内容

なお、ネットワークの影響に、なぜ学歴などの階層要因が関わるかに関しては、星（2011）の研究が参考になる。星は、第4回全国家庭動向調査のデータを用いた分析から、階層的地位は子育てに関する規範意識を媒介して、サポートネットワークの利用に影響すると指摘している。すなわち、妻の学歴や職業、夫の収入が高いほど、「母親は子育てに専念すべきだ」という規範意識が弱く、その結果として、友人などに相談することや、子どもの世話を公的機関に頼ることを促進するのだという。本章の内容にあてはめれば、学歴が高いほど高学歴を求める規範を強く持つ傾向にあるため、学歴の高い者や周囲の高学歴志向の影響をより強く受ける（第5章の結果）といったメカニズムが想定できる。相手の属性や考え方を意図的にも参照しているという上記の結果は、この解釈と整合すると言えるだろう。

7. 準拠枠としてのネットワーク

本章では、子どもの教育環境をコーディネイトする母親という観点から、パーソナルネットワークがどのような影響を持つのかについて検討した。そこには、次のような2つの意図があった。1つは対象とするライフステージによる影響の相違を検討することである。母親による子育てとネットワークの関連をテーマとした従来の研究は、育児期のサポート機能を中心に取り上げてきた。

特に子どもが小さいうちの子育てには多大な労力が必要であることや、現代の日本社会では母親にばかり子育ての負担が大きくのしかかっているという認識などがその理由と考えられる。しかし、子どもの成長によって人手のサポートの必要性が低下するポスト育児期においても、子どもの教育に対する相談相手等の面で、ネットワークが頼りにされているのではないかと想定できる。そこで、本章では、まず、ポスト育児期におけるサポート機能に焦点をあてて分析を行った。

　もう1つの意図は、ネットワークの及ぼす影響の多様性に目を向けることである。何度か触れたように、ネットワークが人々の行為に及ぼす影響は、従来、ネットワークがサポート資源や規範的制約をもたらす側面から検討されてきた。これに対し本章では、egoの側がメンバーを参照して、子育て環境や子育て方針（特に学歴志向）を形成する側面、すなわち、ネットワークの準拠枠機能に着目して分析を行った。

ポスト育児期におけるネットワークの機能

　まず、育児期とポスト育児期におけるサポート状況の比較からは、次のような共通点と相違点が明らかとなった。まず、人手の支援は親を中心とした親族から得ていることや、非親族によるサポートが情緒面に偏っていることなどは、育児期でもポスト育児期でも共通していることがわかった。しかし、子どもの成長に伴って、必要とされるサポートは変化していくものである。本章の分析から示されたのは、ポスト育児期においては、人手の支援の必要性が低下してくる一方で、子どもの教育環境をどのようにコーディネイトするべきかの相談相手として、非親族ネットワークの重要性が高まっていくことであった。また、ポスト育児期におけるサポートの有無は、本人の階層的地位や資源によって制約を受けないという興味深い知見も得られた。

　ところで、NFRJデータを用いたサポートネットワークに関する研究は、サポート源としての親族の重要性が近年ほど高まっていることを指摘している（西村・松井 2016；大日・菅野 2016）。本章でも、人手や経済面での支援では、確かに親族の重要性が明確に示された。ただし、相談面では非親族が頼りにされており、しかも既に多くの者が非親族に相談している実態があるにもかかわ

らず、非親族へのさらなる相談ニーズは高かった。この点について、大日・菅野（2016）らの分析結果を詳しく見ると、女性の場合には「友人・同僚」に相談する割合が高く、しかもその傾向は時代とともに強まっていることも確認できる。こうしたことから、サポート源としての親族の重要性の高まりという上記の指摘は必ずしも普遍的な傾向ではない可能性が指摘できる。誰を頼りにするかは、egoの属性やライフステージ、あるいは何に対するサポートを求めるか等によって多様であり得るのではないだろうか。本章の分析によれば、少なくとも子どもの教育環境をコーディネイトしている母親にとっては、特に子どもが成長するにつれて、むしろ非親族への相談が重要性を増しているのである。

　このように、親族よりも非親族を頼りにする傾向は、子どもの進路を考える時に参考にする相手においても認められた。これに加えて、特に興味深いのは、学歴の高い者ほど、また、学歴の高い相手のことほど参考にする傾向があるという分析結果である。その一方で、親族の場合も非親族の場合も、居住距離が近いかどうかは参考にするか否かとは直結しなかった。

　このように親族と非親族で関与の仕方が異なることは、相手とのつながりが「非選択的関係」（石田 2006）であるか否かによって説明できるように思われる。すなわち、基本的に本人の意思にかかわらず関係が存続してしまう、つまり「非選択的関係」である親族の場合は、その中からよく話す相手や自分を何らかの面で支援してくれる相手のことを選んで参考にするのに対し、そもそも自らが交際相手として選択したことによって関係が継続している非親族の場合は、交流の頻度などにかかわらず参考にされるということだろう。

　これらの結果からは、母親たちが自分にとって頼りになる相手——それは親族・非親族にかかわらず学歴の高い相手であり、親族の場合は、それに加えて、進路について話ができたり、自分をサポートしてくれたり、気持ちを共有できる相手である——を自ら選択して意図的に参照し、子どもの教育環境をコーディネイトしている様子が見て取れる。

「参照論」の有効性

　以上の結果は、子どもの教育環境をコーディネイトする母親に対するネットワークの影響は、少なくとも制約論の立場だけでは理解しきれず、参照論の観

点からも理解していく必要のあることを示唆する。

　もしも制約論にしたがうなら、近くに住んでいて接触頻度が多く、密度の高いネットワークほどコミュニティや磁場を形成して行為者の意識に影響（制約）を与えやすいはずであり、そうしたネットワークメンバーのことほど参考にされていることが予想される。ところが、親族より非親族のことをよく参考にするという結果や、住居の近さが関係しないという結果は、この理解とは矛盾する[18]。また、自分の母親（子どもの祖母）やママ友などよく話す相手が必ずしもよく参考にされているわけではないという結果もこの理解に反する。結局、誰と話すかは、親族の場合も非親族の場合も、接触機会の多寡に強く規定されるのかもしれないが、その中で誰を参考にするかには、本人の意思による選択が働くと考えられる。この状況は、制約論より参照論によって上手く説明できる。

　また、学歴の高い相手ほど参考にされているという結果も、制約論より参照論の方が理解しやすい。これは相手がどういう続柄の者であるかにかかわらず、学歴が高い相手のことを意識的に選択して参考にしていることを意味するからである。会話相手より参考相手の場合に学歴の効果が強く働くことも、この理解の妥当性を示唆する。

　もちろん、以上の結果は限られたデータから得られたものにすぎず、どの程度の一般化が可能であるかについては、慎重に検討する必要がある。今後、他の地域で行われた調査のデータを用いて、検証していくことが求められる[19]。しかしながら、そのような限界を考慮したとしても、本章の結果は、参照論の立場からも研究を進める必要のあることを意味していると言えるだろう。

　他方、子育て環境とパーソナルネットワークとの関連という面について、本章の結果は、従来のように育児期ばかりでなく、ポスト育児期についても研究することが有益であることを示している。子どもの成長とともに人手のサポートを必要としなくなったとしても、各時期の発達課題に対して「相談相手」や「参考にする相手」は必要とされているのではないだろうか。しかも、それらの重要性は、子どもの成長とともに次第に高まってくるとさえ考えられる。したがって、ポスト育児期において、コーディネイターとしての親がネットワークを準拠枠とする面については、今後一層の研究が求められるだろう。

最後に、子育て環境と階層との関連についても触れておきたい。本章の分析からは、サポート機会の有無には階層が関連しない一方で、ego の側が周囲を参照する際には、本人および相手の学歴が鍵を握ることが明らかとなった。特に重要なのは、子どもの手がかからなくなるポスト育児期の教育環境においては、外部資源へのアクセスの容易さ——たとえば、時間的にも金銭的にもゆとりのある親族に恵まれているか否か（これは職業や収入などの階層的要因に依存する面が強い）——はそれほど重要でなくなる一方で、選択的かつ意図的に周囲の状況を参照することが重要性を増しており、そうした選択には、本人と相手の学歴が強く関与する（職業や収入などは関与しない）ということである。こうした結論は、前章までの様々な知見もふまえて論理的に導き出されたものであり、一定の妥当性を持つものと考えている。しかし、当然のことながら、いくつかの限界を持っている。1 つの大きな問題は、上記の分析は現在の階層的地位しか考慮していないことである。というのも、第 4 章でも論じたように、パーソナルネットワークは、これまでのライフコースにおける様々な地位を経て形成されてきたものであるため、学歴志向には現在の生殖家族の地位だけでなく、定位家族や自分自身の過去の地位も影響しているのではないかと考えられるからだ。とりわけ、子育て期の女性には無職の者（専業主婦）が一定の割合で含まれるので、過去の職業的地位などが影響している可能性は高いと考えられる。そこで第 7 章では、そうした地位の軌跡が学歴志向にどのように関与しているのかについて検討してみたい。

付表6-1　マルチレベル・ロジスティック回帰モデルの結果

	会話	参考
年齢（10歳単位）	1.072 **	-.594
教育年数（4年単位）	-.469	1.165 *
就業状況：専業主婦を基準		
パート	.306	-.633
フルタイム	.279	-.718
自営	.117	-1.017
世帯収入（100万円単位）	.058	-.069
夫専門管理職ダミー	.112	-.558
続柄：夫母を基準		
父	.517	.449
母	1.538 **	.949 **
兄弟	-.567	-.368
姉妹	1.039 **	.635 *
夫父	-.647	.001
夫兄弟	-2.009 **	-1.883 **
夫姉妹	-.856 *	-1.228 **
ママ友	2.182 **	1.458 **
近所	1.547 **	1.841 **
学生	2.576 **	1.859 **
職場	2.000 **	2.035 **
その他の友人・知人	2.023 **	1.681 **
相手の学歴[注)]	.290 *	.838 **
定数項	-6.091 **	-1.070
第2水準の分散成分	3.091	3.486
疑似ICC	.484	.663
-2LL	2160.262	2259.712
N（第1水準）	2,384	2,359
N（第2水準）	268	268

注：「相手の学歴」とは、親世代は中等後教育の有無、本人世代は4大進学の有無を意味する。

注
1) 松田（2008）のまとめによれば、新中間層が少数派に過ぎなかった昭和初期には家事使用人が、キョウダイ数の多かった戦後の高度成長期までは自分のキョウダイが、キョウダイ数が減少してからの現代社会では、自分と同じ年頃の子どもを持つ子育て仲間が、それぞれ母親の育児をサポートしてきたという。ただし、サポートが必ずしも十分でないことは松田も指摘している。サポートが不十分であることには、星（2011）も言及しており、誰にも頼れない者が3割ほど存在することや、特に都市部で孤立する者が多いことを問題視し、サポートの必要性を訴えている。
2) 誤解のないように付け加えておくと、渡辺の議論の主旨は、現状では、親が適切にコーディネイトできるような社会的な条件が整っていないことを指摘することにある。育児は家族単独では担い得ないものだが、類型1の社会に後戻りはできない以上、親が適切にコーディネイトできるような状況を整備すること、すなわち、親以外に親役割を遂行し得る者を社会に多元的に配置することが重要だという主張になる。この点については、終章で改めて触れる。
3) 小学生の子どもを持つ母親も対象とした貴重な先行研究として、12歳未満の子どもを持つ母親を調査対象とした水垣（2013）がある。育児期とポスト育児期におけるネットワークの機能の違いに関する分析結果は未発表であるが、水垣によれば、親族からのサポートはポスト育児期に減少する一方で、非親族によるサポートはポスト育児期の方が多いこと、これらの関連は地域類型によって異なることなどが明らかになっているという。また、野沢（1996）はポスト育児期における女性のパーソナルネットワーク規模について調査を行っているが、ウェルマンのコミュニティ解放論やボット仮説を念頭に、ネットワークの規模や夫婦関係を論じたものであり、サポートネットワークに関する分析を行っているわけではない。野沢（1999b）もライフステージ（子どもの有無や年齢）によって、援助の状況が異なることには言及しているが、地域差の解明に主な関心があるため、ライフステージと援助状況との具体的な関連は明らかにしていない。
4) ただし、大和（2000）の主旨は、階層の影響がネットワークのタイプによって異なることを指摘した点にある。大和によれば、従来のネットワーク研究が着目してきた「交際のネットワーク」では、階層が高いほどネットワークの多様性が高いのに対し、「ケアのネットワーク」では、男性の場合、逆に、階層が高いほど多様性が低い（妻と子どもに限定されがちである）。
5) 第3次調査では143件の回答が得られたものの、回答に不備のあるケースがあったため有効回答は139件であった。そのため、本章では、第2次調査の回答54件と合わせた193件を用いて分析を行った。
6) どちらも第1次調査への回答者を対象としている点でバイアスがかかって

いる。特に、第2次調査の対象者は、その中でもインタビューへの協力要請に応じた方であり、調査への協力意思がより一層強い方たちであると言える。

7) 第3次調査では、予め選択肢を用意しており、その中に非親族も含まれていたが、第2次調査では非親族については自由記述式で回答してもらった結果をアフター・コードしている。こうした回答方法の違いもあるため、非親族によるサポート状況について、調査モードによる違いを検討した。その結果、統計的に有意な差は認められなかったが、第2次調査では第3次調査に比べて非親族に子どもの世話をしてもらったという回答が少ない傾向にあった。第2次調査では、予め選択肢を用意していなかったため、非親族による支援を受けたという回答が少なくなった（恐らく子どもの世話を主にしてくれたのは親族であったため、そちらの支援を中心に回答した）可能性がある。

8)「家事支援」の場合、支援を受ける割合自体は低いものの、それが子どもの年齢に伴って減少する傾向は、図6-4に示した「子どもの世話」の場合とほぼ同様であった。

9) なお、2つの調査で回答傾向に違いがないかを確認したところ、非親族に「友達関係や学校」について相談する傾向のみ、調査による違いが統計的に有意であった。具体的には、第2次調査では非親族に相談する割合が91％であったのに対し、第3次調査では77％に留まった。第2次調査の回答者の方が非親族ネットワークに恵まれていた可能性がある。ただし、後述するような分布の基本的な関連構造には大きな違いがあるわけではない。

10)「3〜5年」が8割と最も多く、それ以上になると6割程度であった。3年未満の場合に相談している割合が低いことは間違いないが、必ずしも居住年数が長いほど、相談している割合が高いわけではないというのは興味深い。

11) 第2次調査における実際の回答は、巻末の付録2に掲載したので、そちらを参照して欲しい。

12) ただし、公的支援の状況は自治体によって大きく異なるため、こうした回答は、今回の調査対象地域の特徴を反映していると考えられる。

13) 子育ての苦労に関する回答の詳細は、荒牧（2019）および巻末の付録2に掲載した、第2次調査の自由記述による回答を参照されたい。

14) 参考までに、各続柄が示す係数の値の範囲を求めると、会話の場合は4.59の差が見られたが、参考の場合は3.92であり、およそ15％程度の縮小となっている。同じ事を家族の中だけでみると、3.54から2.83へと約20％の縮小、友人・知人の場合は、1.03から0.58へと44％の縮小になる。

15) 付表6-1において、母、姉妹、ママ友、学生時代の友人について係数を比較すると、「参考」の値は「会話」の値の6〜7割程度にとどまる。その一方で、近所の人や職場の関係者については、両者の値が同等か、むしろ「参考」の値の方が大きくなっている。

16) これはもちろん、遠くに住んでいるから参照にされているというわけでは

注　141

ないだろう。おそらく、遠くに離れていても交流を保っているような友人・知人とは、それだけ ego にとって重要な相手であるため、子どもの進路についても参考にされやすいのではないかと考えられる。

17) 調査では支援したかどうかという事実をたずねただけであり、厳密にはこれが支援の必要性を意味するのかはわからない。そのため「支援したいと思わないような相手（関係性がよくない相手）」である可能性も考えられる。しかし、一般に、支援したくない相手を参考にしようとは思わないと予想されるため、ここでは「支援する必要がない相手（健康であったり、経済的にも困っていないような相手）」だと解釈している。

18) 家族は基本的には全員が知り合い（密度が 1）であるが、非親族の場合は必ずしもそうではない。非親族が互いに知り合い同士であるかという質問に対する回答を見ると、全員が知り合い同士であるという回答は 24％にとどまり、全員が互いに知人ではないという回答の 19％とあまり差がない。

19) 地域によるネットワークの違いについては、野沢（1995）の研究をはじめとして、前田（2004）、水垣・武田（2015）などがある。ただし、野沢（1995）と同じ地域を対象とした追跡調査研究（石黒 2018）によれば、特に地方都市における親族関係の弱まりや、情報通信機器の発達によって、両地域（「首都圏のベッドタウンである朝霞市」と「地方都市である山形市」）の類似性は高まっている。

第 7 章
地位アイデンティティと学歴志向

1. ネットワークと学歴志向をつなぐもの

　前章までの分析によって、子どもの教育環境をコーディネイトする母親本人の学歴志向は、ネットワークメンバーの学歴や学歴志向の影響を受ける一方で、本人や夫の地位は直接的な関連を持たないことが明らかになった。これらの結果は大変興味深いものだが、後者の観点については、まだ検討が必要なように思われる。というのも、女性の場合は結婚や出産によって就業を中断するケースも多いため、「現在の」職業上の地位が関与しなかったとしても、過去の職業が関与する可能性は残されているからである。また、この結果は、あくまで限られた地域の一度の調査データから得られたものにすぎないため、他の地域ではあてはまらない可能性もある。したがって、本章では、日本の階層研究を先導してきた SSM 全国調査のデータを用いて、過去の職業的地位（職業経歴）の影響も含めて検討してみたい。

　もう 1 つ考えたいのが、そもそも学歴志向はなぜネットワークメンバーの影響を受けるのかである。この点について前章では、重要な他者である周囲の人々の地位や考え方を参照して準拠枠を形成しているからではないかという解釈を示した。ところで、マートンの準拠集団論（Merton 1957 = 1961）からもわかるように、参照基準は同一化対象にも比較対象にもなり得るものである。果たして、どちらの見方が妥当なのだろうか。それを判断するには、自らの階層的位置づけをどのように自認しているか（地位アイデンティティ）に着目することが重要になってくる。なぜなら、①相手と比較して自分の地位が高い（あ

図7-1 分析の枠組

るいは低い）と見なすのだとしても、②自分自身の客観的な地位にかかわらず、同一化対象である所属集団の地位が高ければ自分の地位も高いと（逆にそれが低ければ自分の地位も低いと）みなすのだとしても、自分自身の地位をどのように認識しているかが鍵になるからである。すなわち、周囲の人々の地位は、比較対象や同一化対象となることによって、子どもの教育環境をコーディネイトする母親たちの地位アイデンティティに影響を与え、それが彼女たちの学歴志向を方向付けているのではないかと考えられる。

以上の議論をふまえると、本章の分析枠組は図7-1のように示すことができる。この枠組にしたがって、1）自らの客観的な「地位の軌跡」や「周囲の人々の地位」が主観的な「地位アイデンティティ」に関与し、2）それらが地位アイデンティティを媒介しながら学歴志向に関与している、という2つの仮説の妥当性について、SSM調査のデータを使って明らかにしてみよう。

2. 地位の軌跡と地位アイデンティティ

階層的地位と地位アイデンティティ

以上の課題に答えるために、まず、客観的な階層的地位と地位アイデンティティとの関連について、先行研究の議論を振り返っておこう。階層的な地位アイデンティティに関する研究は、これまで、階層帰属意識という概念を用いて進められてきた。これは日本社会を5段階や10段階で区切った時に、自らの位置がどこになると思うかについて、調査対象者の自己認識を回答してもらったものである。このように測定された階層帰属意識が社会的な地位と関連するというのは常識的な見方であり、階層的な位置づけが高いほど階層帰属意識も高いことが予想される。ところが、これまでの研究からは、階層的地位の中核

とされる職業と階層帰属意識の関連は、非常に弱いことが明らかにされている（盛山 1990 など）。

　盛山（1990）によれば、客観的な職業上の地位と主観的な階層帰属意識が関連しないのは、階層的な位置づけを評価する基準が人によって異なるからである。しかも、そうした評価基準は時代状況によっても変わり得るという。これに関連して、吉川（1999）は、1975 年から 95 年の 3 時点の SSM 調査データにおける有職男性の回答を用いて、階層帰属意識の規定要因の時代による変化を検討している。分析の結果、75 年では主に生活満足度の影響が強く、全体としての説明力も低かったのに比べ、85 年には世帯年収の、95 年には学歴と現職威信の影響がそれぞれ高まり、全体としての説明力もしだいに高まってきたことが明らかにされている[1]。

　ところで、上記の知見は主に有職男性データの分析から得られたものだが、様々な制約条件のために職業を中断したり、相対的に恵まれない労働条件となってしまいがちな女性の場合には、地位と階層帰属意識との関連を男性と同様に考えることはできない。このことは既に多くの研究が指摘しており、次のような 2 つの対応がなされている。1 つは、盛山（1996）のように、「（女性の）階層」そのものの捉え方を見直そうとする、理論的あるいは方法論的観点からのアプローチである[2]。ただし、本書は階層的地位自体をどのようにとらえるべきかを問題にしているわけではないため、以後、この議論には立ち入らないこととする。

　もう 1 つのアプローチは、女性の階層帰属意識を実証的に明らかにしようとするものである。これらの研究が主に問題としてきたのは、有配偶女性の階層帰属意識が、夫婦どちらの地位によって主に規定されるかであった。具体的には、女性の地位意識が夫の地位に依存するとする「地位借用モデル（夫優位型）」と、それに対抗する諸仮説の妥当性が検討されてきた（直井 1990；赤川 2000；白波瀬 2000 など）。分析の結果、借用モデルのあてはまるケースが多いものの、妻の収入割合が高いほど妻自身の学歴や職業の重要性も高いこと（直井 1990；赤川 2000）、結婚当初にはわずかながら存在する妻優位の場合でも、結婚生活の過程で（特に就業中断によって）夫優位に転換しやすいこと（白波瀬 2000）などが明らかにされている。ここから、有配偶女性の地位と階層帰属意

識の関連を検討する際には、夫の地位に加えて、世帯年収に対する妻の収入割合や妻自身の就業経歴なども考慮すべきことがわかる。

ライフステージに沿った地位の軌跡

　従来の研究は、上述の通り、有配偶の男女を対象に夫婦の地位の相対的重要性を比較する枠組みを用いることが多かった。しかし、女性の階層帰属意識に影響する社会的地位は、夫婦のものに限られるわけではない。例えば、白波瀬（2004）は、父親の学歴や職業の影響にも着目し、本人や夫の地位などを考慮しても、それらが一定の影響を及ぼすことを示した。階層帰属意識に親の地位が関与する可能性については数土（2009）も言及している。数土が着目するのは、親の地位を継承した者は、そうでない者に比べ、自らの客観的な階層と階層帰属意識の一致する傾向が強まる点である。これらの指摘もふまえ、本章でも親の地位の影響に着目してみたい。

　さらに考慮すべきなのは、現在に至るまでの各ライフステージにおける本人自身の地位の経歴、すなわち「地位の軌跡」がもたらす影響である。従来は、現在の地位の影響にのみ着目してきたが、女性の地位が人生の中で大きく変動しやすいことを考慮するなら、現在に至るまでの地位の軌跡がもたらす影響にも気を配るべきだろう[3]。これに関連して、三輪・山本（2012）は、「働き方とライフスタイルの変化に関する全国調査」（JLPS）というパネル調査のデータを用いて、本人の地位の移動が階層帰属意識に与える影響について検討し、収入や職業の変化が階層帰属意識を有意に変動させることを明らかにしている。ただし、この研究は若年層を対象としており、観察期間も3年間と短いため、この結果がどこまで一般化できるかについては慎重になる必要がある。しかし、妻の就業中断によって、夫婦の地位の影響が妻優位から夫優位へ移行しがちだという先の白波瀬（2000）の指摘をふまえても、本人の地位の軌跡が及ぼす影響にも着目する意義があるだろう。

　以上をふまえると、特に女性の階層帰属意識と地位指標との関連を解明するには、現在の本人の地位だけでなく、親世代や配偶者の地位も含めて、ライフステージに沿った地位の軌跡が及ぼす影響について把握することが求められると言えるだろう。また、地位指標としては、職業ばかりでなく、学歴や収入、

および夫婦における妻の収入割合にも目を向けるべきことが指摘できる。

したがって、本章では、ライフステージによる規定構造の違いをふまえた上で、特に子育て期の女性に焦点を絞り、親世代から始まる地位の軌跡を考慮しながら、階層帰属意識の規定要因を多角的に考察してみたい。果たして、子育て期の女性の階層帰属意識は、「誰の」「いつの」「どのような」地位属性と関連しているのだろうか。また、それらの地位属性と階層帰属意識は、子どもの教育環境をコーディネイトする母親たちの学歴志向に対して、どのような影響を及ぼしているのだろうか。

3. 階層帰属意識の基本構造の多様性

研究の出発点として、2015年SSM調査（ver. 070）の全サンプルを用いて、階層帰属意識の基本構造を確認しておこう。具体的には、先行研究においてほぼ共通して検討されてきた、学歴・職業・収入という現在の本人の地位指標と階層帰属意識との関連を重回帰分析によって検討する[4]。また、先行研究では、有配偶の有職者のみを対象としたり、無職の妻の地位に有職者の平均値を与えるなどの操作を施して分析を行っている（直井 1990；吉川 1999；赤川 2000；白波瀬 2000；神林 2006）が、本章の関心からは無職という状況自体に意味があるため、無職を独立のカテゴリーとして扱った分析を行う。

以上をふまえ、年齢層別に階層帰属意識の基本構造を調べた結果を図7-2に示した。詳しい分析結果については、これまでと同様、章末の付表7-1を参照して欲しい。なお、本章の関心は、女性の階層帰属意識を明らかにすることにあるが、男女の比較から女性の特徴を把握するため、男性の結果も示している。矢印上の数値は、各変数の効果を年齢層別に表したものだが、それらの相対的重要性を比較できるように、標準化された回帰係数を示している[5]。なお、値のない箇所は有意な効果が認められなかったことを意味する。

ここから第1に、学歴（教育年数）と世帯年収の重要性の推移が、性別にかかわらず類似していることを指摘できる。20～34歳の若年層においては、男女とも、学歴と世帯年収の相対的重要性が同程度である。これに対し、35歳以降になると、学歴の重要性が低下する一方で、世帯年収の重要性が高まる傾

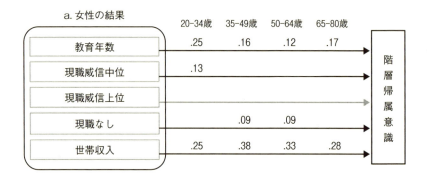

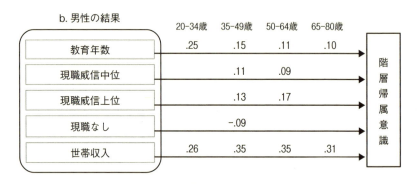

図7-2　階層帰属意識の基本構造

向を示す。ただし、女性の場合は65歳以上になっても学歴の重要性が保たれているのに対し、男性では年齢とともに低下する点は異なる。

　職業威信の効果は性別や年齢層によって大きく異なっており、女性は若年層、男性は中壮年層でのみ有意な効果を持つ。職業が階層帰属意識に強い効果を持つのは、それぞれの性別において正規就業者の多い年齢層に限られるということだろう。既婚者を対象とした先行研究は、女性自身の職業的地位が階層帰属意識に関与しないことを指摘してきたが、未婚者の多い若年層に限定すれば、本人自身の現職も有意な効果を持つのである。ただし、関連の仕方は男女で異なっており、男性では職業威信が高いほど階層帰属意識も高まる傾向を示すのに対し、女性の場合は階層帰属意識が中程度の場合にのみ有意な効果を持つ[6]。また、中壮年層の女性では、無職であることが階層帰属意識に対して正の効果

を持つ点も特徴的である。この年齢層には、結婚や出産・育児によって就業を中断した有配偶の無職女性（専業主婦）が相対的に多く含まれるため、無職であることを可能とする夫の職業や収入を考慮して、高い階層帰属意識を持ちやすいのではないかと考えられる。

なお、学歴の効果が若年層で特に大きいのは、学歴の「機能的価値」が特に初期の就業で重要視されることを反映しているのではないかと考えられる[7]。その一方で、高齢世代になっても学歴が有意な効果を持ち続けるのは、いくつになっても学歴の「象徴的価値」が失われないことを意味しているのであろう。これは、職業的地位が正規就業者の多い年齢層でのみ有意な関連を持っていたこととは対照的である。また、高齢層において、学歴の相対的重要性が男性よりも女性の場合に強い理由も、女性の場合には学歴の「象徴的価値」が男性より重要であると考えると納得がいく[8]。

先にも引用したように、女性の階層帰属意識の規定要因をテーマとした先行研究（直井 1990；赤川 2000；白波瀬 2000；神林 2006）の多くは、夫婦の現在の地位の相対的重要性を主な検討課題としていたため、既婚者のみを分析対象としてきた。しかしながら、ここで概観したように、階層帰属意識の規定要因は、たとえ同じ性別であっても、ライフステージや家族状況によって大きく異なっているのである。

この知見は少なくとも次の2つのことを意味する。第1に、「女性全体の階層帰属意識」の背景をひとまとめに論じることは適切とは言えないということである。また、ライフステージによって規定構造が異なるという結果は、現在の地位だけでなく、過去の地位が関与する可能性を示唆している。たとえば、学卒後に初めて就いた職業は、若年層にとっては「現職」であるが、中年層以降の世代にとっては「（現職とは異なる）初職」になっているケースが多い。そのように考えてみると、若年層において有意であった「現職」は、後の世代にとっての「初職」として効果を持ち続けているかもしれない。

以上の確認を前提として、ここから先は、小中学生の子どもを持つ有配偶の女性に対象を絞り、様々な地位指標の影響を検討していく。

4. 子育て期の女性の階層帰属意識

家族の地位の効果

　ここでは、本人と家族の様々な地位指標と階層帰属意識との関連を検討する。本人の地位指標としては、先に検討した学歴と現職に加えて、初職と本人自身の収入にも着目する。また、家族の地位としては、夫の学歴・現職・収入に加えて、両親の学歴[9]および15歳頃（中学校3年生の時）の父職・母職・くらしむきを取り上げた。なお、職業と収入に関しては、全体をほぼ均等に3分割し、15歳時くらしむきは、「下位（やや貧しい・貧しい）」「中位（ふつう）」「上位（豊か・やや豊か）」の3段階に再分類している。

　以上の各指標を用いて、階層帰属意識の平均値を算出した結果が表7-1である。なお、各指標の効果を評価する目安として、表には一元配置分散分析の結果も示してある。ここから、まず、15歳時母職以外のすべての地位指標において統計的な有意差の認められることが確認できる。また、各要因の効果に着目すると、まず、本人と夫の学歴による差が大きいこと、その他の指標については本人よりも夫の地位が重要であること、親世代の地位指標でも、くらしむきによる違いは非常に明確であること等がわかる。本人よりも夫の地位による差が明確であることは、先行研究でも指摘されてきたことである。ただし、表の数値を詳しく見ると、夫不在の値が特に小さい一方で、夫の職業自体による差はそれほど大きいわけではないことなどもわかる。

　注目すべきなのは、本人の初職が有意な効果を持ち、現職よりも差異が明確なことである。男性の場合は、初職を継続する場合が多いのに対し、女性の場合は、現在は無職であったり初職とは異なる職業についたりしている者が多いと予想されることからすると、これは大変に興味深い結果と言える。女性にとっての初職は、学歴の場合と同様、象徴的価値を持つものなのかもしれない。ただし、学歴や夫の地位指標に比べると、大きな差異があるわけではないので、他の要因を考慮した時に果たして有意な効果を持つのかが注目されるところである。

　なお、先行研究の議論を思い出すと、本人の収入が有意差を持つという結果

表 7-1 階層帰属意識に対する各地位指標の影響

	下位	中位	上位	無職・不在	F値	N
本人学歴	5.0	5.6	6.2	—	29.7 **	690
本人初職	5.2	5.5	5.8	—	11.9 **	689
本人現職	5.1	5.6	5.7	5.6	6.4 **	690
本人収入	5.3	5.4	5.9	5.4	4.0 **	682
夫学歴	5.1	5.5	6.1	4.5	29.8 **	683
夫現職	5.2	5.6	5.9	4.5	21.6 **	667
夫収入	5.1	5.6	6.2	4.5	26.9 **	592
両親学歴	5.2	5.5	5.7		5.2 **	638
父職	5.3	5.5	5.8	4.7	9.0 **	642
母職	5.4	5.4	5.5	5.6	0.7	651
くらしむき	4.6	5.5	5.9		26.3 **	689

注：*$p<.05$ **$p<.01$

にも着目すべきかもしれない。しかし、あまり大きな差異ではなく、また、収入が下位でも階層帰属意識はあまり低くないこと、本人よりも夫の収入による差異が大きいことなどをふまえると、結局は夫の収入と合算した世帯年収がより重要なのだと判断できる[10]。ところで、先行研究（直井 1990；赤川 2000）では、妻の収入割合が高い場合には、妻自身の学歴や現職威信の重要性が高まることが指摘されていた。そこで、妻の収入割合との関連を調べたところ、先行研究の結果とは異なり、収入割合が高いほど妻自身の学歴や職業による差異が大きくなる傾向は認められなかった。

就業経歴の影響

先に引用したように、三輪・山本（2012）は、若年層の追跡調査データを用いて、本人の職種の移動が及ぼす影響に着目した分析を行った。この結果をふまえ、現在の職業だけでなく、特に婚姻後の職業経歴に着目することで、女性の生き方と階層帰属意識との関連を一歩踏み込んでとらえてみたい。ただし、日本社会における女性の就業においては、職種の違い以前に、就業の有無（M字型就業や就業中断）が問題とされてきた。そのため、女性の階層帰属意識を扱った先行研究でも、細かな職種の違いよりは就業状況の違いに関心を持ってきたのであった（直井 1990；白波瀬 2000 など）。したがって、ここでも結婚・

表7-2 就業経歴の影響

	常勤	有職	再就職	主婦	F値	N
就業経歴	6.2	5.5	5.2	5.7	11.6 **	651

注：*p<.05　**p<.01

出産・子どもの成長といったライフイベントやライフステージに沿った就業の中断と再開に特に着目して、影響を検討することとした。

就業経歴の類型化の手続きは以下の通りである。まず、結婚・出産・子育てというライフイベントとの関連を把握するため、職歴データから、「結婚の翌年」「第1子出産の翌年」「第1子が15歳時点」「現在」という4時点について「有職か無職か」および有職の場合には「常勤[11]か否か」の情報を抽出した。これらの完全な組合せは膨大になるが、重要な論点は結婚や出産に伴う就業の中断と再就職の有無である。そのため、最終的には、「常勤（4時点とも「常勤」）」「有職（4時点とも何らかの形態で就業）」「再就職（結婚または第1子の出産後に無職となった後、何らかの形で就業し現在に至る）」「主婦（結婚または第1子の出産後に無職であり、現在も無職のまま）」という4分類を適用した[12]。このうち、最も多いのが「再就職」層の約5割、これに「主婦」層が約2割で続き、「常勤」と「有職」がともに1割強であった。

この就業経歴による階層帰属意識の違いを調べた結果が表7-2である。ここから、現職威信だけを考慮した先の場合よりも、結婚後の就業経歴の方が、階層帰属意識に強く関連していることがわかる。具体的には、常勤の階層帰属意識が最も高く、それに主婦層が続き、再就職層が最も低くなっている[13]。

5. 複合的な効果の検討

様々な地位指標と階層帰属意識

以上、様々な地位指標の影響を個別に検討してきたが、これらは相互に関連し合っているため、どの変数が独自の効果を持つのかについて確認してみたい。ただし、相互に関連の強いこれらの変数をすべてモデルに投入すると、分析結果を歪めてしまう恐れがある。そのため、本人・夫・親世代、それぞれの地位

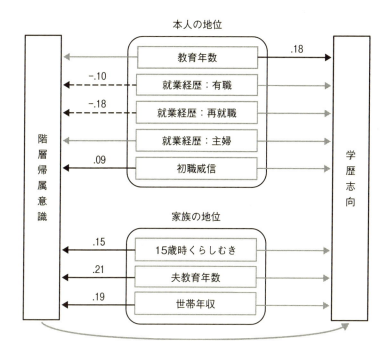

図7-3 階層帰属意識と学歴志向に対する様々な地位指標の効果

指標のうち、階層帰属意識を最もよく説明する変数の組み合わせを確定してから最終的な分析を行った[14]。なお、これまで通り、詳しい分析結果については章末の付表7-2を参照して欲しい。

図7-3の左半分が、階層帰属意識に対する様々な地位指標の効果について重回帰分析を行った結果である。ここから初めに指摘したいのが、他の様々な地位指標を考慮してもなお、本人の就業経歴と初職威信が統計的に有意な効果を持つ点である。先行研究でも着目されてきた夫の地位も考慮した結果であること、本人自身の学歴が有意でないことも合わせて考えると、この結果は大変興味深い。先に、未婚者の多い若年層を除いて、本人の現職は有意な効果を持たないことを確認した。ところが、学卒後に初めて就いた職業(初職)は、すでにその職場を退職した者が多い子育て層にとっても、重要な意味を持つのである[15]。また、単なる現在の職業ではなく、結婚後の就業経歴が有意である

5. 複合的な効果の検討　153

点も興味深い。なお、就業経歴の効果は「常勤」層との比較として示したが、「主婦」層とは有意差がない一方で、「常勤」以外の就業層（「有職」層と「再就職」層）の階層帰属意識は有意に低いことがわかる[16]。これらの就業層には、夫の地位が相対的に低い者が多いことも関連していると考えられるが[17]、図7-3は夫の職業も考慮した結果であることから、彼女たちのおかれた労働条件や就業状況自体が、帰属意識を低めているのではないかと考えられる[18]。

　これに加えて興味深いのは、生まれ育った家庭の経済状態（15歳時くらしむき）が、他の重要な要因を考慮してもなお、現在の階層帰属意識に関与することである。これは、出身家庭の経済的地位自体が、地位アイデンティティに影響し、現在の地位を考慮してもなお、独自の効果を持つことを意味する。もちろん、15歳時くらしむきは親世代の現在の経済状況とも関連しているはずなので、当時豊かな家庭に育った者は、現在でも豊かな親から金銭的な支援を受けている（逆に親が貧しい場合には自分が支援している）といった可能性も考えられる。しかしながら、15歳頃と現在では状況が異なっている場合も少なくないであろうし、そうした援助関係を持たない例も多いと考えられる。その意味では、結果を素直に解釈し、生まれ育った家庭の経済状況が、現在の自分の地位を評価する一要因として働いている可能性を考えるべきであろう。

　以上、夫の地位を考慮しても、本人の最初の職業や結婚後の就業経歴、および生まれ育った家庭の経済的地位が、子育て期の女性の階層帰属意識に関与するという極めて興味深い結果が得られたことになる。

学歴志向と階層帰属意識

　ところで、本章で階層帰属意識の規定要因を検討してきたのは、それが様々な地位指標と学歴志向を媒介する働きをすると予想したからであった。果たして予想通りの結果は認められるのだろうか。結果は図7-3の右側に示した通りで、本人の学歴以外は、どの地位指標も学歴志向に対して有意な効果を持たないという意外な結果となった。また、階層帰属意識から学歴志向への矢印がグレーで示されている通り、階層帰属意識が学歴志向に対して有意な効果を持たないこともわかった。

　ここで、PNMデータを用いて学歴志向の規定要因を検討した第5章の分析

結果（図5-4）を振り返ってみると、本章の場合と同様、夫の職業や世帯年収、親の学歴などは、学歴志向に有意な効果を持っていなかった。なお、PNM調査でも階層帰属意識をたずねているので、第5章の分析モデルに階層帰属意識を加えた分析も行ってみた。すると、SSMデータを用いた本章の場合と同様、階層帰属意識は学歴志向に有意な効果をもたないという結果が得られた。そこで今度は、階層帰属意識の規定要因についてもPNMデータを用いて分析を行ってみた。その結果、やはりSSMデータの場合と同様、夫の職業や学歴を統制しても、世帯年収と15歳時くらしむきがともに有意な効果を持つことが確認できた。残念ながら、PNM調査では初職や就業経歴を尋ねていないため、これらの効果については検討できないが、データから可能な分析を行った限りでは、上述の通り、2つの調査データから得られる知見は共通している[19]。

以上のことから、図7-1に示した本章の分析枠組のうち、左半分の階層帰属意識に対する様々な地位指標の効果については予想通りの結果となったが、右半分の学歴志向に関する予測は、完全に外れたことになる。ここから、階層帰属意識と学歴志向は、まったく別のメカニズムによって規定されていると考えることができる[20]。

6. 「地位と意識の関連」再考

地位の軌跡と階層帰属意識

従来、女性の階層帰属意識に関する研究は、「階層」概念自体を問題とする理論的・方法論的検討や、既婚女性を対象に「夫婦の現在の地位」の効果を比較検討する実証研究に限られる傾向にあった。これに対して、本章では、ライフステージによる階層帰属意識の規定構造の違いに着目しながら、特に「就業経歴」や「夫婦以外の地位」の影響を検討してきた。その結果、影響要因がライフステージによって異なること、子育て期の女性に限っても、先行研究で指摘されてきた夫の地位に加え、本人の初職や就業経歴、および定位家族の経済状況が、階層帰属意識に対して有意な効果を持つこと等が明らかとなった。自らの職業であれ、生まれ育った家庭の経済状況であれ、過去の地位が現在の階層帰属意識に影響しているというのは、大変に興味深い結果と言える。

このように、過去の地位が階層帰属意識に影響する可能性について、先行研究では次のような議論がなされている。1つは、先に引用した数土（2009）の研究が指摘する、「親の地位を継承すること」が階層帰属意識に与える影響である。数土によれば、親の地位を継承した者は、そうでない者に比べ、自らの客観的な階層と主観的な階層（階層帰属意識）の一致する傾向が強まるという。また、赤川（2000）は、女性の階層帰属意識は何らかの「準拠点との比較（過去の生活・他者の地位・予想された生活水準などとの比較）」において成立しているのではないかという解釈を示している。

　これらも参考にすると、過去の地位の効果には、「比較作用」と「同一化作用」の2つが想定できるだろう。前者は、過去の地位が、あくまで現在の地位と比較して、同じだとか上昇・下降移動していると評価する基準になることを指す。これに対し、後者は、現在の地位とは独立に、過去の地位が高かったり低かったりしたこと自体が、地位アイデンティティの構成要素となることを指す。そこで、どちらの見方が妥当するかを判断するため、15歳時くらしむきと現在の世帯年収の組合せ別に階層帰属意識を算出してみた。すると、それぞれの要因が独立に影響しているのであって、比較作用が想定するような複雑な関連は認められないことがわかった[21]。ここから、親の経済的地位は比較の準拠点として重要なのではなく、それ自体が自らの位置づけを評価する基準に含まれているのだと解釈できる。この結果は、第4章で引用した、星（2001）や石田（2001）の研究からも理解できる。彼らの研究は、ソーシャルネットワーク内に地位の高い者がいると、自らの階層帰属意識も高まることを指摘したのであった。この知見もふまえると、出身家庭の経済的地位は同一化の対象であり、現在の地位アイデンティティの重要な構成要素なのだと考えられる。

　ところで、もう1つの注目すべき結果は、階層帰属意識とは異なり、学歴志向には本人の学歴以外の地位指標が関連しないという点である。しかも、階層帰属意識自体も学歴志向に有意な効果を持っていなかった。本章では、本人の階層帰属意識（地位アイデンティティ）は、周囲の人々の地位や過去の経歴に影響を受けるとともに、将来の子どもの階層帰属を左右する学歴志向にも、一定の関連を示すのではないかと想定していた（図7-1）。しかしながら、階層帰属意識と学歴志向の規定要因は大きく異なり、両者の間にも因果的な関連を

想定できるような結果は得られなかったのである。

こうした結果が得られた理由としては、指標の妥当性[22]を含め、分析手続き上の問題も様々に考えられる。しかし、上記の結果を素直に受け入れるなら、次のような解釈も可能であろう。すなわち、階層帰属意識によって表現されるアイデンティティとは、あくまで過去から現在までに蓄積されてきた、社会経済的な地位の軌跡という「現実」に基づいて[23]、自らの位置づけを確認したものであり、将来そうありたい・そうあるべきといった価値志向性と結びついたアイデンティティではないのだと。かつて盛山（1990）は、階層帰属意識とは「豊かさの自己認識」であると評しているが、上記の結果は、こうした理解が妥当であったことを再確認するものだと言える。生活満足度や世帯年収が安定した効果を持つという先行研究の指摘も、階層帰属意識に表現された社会的位置づけの認識とは、生活の豊かさの自己認識だと考えると納得がいく。出身家庭の経済的地位は、そうした自己認識の根拠となる社会経済的地位の軌跡において重要な一角を占めているということだろう。

そのような観点から振り返ってみると、現在の夫婦の地位と階層帰属意識との関連に焦点化した従来の研究枠組は、暗黙のうちに、社会経済的地位の範囲を現在の夫婦の地位のみに制限していたことになる。しかしながら、そのように制限を設ける必然性はない。とりわけ、家族の多様化が進行している今日、「地位の軌跡」に含める範囲を広げることは、むしろ必須とさえ言えるかもしれない。それにより、階層は「家族か個人か」（盛山 1996）という、かつての議論を乗り越えながら、階層的地位と階層帰属意識の関連を新たな視点から検討することも可能となるように思われる。

学歴志向の意味

以上の議論をふまえて、改めて学歴志向の意味について考えてみたい。初めに指摘できるのは、学歴志向とは、家族や本人の「社会経済的地位の軌跡」とは相対的に独立した意識だということである。もちろん、学歴志向もいわゆる階層的な地位指標とまったく関連がないわけではない。本章の分析においても示されたように、本人自身の学歴が有意な効果を持つのである。また、第5章や第6章のようにパーソナルネットワークの影響までを考慮するなら、親族や

友人・知人の学歴や学歴志向とも関連することがわかっている。

　こうした関連があるのは、周りの人々から規範的制約を受けていることを意味すると考えることもできる。しかしながら、第6章までの分析から明らかとなったのは、外的な制約だけでなく、本人が周囲を意図的に参照していることを考慮する必要があるということだ。つまり、ネットワークメンバーの持つ学歴や学歴志向が参照基準となり、学歴志向の準拠枠が構成されているのだと理解できる。

　では、学歴志向が以上のような性格を持つことには、一体どのような意味があるのだろうか。1つの重要な特徴は、学歴志向には未来への希望や可能性が投影されやすいということだろう。学歴志向は、先に検討した階層帰属意識のように、客観的な社会経済的地位の軌跡によって判断されるわけではないため、自分が希望を果たせなかったり、到達できなかったりした場合でも、子どもの未来への期待や世代を超えた再チャレンジの夢を投影しやすいということだ。あるいは、そこには夢や期待だけでなく、漠然とした不安――学歴を達成しなければ、望むような将来の地位や生活を手に入れることはできないという不安――も投影されていると考えてよいだろう。

　学歴志向のこうした性格は、過去の教育社会の変動も上手く説明してくれるように思われる。20世紀の間には、近代化や産業化と呼ばれるような社会構造の急激かつ大規模な変化が生じ、それらが高学歴化や教育拡大をもたらした背景要因であることは間違いない。ところが、よく知られるように、教育の普及や拡大は、産業構造や職業構造の高度化が要請する以上に進展してきたのであった。しかも、社会経済的地位の低い層も含めて、多くの国民を巻き込んだ受験競争が展開してきたのである。同一化と差異化の教育要求（荒牧 2000）が、こうした歴史的経緯を牽引し得たのも、学歴志向が上記のような性格を持つからであろう。逆に、学歴志向が、階層帰属意識と同様に、社会経済的地位の軌跡によって制約されてしまうような意識であったなら、私達が知るような高学歴化も受験競争の過熱も生じなかったのではないだろうか。

　このように考えてみると、2つの意識に対する様々な地位の影響が上記のように全く異なるものであることは、十分に理解できることである。われわれは、階層の影響と言うと、暗黙のうちに単調な一本調子の影響を想定してしまうが

ちである。つまり、どんな階層指標であれ、地位が高く資源が豊富なほど、地位の再生産に寄与するのだと考えがちである。しかしながら、上記の結果は、「誰の」「いつの」「どの地位や資源」による「何に」対する影響なのかによって、関連の構造やメカニズムが多様であることを考慮すべきことを意味している。

謝辞
　2015年SSM調査データの使用にあたっては、2015年SSM調査研究会の、「2016年版職業威信スコア（暫定版）」の利用にあたっては、雇用多様化社会における社会的地位の測定研究プロジェクトの許可を得た。また、就業歴データの作成には、保田時男氏によるSSM2015 person-year data変換SPSSシンタックス（v070データ用ver. 2.0）を利用した。記して感謝の意を表する。

付表 7-1　階層帰属意識の基本構造に関する重回帰分析の結果

女性

	階層帰属意識							
	20-34 歳		35-49 歳		50-64 歳		65-80 歳	
	B	β	B	β	B	β	B	β
教育年数	.22	.25**	.14	.16**	.11	.12**	.13	.17**
現職威信中位	.54	.13*	.06	-.02	-.27	-.07	-.05	-.01
現職威信上位	.47	.12	.25	.07	-.10	-.03	.09	.02
現職なし	.34	.10	.32	.09*	.28	.09*	.18	.05
世帯年収	.12	.25**	.17	.38**	.12	.33**	.15	.28**
定数	1.27	*	2.33	**	3.49	**	3.30	**
R^2	.206		.211		.151		.123	
adj-R^2	.195		.206		.146		.117	
N	352		814		796		764	

注：*p<.05　**p<.01

男性

	階層帰属意識							
	20-34 歳		35-49 歳		50-64 歳		65-80 歳	
	B	β	B	β	B	β	B	β
教育年数	.21	.25**	.11	.15**	.09	.11**	.06	.10**
現職威信中位	-.19	-.05	.37	.11**	.34	.09*	-.14	-.03
現職威信上位	-.05	-.01	.44	.13**	.61	.17**	.24	.05
現職なし	.57	.10	-.90	-.09*	.26	.05	.11	.03
世帯年収	.13	.26**	.17	.35**	.14	.35**	.14	.31**
定数	1.58	*	2.54	**	3.13	**	3.95	**
R^2	.170		.262		.225		.125	
adj-R^2	.156		.256		.220		.120	
N	313		658		735		828	

注：*p<.05　**p<.01

付表7-2 階層帰属意識と高学歴志向に関する重回帰分析の結果

	階層帰属意識				高学歴志向	
	モデル1		モデル2			
	B	β	B	β	B	β
教育年数	.16	.18 **	.03	.03	.09	.18 **
就業歴:有職	−.64	−.13 *	−.52	−.10 *	.01	.00
就業歴:再就職	−.80	−.26 **	−.55	−.18 **	−.12	−.07
就業歴:主婦	−.29	−.08	−.20	−.05	.00	.00
初職威信	.02	.15 **	.02	.09 *	.01	.06
15歳時くらしむき			.28	.15 **	−.05	−.04
夫教育年数			.12	.21 **	.21	.04
世帯年収			.08	.19 **	.19	.08
階層帰属意識					.04	.06
定数	2.64	**	1.75	**	.79	*
R^2	.129		.235		.096	
adj-R^2	.120		.223		.080	

注:N=512 *$p<.05$ **$p<.01$

注
1) このように、階層帰属意識の規定要因が時代によって変化する一因として数土（2009）は、階層的地位分布が全体として上方にシフトしていくことによって、階層的地位の下落（地位インフレーション）が生じる現象に着目し、シミュレーション分析の結果が、実証研究の結果と一致することを明らかにしている。
2) 盛山によれば、そもそもこうした問いが成立するのは、階層・階級概念について「概念の唯一性」「全域性」「斉一性」「一義性」「安定性」「基幹性」が前提とされてきたからである。いわゆる「典型的な家族」における既婚の中壮年男性を想定している限り、これらの前提はあまり問題とはならなかったのかもしれないが、女性の就労率の拡大、リストラや非正規雇用の増加、社会の高齢化、家族の多様化などを考慮すれば、上記のような前提に基づくことができないのは明らかである。したがって、そうした前提を一端取り払い、改めて社会的地位と階層意識の関連を問うことが、理論的には重要な課題となる。
3) これに関連して、間々田（1998）は、「生活向上感（過去10年間に生活水準が向上したか）」と階層帰属意識が強い関連を持つことを指摘している。ここで問題としているような客観的な地位の変化ではないが、過去と比較して生活が向上したという認識が、（客観的な生活水準の向上以上に）階層帰属意識を明確に高めることが明らかにされている。
4) なお、階層帰属意識の指標としては、先行研究の多くが、いわゆる「中」意識論争との関連から、5段階の指標（「上」「中の上」「中の下」「下の上」「下の下」の5段階からあてはまるものを選択）を用いてきた。しかしながら、ここでは、吉川（1999）と同様、あくまで意識を上下の連続量としてとらえつつ、多様な地位指標との関連を確認することが目的であるため、10段階の指標（最上を表す「1」から最下位を意味する「10」までの数字からあてはまるものを選択する形式。分析では値を反転して使用）を用いる。ただし、この指標への回答が10段階の連続量における位置づけを正確にとらえているかについては批判的な見方もある（佐藤 2011）。
5) こうした分析において比較が可能なのは、一般に、あくまで同じ年齢層における各変数の値であり、別の年齢層における同じ変数の値を比較できるわけではない。ただし、各変数を含むモデルと含まないモデルの比較から、各変数に起因する決定係数の増分を求めると、その推移は概ね図7-2に示した各係数の推移と同様になった。このことからすると、あくまで今回の分析結果に限っての話になるが、各年齢層の結果を比較しても大きな問題はないだろう。
6) 上位の職業が関与しない理由として、学歴や収入との相関が高いことが考えられる。

7) ただし、階層帰属意識に対する学歴の影響力は時代とともに強まっている（数土 2010）という指摘もあるため、若年層における強い効果は、年齢ではなく世代（出生コーホート）の特徴を表している可能性もある。
8) 女性の場合に象徴的価値がより重要であるのは、学歴が男性の場合ほど機能的価値を持たない（地位達成において不利である）ことを反映している可能性もある。
9) 両親の学歴については、新制学歴を基準に「中学（新制中学校、旧制尋常小学校・国民学校初等科・高等小学校・青年学校・尋常小学校高等科・国民学校高等科）」「高校（新制高校、旧制中学校・高等女学校・実業学校・師範学校）」「大学（新制専門学校・短大・高専・大学・大学院、旧制高校・専門学校・高等師範学校・大学・大学院）」の3段階にまとめたのち、これらの組合せとして、「下位（ともに「中学」まで）」「中位（一方または両方が「高校」まで）」「上位（一方または両方が「大学」）」の3分類を作成した。一方が不明の場合は、判明している側の学歴を適用した。
10) 実際、本人収入と世帯年収の組合せから階層帰属意識との関連を検討すると、本人収入による有意差はなく、ほぼ世帯年収の高低で説明できてしまう。
11) ここでは「経営者、役員」および「常時雇用されている一般従業者」を「常勤」とした。
12) 4時点の就業状況の組合せによっては、当然、もっと多様な類型が作成可能であるが、この層の就業歴はかなりパターン化されているため、この類型によって全体の97％を捕捉することが可能であった。ただし、あくまで上記の4時点の状況のみから作成した分類であり、各時点の間における状況を考慮していない点には注意が必要である。また、この4類型に該当しなかった3％のケースは分析から除外している。
13) 分散分析の多重比較によれば、「常勤」層と「有職」層や「再就職」層との差異、および、「主婦」層と「再就職」層との差異が、それぞれ統計的に有意であった。
14) まず、本人・夫・親それぞれの地位指標のみを用いたモデルにおいて、有意でない変数を取り除き、次に本人と親、本人と夫、それぞれの要因を考慮したモデルにおいて、有意でない変数を除いた。なお、本人の教育年数は、付表7-2に示した最終的なモデル2においては有意ではないが、モデル1においては有意であること、後に見る学歴志向の重回帰分析においては統計的に有意な唯一の変数であることから、重要な検討要因であると判断し、最終的なモデルに含めている。
15) 先に指摘したように、「常勤」層が1割強にすぎない（ここには常勤職から常勤職に転職した者も含まれる）ことからも、最初の職場で働き続けている者が非常に少ないことがわかる。
16) この結果に関連する研究に、パネル調査のデータを用いて、就業経歴と人

生満足度の関連を検討した乾（2013）がある。乾によれば、本章の「再就職」や「有職」に近い「パート型」の職業経歴を持つ者は、他の類型の者に比べて、人生満足度が低いという。乾の分析でも世帯収入などを統制しているので、パート就労型の経歴を持つ者は、家庭の経済状態とは別に、満足度が低くなりがちだということになる。

17) 夫の地位を含まないモデル1とそれらを含むモデル2との比較から、特に「再就職」層による負の効果の一部が夫の地位によるものであったことがわかる。ただし、モデル2の結果からもわかるように、それらを差し引いても、本人の就業経歴自体が一定の効果を持つことは明らかである。

18) 小林（2011）は、非正規雇用層の階層帰属意識が低い理由について詳細に分析を行い、特に女性の場合、「5年後のくらしむき見込み」が負の効果を持つことを指摘している。本章の「再就職」層には非正規雇用が多いとすれば、こうした小林の分析は参考になる。

19) したがって、仮にSSM調査でパーソナルネットワークの情報をたずねていれば、第5章と同様の分析結果、すなわち、キョウダイや夫の親の学歴、および友人・知人の学歴や高学歴志向が、本人の学歴志向に関与することが、示された可能性もある。

20) ちなみに、PNMデータを用いて階層帰属意識の重回帰分析を行い、そこに学歴志向に関する分析で有意な効果を持った、キョウダイや夫の親、および友人・知人の学歴を加えてみたところ、いずれも有意な効果は持たなかった。つまり、PNMデータにおいても、階層帰属意識と学歴志向の規定要因は異なるという分析結果が得られたことになる。このことからも、両者は全く異なるメカニズムによって、規定されていると考えられる。

21) 15歳時くらしむきがどのようであっても、現在の世帯年収が多いほど階層帰属意識は高い（逆に現在の世帯年収がどのようであっても、15歳時くらしむきが良いほど階層帰属意識が高い）という単純かつ明瞭な関連構造が確認された。これは、両者が独立に、階層帰属意識と関連していることを意味する。

22) たとえば、学歴志向の測定に用いたのは、「子どもにはできるだけ高い教育を受けさせるのがよい」という質問への回答である。これは自分の子どもに対する志向性を直接測定したものではなく、むしろ一般的認識や規範意識を測定したものである。ただし、本章の分析は、学歴達成過程にある子どもを持つ世代の女性に限定した分析なので、全サンプルでみた場合より、自分の子どもに対する志向性の要素を強く含んでいるとは期待できるように思われる。

23) ただし、先に引用した盛山（1990）が指摘したように、その「現実」をどのように評価するかには人によって違いがあり、そのために、研究者の考える客観的な職業的地位と回答者の主観的な階層帰属意識にはズレが生じるのである。

終 章

人づきあいと教育格差

1. 教育格差と学歴志向・ネットワーク

議論の展開を振り返る

　教育格差を論じる議論において主に着目されてきたのは、親の社会経済的地位や文化資本がもたらす影響であった。これに対し、本書では、そうした見方だけでは、見落とされてしまう部分、すなわち「かくれた背景」があるのではないか、という発想に基づいて、実証的・理論的な検討を進めてきた。

　まず、前半の第1章から第3章で着目したのは、親だけでなく祖父母やオジオバといった親族がもたらす影響である。分析の結果、親族の学歴が、親の様々な地位指標を考慮しても、子どもの学歴に対して直接的な関連を持つことが明らかにされた。では、なぜ親族の学歴が関連するのだろうか。これに対しては、たとえば祖父母から経済的支援を受けていたり、親族が皆大卒であったり（あるいは逆に大卒が一人もいなかったり）することが関係しているのではないかと想像することができる。つまり、従来の階層論的な研究をふまえるなら、上記の関連は、祖父母やオジオバからの経済的支援や親族内での文化資本の伝達・共有によって生じていると解釈されることになる。また、こうした親族の影響は、母方よりも父方からの方が強いとか長男が優遇されるといった形で、日本の伝統的な家族制度とも結びついているのではないかと予想することもできるだろう。ただし、近年では、夫の親との同居率は低下し、母方親族との親密な交流が広まっているとも指摘されているので、むしろ母方親族による強い影響が見いだされるという予想も成り立ち得る。

こうした見立ては、どれももっともらしく思えるのだが、本書の分析結果は、いずれの見方をも否定するものであった。このことは、根本的な発想の転換が必要なことを意味しているように思われる。そこで、「親族学歴からの直接効果」という実証分析の結果が、必ずしも「親族による直接的な関与」を意味していない可能性を検討することとした。そこで着目したのが、親族の学歴が親の学歴志向を媒介して間接的に影響する側面である。つまり、親族の学歴が子どもに対する親の学歴志向に影響を与え、それが親の具体的な教育行為を方向づけ、結果的に子どもの学歴に対して間接的な影響を及ぼすというプロセスである。

このように、考察の焦点を親の「学歴志向」に移してみると、そこに影響を与えるのは、親族に限られないのではないか、という新たな疑問が生まれてくる。ここでソーシャルネットワーク論の知見を参考にすると、家族や親族だけでなく、友人・知人も含めたパーソナルネットワークが影響を及ぼしているのではないかと考えることができる。

そこで後半の第4章以降では、小中学生の母親を対象とした調査のデータを用いて、非親族も含めたパーソナルネットワークが、学歴志向に与える影響について検討を行った。その結果、1) 母親の学歴志向には、親族や友人・知人の学歴や学歴志向が直接的な関連を持つこと、2) そうした関連は周囲からの規範的制約や彼らの持つ資源の影響を表すというよりも、本人が周囲の学歴や考え方を意図的に参照することで生じている面が大きいことなどが明らかとなった。

これらは、核家族枠組を前提とした従来の研究からは見過ごされがちであったという意味で、「教育格差のかくれた背景」と言ってよいだろう。

学歴志向・階層意識とパーソナルネットワーク

このかくれた背景を理解するには、以下のような3つのポイントがある。

第1のポイントは、学歴志向に対するネットワークの影響は必ずしも直接的ではなく、本人（ego）による判断や選択が介在するということである（図4-1b）。このことは、家族社会学領域での蓄積が多い、サポートネットワークに関する知見と比較するとわかりやすい。サポートネットワークの場合には、

どの地位のいかなる資源を持つ者とつながっているかが直ちに結果に影響する。たとえば、経済的にも時間的にも余裕のある健康な親族（特に子どもの祖母）と親密な関係にある者は、経済的にも人手の面でもサポートを受けやすいというように。これに対し、学歴志向は子どもの将来の学歴に求める傾向であるため、ネットワークメンバーの地位や資源が直接に関与するとは限らない。分析結果から示唆されたのは、ego が参照相手を自らの意思で選択していること、および、選択された相手の地位や考え方が影響を与えている可能性である[1]。

　これと関連して注意すべきなのが、そうした影響の方向性である。周囲の学歴や学歴志向と ego の学歴志向が関連するという結果は、一般に、ego に対する「周囲からの影響」を意味すると考えられがちである。しかしながら、本書の様々な分析から見えてきたのは、ego の側が意図的に周囲の学歴や学歴志向を参照している様子であった。図 6-2 に即して言えば、メンバーの側から ego に向かう内向きの矢印（図 6-2a）ではなく、ego からメンバーの側に向かう外向きの矢印（図 6-2b）で示されるような関連である。

　さらに、以下に述べるような学歴志向自体の性質を理解することが第 3 のポイントになる。この点については階層帰属意識の場合と比較するとわかりやすい。どちらの意識も、本人や周囲の階層的地位の影響を受ける点は共通している。しかし、第 7 章の分析によれば、階層帰属意識に比べて、学歴志向がそれらによって形成される度合いは弱い。階層帰属意識は過去からの「社会経済的地位の軌跡」という「事実」に基づく、「豊かさの自己認識」（盛山 1990）であり、自らの地位に対する認識や満足度という側面が強い。そのため、様々な地位指標の影響を受けやすい。これに対し、学歴志向に影響する地位指標は「自他の学歴」に限られ、過去からの社会経済的地位の軌跡はほとんど関与しない。しかも、学歴志向は、地位の軌跡という「事実」の認識ではなく、子どもの将来に向けた意識である。そのため、子どもの将来への夢や希望を投影する余地が大きい。第 7 章でも述べたように、こうした学歴志向の性格が、戦後の教育拡大を後押ししたと考えると納得がいく。

1.　教育格差と学歴志向・ネットワーク

2. 格差生成メカニズムをめぐって

行為主体としての親子の独立性

　以上のような本書のアプローチは、核家族内に閉じ込められてきた従来の視野を広げることに貢献しているが、それ以外にも次のような理論上の意義がある。それは、教育格差を生み出す「行為主体」に照射するということである。あるいは、各行為主体の役割に目を向けるといってもよい。ここで重要になってくるのが、従来の研究では曖昧に扱われてきた、「行為主体としての親子の独立性」（荒牧 2016）――親と子は互いに影響を及ぼし合いつつも独立した行為主体であること――を前提とすることである。

　これまでにも何度か触れてきたように、教育格差を説明する代表的な理論としては、文化資本やハビトゥスの伝達・継承に着目したブルデューの理論（Bourdieu 1979＝1990 など）、ブリーンとゴールドソープが合理的行為モデルの枠組から提唱した相対的リスク回避仮説（Breen and Goldthorpe 1997）、および「重要な他者」やアスピレーションなどの社会心理学的媒介変数に着目したウィスコンシン・モデル（Sewell et al. 1969；Sewell et al. 2004 など）を挙げることができる。このうち、ウィスコンシン・モデルは、親と子を独立した行為者として設定し、親の社会経済的地位が親の教育期待（「重要な他者」）と子ども自身の教育・職業アスピレーションを経由して、子どもの教育・職業達成につながるプロセスを考察対象としていた。これに対し、他の2つの理論・仮説は、第5章でも触れたように、どちらも行為者としての親と子を明確に分離しておらず、その意味において、教育格差の生まれる過程を曖昧に扱っている面がある[2]。しかしながら、行為主体をどのように設定するかは、教育格差の生成過程を解明する上で、理論的に重要な位置を占めている。

　このことを理解する出発点として、自ら学歴を獲得していく行為主体が、進路を選択する過程にある「子ども」自身であることは前提としてよいだろう。その一方で、「子ども」の教育達成過程には、その親も直接・間接に強く関与していることは多くの先行研究が指摘してきた通りである。もちろん、両者は互いに強く影響を及ぼし合っていると想定されるが、意見の食い違いが生じ得

ることにも表れるように、本来、それぞれが独立した行為主体である。

　ここで、学歴を獲得する主体である子どもの側に立って、「進学格差（子ども自身の進路の違い）」がなぜ生まれるかを検討する場合には、鹿又（2014）の指摘するように、遺伝的な素質も関与した学力差なども視野に入れて、子ども自身の性質や行為に着目することが重要だろう。その観点からすれば、従来の研究は階層の影響にばかり関心を寄せてきた、という鹿又の批判も頷ける。しかしながら、「教育格差（家庭背景に基づく教育達成の違い）」がなぜ生まれるかを問題にする場合には、子どもの属性や行為を方向づける家庭背景として、親の属性や行為に着目することが何より重要になる。

　ところで、一般的な傾向としては、地位が高く資源の豊富な家庭ほど、子どもの学歴は高くなる傾向にあると言えるが、子どもに高学歴を期待するのは、社会的地位が高く経済資本の豊富な家庭の親ばかりではない。上記の通り、学歴志向には、子どもへの夢や希望を投影しやすいという特徴があるため、むしろ自らの地位が低かったからこそ、子どもには高い地位を求めるということもある[3]。あるいは、逆に、豊富な経済的資源を、学歴達成とは別の分野に投資する親もいる。もちろん、これらは極端な事例だが、いかなる地位や資源を保有していたとしても、それを子どもの教育にどのように投入するかは、子どもの学歴達成に対して親が持つ学歴志向に強く依存すると言える。

教育格差の生成メカニズム：「教育的地位志向モデル」再考

　以上のように、行為主体としての親子の独立性を明確に設定することによって、教育格差の生成メカニズムを解明する試みを一歩前進させることができる。これに関連して、筆者は以前、「教育的地位志向モデル」（荒牧 2016）という理論枠組を提示した。ここで「教育的地位志向」とは、本書で「学歴志向」と呼んだ概念にほぼ相当する。「教育的地位」という言葉は聞き慣れないものだが、「社会的地位」や「経済的地位」と同様に、「教育領域における地位」のことを指す。このように耳慣れない言葉をあえて用いたのは、教育達成は、社会的地位や経済的地位よりも、「教育的地位」自体を求める欲求によって牽引されるという認識を明確に強調する目的があったからである。ただし、「教育的地位」とはすなわち「学歴」のことだとも言える[4]。したがって、「学歴志向」と呼

ぶ方が一般にはイメージを喚起しやすいと考え、本書では「学歴志向」という呼称を採用した。

　ちなみに、「教育的地位志向モデル」とは、「教育的地位志向（学歴志向）」自体が、社会経済的なものを含めた様々な「地位」や「資源」と相互に関連しながら親の教育態度を方向づけることで、結果的に子どもの学歴の違いが生み出される、という因果メカニズムをとらえた理論枠組を指す。ちなみに、この理解を裏側から表現すれば、親がどのような職業（社会的地位）や学歴（教育的地位）であったとしても、あるいは、いかなる資源（経済的・文化的資源など）を持っていたとしても、それらの事実自体が、子どもへの養育態度や教育投資行動を直接的に決定するわけではないとも言えるだろう[5]。地位や資源とも関連しながら形成された学歴志向が、親の具体的な教育行為を方向づけることによって、子どもの学歴達成を導くのである。

　ただし、「教育的地位志向モデル」には1つの大きな疑問が残されていた。それは、「教育的地位志向」自体は一体どのように形成されるのか、という問題である。もちろん、上述の通り、本人の地位や資源にも影響を受けると考えられるが、仮にそれらが同等のケースでも異なる志向性を持つことがあるのはなぜなのか、という疑問が残る。

　本書の分析結果は、この問いに1つの解答を与えてくれる。それは、すなわち、パーソナルネットワークがもたらす影響である。分析から明らかになったのは、親族だけでなく、非親族も含めたネットワークメンバーの学歴や学歴志向が高いほど、egoの学歴志向も高まるという結果であった。また、こうした関連は、メンバーからの規範的制約や情報環境から（自動的に）影響を受けることによるというよりも、egoが意図的に参照相手を選択している側面の強いことも示された。

　図終-1は、これらの関連をモデル化したものである。この図も参照しながら、本書で得られた知見のポイントを改めて整理してみたい。なお、ここでは単純化のため、2人のネットワークメンバー（AとB）のみを描いているが、大抵の場合は、もっと多くの者と交際していると考えられる。

　第1のポイントは、egoの学歴志向が、メンバーの持つ地位（特に学歴）や学歴志向を参照しながら形成されることをとらえた点にある（矢印②と③）。も

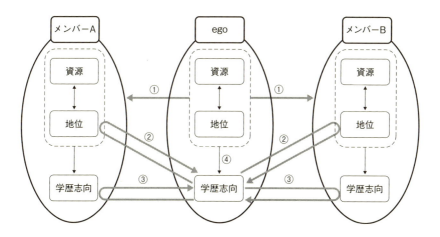

図終-1　ネットワークの影響を考慮した学歴志向モデル

ちろん、ego 自身の地位や資源も学歴志向に影響するのであろうが（矢印④）、分析結果からは、その影響は弱いことが示された。地位や資源は、学歴志向に直接影響するというよりも、どのような者と交際するか（矢印①）を通じて、間接的に関与している面が大きいのだと考えられる。

　第2のポイントは、ネットワーク全体の構造の影響をどうとらえるかである。上図において、複数のネットワークメンバーが、たとえば「親族集団」や「ママ友グループ」などの集団を形成して、ego に規範的な制約を加えることは、もちろん想定できる。ソーシャルネットワークに関する先行研究は、むしろそうした点に焦点をあててきたと言えるだろう（Bott 1955＝2006；Fischer 1975＝1983；野沢 1995 など）。しかし、本書の分析から指摘されたのは、むしろ ego の側が個々のメンバーを個別に参照している様子であった。したがって、たとえば、メンバー A の地位や学歴志向を大いに参考にする一方で、メンバー B のことはあまり参考にしないということが起こり得る。分析結果に即して言えば、B よりも A の学歴が高い場合に、こうしたことが起こりやすい。また、親族の中では、夫の親と自分のキョウダイの学歴のみが有意な効果を持つという結果を得たが、親族の中で両者の間にだけ強い結びつきがあるとは想定しにくいことも、集団的規制より個別の参照が重要だという理解と整合する[6]。

　なお、ネットワークメンバーを参照すると言っても、相手を同一化の対象と

2. 格差生成メカニズムをめぐって

みなすのか、それとも比較対象とみなすのかによって、結果には違いが生まれてくる。階層帰属意識に対するネットワークの効果に関する星（2001）の研究でも、自分より地位の高い相手との同一化だけでなく、彼らとの比較によって自らの地位を低く見積もる可能性が指摘されたのであった。しかし、第5章の分析において、比較作用を示すような複雑な関連性は見出せなかった。主な結果として得られたのは、本人の学歴にかかわらず、周囲に高学歴の者が多いほど学歴志向は高まるというものであった。これは同一化作用を表すと素直に解釈するのが妥当だろう。

　これに加えて、第5章では、高学歴者ほど周囲の高学歴志向の影響を受けやすいという興味深い結果も示された。高学歴者ほど「教育熱心」になりやすいという傾向が観察される1つの背景要因として、こうしたメカニズムが働いている可能性が指摘できる。ただし、既に指摘したように、このことは必ずしも高学歴者の「有利さ」を意味するとは限らない。なぜなら、同じように高学歴であったとしても、周囲に高学歴志向を持つ者が少ない環境では、学歴志向は高まらないことも分析からはわかっているからである。つまり、本人の学歴は、どのような人々と交際するかに関与することで、教育環境を特徴づけているのかもしれないが、それ自体は必ずしも学歴志向の直接的な決定因ではないのである。あくまで周囲の高学歴者や高学歴志向の保持者が触媒のように作用することによって、高学歴者の学歴志向は加熱される（触媒仮説）のだと考えられる。

個人主義でも階級文化論でもなく

　以上の議論からは、「孤立した個人」を前提として階層の影響を考えるような、個人主義的発想の限界が示唆される。従来の階層論は、個々人の持つ地位や資源自体が教育格差を生むことを暗黙の前提としてきたように思われる。しかしながら、ここまでの議論から導かれるのは、個人の地位や資源自体が直接的な影響を持つというよりも、それらがegoの付き合う人々の選択に影響を与え、そのように選択された交際相手の地位や資源や志向性が、あたかも触媒のようにegoの学歴志向に影響を及ぼすことによって子育て環境が特徴づけられる、という迂回的な影響過程である（図終-1）。つまり、直接的に関与す

るのはネットワークメンバーの特性であり、自らの地位や資源は、交際相手や参照相手の選択に寄与することによって、間接的に働く面が重要だということになる。

ただし、注意が必要なのは、すぐ上で指摘したように、ネットワークメンバーが集団を形成して規範的制約を加える働きが強いわけではないということだ。むしろ強調されたのは、ego が個別にネットワークメンバーを選択的に参照している側面であった。

こうした理解を前提に少し視野を広げると、階級文化論や文化的再生産論と呼ばれる理論を巡る議論も考察の射程に入ってくる。たとえば、ウィリスの『ハマータウンの野郎ども』（Willis 1977 = 1985）では、社会のメインストリームに対抗しようとする労働者階級の文化が、子どもたち（野郎ども）に反学校や反学歴の態度を身につけさせるという主張がなされたのであった。ウィリスの研究は、日本の教育社会学界にも大きなインパクトを与え、様々な議論を呼び起こした。その詳細は、小内（1995）や大前ほか（2015）によるレビューなどに譲るが、当初は日英の文化の相違という認識に基づいた批判的な評価が中心であった。ところが、近年では、支配的な文化とは異なる下位文化が日本社会にも存在すると主張する研究が増えているという[7]。

ただし、注意が必要なのは、こうしたフィールドワークに基づく質的研究は、まさにそうした「文化」にどっぷりつかった人々を対象に行われる傾向にあるということである。そのフィールドに入って観察を続ける限り、彼らの「文化」は確かなリアリティを持って現れてくるものだろう[8]。しかし、こうした理解は、まさに彼ら独自の「文化」が存在しているというリアリティの感じられる観察対象にのみ適合するのであって、ウィリスの研究における「耳穴っ子」[9]のように、同じ階級や集団のメンバーでありながら、その文化を共有しない者について説明することは難しい。そのため、階級文化論のように、「ある集団の文化」を前提とした説明は、仮にそうした意図を持っていなかったとしても、階級文化決定論に陥ってしまう危険性があると批判されることになる[10]。

もちろん、限られた範囲であれ、「文化」と呼べるような一連の「行為」が観察されるということは、同じような社会条件や生活条件の者たち——すなわ

ち、「階級」あるいは「社会空間」上の位置づけが同様の者たち——に共有されやすい「行為」が存在することを意味している。しかし、それはあくまで、そうした状況への「適応的な行為」あるいは「ストラテジー」（知念 2012）の一種に過ぎないのであって、それ以外の適応的な行為も存在し得るものだろう。にもかかわらず、「階級文化」あるいは「彼らの文化」と称してしまうと、そうした集団のメンバーに共有された「固有の（固定化された・不変の）文化」の存在を前提としているように受け取られやすい。そうした誤解を避けるためには、「ある階級や集団の文化」という概念から出発しないことが重要だろう。

　ところで、学歴達成を目指す支配的な文化とは異なる下位文化について論じた上述のような研究が、学歴や地位の達成過程にありながらそれを目指さない「若者」自身を対象としていた点には注意が必要である。と言うのも、本書が主に着目してきたのは、「小中学生」の「親」の側だからである。つまり、行為主体として「親」と「子」のいずれに着目するかという面でも、想定している「子どもの年齢層」の面でも違いがある[11]。当然のことながら、「子ども」の年齢が高くなるほど、特に（場合によっては既に成人した）「若者」の場合にはなおさら、親の学歴志向よりも、「子ども」自身の価値志向や行為のウェイトが大きくなってくる。

　階級文化に関わる理論としては、社会の上位層が文化資本やハビトゥスに基づいて再生産を行う過程にウェイトを置いたブルデューの議論にも触れておくべきだろう。それは、世代間の再生産が、親の社会空間上の位置づけと保有する資本の働き（それが子どもに伝達・継承されること）によって生まれること、別の言い方をすれば、資本の総量と資本構成（経済資本 vs 文化資本）という形で多元的にとらえられた社会構造（社会空間）上の位置によって、親子のハビトゥスと行為が方向づけられることを強調した議論になる。しかしながら、実際には、たとえ社会空間上の位置づけが同じでも、異なる意識を持つケースが存在し得るはずである。そうした多様性を生み出す根拠の1つとして、本書で着目したのがパーソナルネットワークの影響であった。また、第7章で検討した、階層帰属意識と学歴志向の比較からもわかる通り、対象とする意識によって階層や階級の作用は異なるため、どんな意識も社会空間上の位置によって一様に方向づけられると想定することはできない。

もちろん、ブルデューが問題としたような社会構造的観点が重要であることは間違いない。とりわけ、格差や不平等の状況を把握し、そこに差別的な構造を再生産する様々な仕掛けが隠されていることを明るみに出すためには、そうした観点が有効だろう。しかしながら、階級文化や階級構造による決定論を回避しつつ、格差の生まれる過程やメカニズムを理解するには、構造と行為をつなぐ現実のプロセス——本書で扱ってきたような「かくれた背景（親の学歴志向に対するネットワークの影響）」の働きはその一端を担っている——についても理解を深めることが有益だと考えられる。しかも、そのことは、特に日本社会の場合に重要になってくると思われる。その一因は、第3章でも指摘したように、階級文化やそれが選抜システムに与える影響が国によって異なることにある。つまり、相対的に階級文化が明確であり、しかもそれが結果に反映されやすい面接や小論文による選抜を重視したフランスでは、ブルデューの指摘したハビトゥスや身体化された文化資本が選抜結果に重大な影響を及ぼしやすい。ところが、日本の場合は、そもそも知識やスキルの習得に関して家庭背景による文化的な差異の働く余地が相対的に小さく、しかも、断片的な知識の記憶に重点をおいたペーパーテストが選抜の中心を担ってきた。そのため、家庭背景の差異は、保有する知識自体の階級性よりも、勉強に取り組む意識や態度の差異化においてより重要な役割を果たしていると考えられる。そうした意識や態度を方向づける中核にあるのが学歴志向なのである。しかも、学歴志向は、ハビトゥスや文化資本のように長い時間をかけて親から相続されるというよりも、ネットワークメンバーの地位や考え方にも影響を受ける、より可変的なものなのである。

ネットワークに着目する意義
　上記の議論に関連して、第4章で紹介したボット（Bott 1955 = 2006）は、「階級」の特徴と見えるものが、実はネットワークの影響をとらえたものである可能性に言及している。もちろん、夫婦の役割分離度をテーマにしたボットの研究成果を、学校や勉強に対する態度の説明にそのまま当てはめるのは無理がある。しかし、観察された行為の背景を、ある階級やある社会的地位を持つ者たちに固有の状況から自然発生的に導かれる「文化」と考えるのではなく、それ

ぞれの持つネットワークが影響している可能性にも目を向けることは、有益であるように思える。

　ただし、ネットワークのどの特性に着目すべきかには議論の余地がある。ボットの研究は、ネットワークの「構造特性（結合度＝密度）」が重要だと主張したが、再生産や教育格差の文脈では、ネットワークの異なる特性が関与するのかもしれない[12]。本書の分析から示されたのは、ネットワーク内にいる者たちの学歴や学歴志向が及ぼす影響であった。といっても、それがネットワークの同質性といったような、ネットワークの一般的な構造特性の重要性を意味すると理解するのは誤りである。分析結果から示されたのは、同質性という一般的な特徴ではなく、あくまで高学歴者の存在（特に誰の学歴が高いか）であった。ただし、この知見は、学歴志向の形成以外の場面にも同様に当てはまるかどうかはわからない。恐らく現在は、まだ、ネットワークとの関連を解明したい個々の目的変数に対して、ネットワークのいかなる特徴がどのように関連するのかについて、地道に実証研究を積み重ねていくべき段階なのだろう。密度や同質性といったネットワークの一般的な構造特性に関連づけて議論するには、まだまだ材料が足りないのではないかと思われる。

　話を教育格差に戻すと、現在のわれわれに求められているのは、子どもの両親の持つ地位や資源の効果を個人主義的に追究するだけでなく、かといって階級文化や集団的特性という前提から出発するのでもなく、研究対象（ego）の持つパーソナルネットワークが及ぼし得る様々な影響について、地道な実証研究の知見を積み重ねていくことではないかと考えられる。

3.「かくれた背景」に着目する意義と課題

　本書のような研究から言えることは、本来、以上に述べたような範囲に留まる。しかしながら、読者の中には、これでは物足りないと感じる方も少なくないのではないかと思われる。そこで、この節では、「かくれた背景」に着目することが、どのような意義を持ち得るのかについて、少し広い視野から論じてみたいと思うが、筆者の独断や誤解も含まれる可能性のあることをご了承願いたい。

学歴志向からの展開

　まず考えられるのが、本書で着目した学歴志向とは異なる意識についても、本書の知見が適用できる可能性である。第7章では、階層帰属意識との比較から、学歴志向の特徴として、子どもの将来へ向けた意識であるため夢や希望が投影されやすいという点を指摘した。この背景には、子育て役割に対する責任を一人で担わなければならない状況の中で、子どもの成果によって親自身が評価される現状も関連していると思われる。これらの条件は、学歴志向だけでなく、子育ての中核となる他の意識や態度にも共通するだろう。

　そのような意識に着目した研究は様々に考えられるが、ここでは教育社会学の立場から実施された研究の代表例として、本田（2008）に触れておきたい。本田は、ブルデューらの理論に触発された欧米の諸研究を中心に、「家庭教育」に関する様々な角度からのレビューをふまえた上で、量的・質的調査を行っている。それらの分析の結果から導き出されたのが、勉強や生活習慣を子どもに厳格に求める「きっちり」した子育てと、子どもの遊びや体験、希望や意見の表明を重視する「のびのび」した子育てという2つの重要な子育て態度であった[13]。さらに、本書の射程を遙かに超える多様な分析を行った結果、「きっちり」した子育てが社会階層的な背景と関連しながら、学業成績・学歴・正規就業・収入とも関連すること、その一方で、「のびのび」と育てられた者の方が、コミュニケーション能力や生活満足度が高く、無業になりにくいことに加え、ポジティブな考え方や母親に対する好感情を持ちやすいこと等を明らかにしている。

　このように本田（2008）は興味深い知見を多数報告しているが、他の研究と同様、調査対象となった母親たちは、あくまで社会構造上の特定の位置を占める「独立した個人」[14]として扱われており、どのようなネットワークを保有しているかや、その影響については検討されていない。仮にこれらの意識についても、本書と同様の調査・研究を行えば、祖父母やオジオバといった親族、あるいは友人・知人の影響が見出される可能性は大いに考えられるし、そうした関連が、図終-1に示したような枠組によって理解できる——すなわち、それらの意識もegoが周囲の地位や考え方を参照しながら形成している——可能性もあるのではないかと考えられる[15]。

格差の是正とネットワーク

　パーソナルネットワークに着目することは、上記のように格差の背景を知るためだけでなく、格差の是正策を検討する際にも有益だと考えられる。本書の知見をふまえるならば、個人主義的な観点から各家庭の状況をとらえるだけでなく、ネットワークも含めた個々の状況について把握することによって、適切な是正策を提供できると期待されるからだ。

　もちろん、非常に困窮度の高い家庭に対しては、悠長なことを言っている余裕はなく、直接的な支援策を早急に講じることが必要だろう。とはいえ、仮に経済的な困窮度が同じ場合でも、その他の面では置かれている状況が異なる可能性は高い。したがって、親族や友人・知人など周囲の支援状況も勘案して、それぞれが必要としている支援を行うことが重要になってくる。

　ネットワークがもたらすニーズの多様性について少し具体的に考えてみよう。近年では、ひとり親家庭の問題が注目を集めているが、母子家庭と父子家庭の違いはもとより、同じ母子家庭の中でも（もちろん父子家庭の場合も）、個別の状況によって必要な対応策は大きく異なることが予想される。たとえば、親自身も母子家庭の出身で、自分の母親（子どもの祖母）の面倒もみなければならないケースと、親自身は恵まれた家庭の出身であり、自分の親（子どもの祖父母）の用意してくれた住居に住み、経済的な支援も受け、子どもの面倒もみてもらえる場合とでは、ニーズが大きく異なるだろう。たとえば、前者では人手や経済面での支援が、後者では情緒面での支援が、より求められているといったことが予想できる。さらに、キョウダイや友人・知人からどのような支援が得られるかも考慮すれば、必要とする支援の状況はより多様であり得る。

「育児」支援を超えて

　第6章でも論じたように、子育てへの支援と言うと、これまでは「育児期」における特に人手の支援という観点から論じられがちであった。もちろん、その面での支援が重要であることは間違いない。とりわけ、外部社会との境界が明確になっている現代において、性別役割分業の根強く残る日本社会では、コーディネイターとしての母親が孤立して子育てを担っているケースが多いため、様々な角度からの育児支援の充実は切実に求められている[16]。公的機関に対

して、病児保育や相談相手、経済的支援など様々な面でより一層の支援が求められていたこと（図6-6）も、そのことを表していると言えるだろう。

　しかしながら、第6章の分析では、人手のサポートがあまり必要でなくなった「ポスト育児期」においても、非親族の相談相手が強く求められていることも明らかになった。このことは、学歴志向の形成において、周囲の人々を参照する行為とも関連している。なぜなら、孤立して子育てを担っている母親たちが、様々な側面において頼れる相手を参照して、子育て環境をコーディネイトする行為の一環として、学歴志向の形成も行われていると考えられるからである。このように、「孤立した母親が周囲を参照しながら子育て環境をコーディネイトしている」という状況を念頭に置いて考えることは、教育格差に限らず、現代の様々な「教育問題」を考える際にも有益であるように思える。

　ここで重要になってくるのが、孤立して子育ての責任を負うという状況が、「不安」という心理状態と結びつきやすいことである。育児不安について先導的な研究を行ってきた牧野（1982, 1987, 1988など）によれば、育児不安とは「子の現状や将来あるいは育児のやり方や結果に対する漠然とした恐れを含む情緒の状態」を指す。牧野によれば、不安の強い母親は、夫の協力が得られなかったり、社会的な人間関係をあまり持っていなかったりする傾向にある。また、育児ノイローゼや子殺し、母子心中の背景にも、母親の孤立があると指摘されている（佐藤 1977）。言い換えるなら、本書で指摘してきたようなネットワークが豊富な者ほど、不安感を持ちにくいということになるだろう[17]。

　ここで、教育格差の問題を少し違った角度からとらえると、「受験競争の過熱」という別の「教育問題」が浮かび上がってくる。子どもが幼い頃からの受験準備に代表される早期教育については、一般に、恵まれた家庭が「有利」に事を運ぶ教育投資行為という面からとらえられがちである。富と選好によるペアレントクラシーという議論は、そうした見方の代表例と言えるだろう。しかし、早期の受験には、自由な子どもらしい遊びを犠牲にした、幼い頃からの長期間・長時間にわたる準備が必要である上、失敗のリスクもある。また、そうした家庭では、親密な母子関係が損なわれる危険もあることは、「受験戦争」が社会問題化した1970年代から既に指摘されていた（二関 1971など）。それが現代でもあてはまることは、先の本田（2008）でも触れられていた通りである。

もちろん、早期受験に取り組む家庭の中には、こうした負の側面も十分に理解した上で、合理的な判断に基づいて実施している例もあるだろう。しかし、他方では、そうした冷静な合理的判断に基づく教育投資行為とは言い難いケースもあるように思われる。後者の場合には、孤立による不安を抱えた親が、競争的なネットワークに蔓延する高学歴志向を過剰に意識することで、半ば強迫的に巻き込まれている面もあるのではないだろうか。受験に熱心な母親達には、子育てに関する悩みや不安が多いという指摘は、やはり1970年代から既になされていたのであった（二関 1970；田村 1980 など）。

　これに関連して、筆者が以前に行った研究において、子どもが幼いうちから高学歴の達成を目指し、塾や家庭教師を活用した長期間・長時間の学習準備によって中学受験に向かわせる母親たちは、公立学校に対する強い不信感を持つ傾向にあることが明らかになっている（荒牧 2009）。こうした「不信感」は、もちろん、公立学校に対する冷静な状況判断から導かれる場合もあるだろう。しかし、必ずしも明確な根拠に基づく判断としてではなく、子どもの教育や将来の地位達成に対する漠然とした「不安感」が、公立学校に対する「不信感」として表明されている例もあるのではないかと思われる。

　虐待や不登校など、今日の様々な「教育問題」も、コーディネイターとしての母親たちが孤立して子育てを行っている中から生み出されているとすると、「孤立」や「不安」について研究を進めながら、その解消法を検討することが極めて重要な課題となってくるように思われる。

孤立による不安と協力的ネットワーク

　ここで「孤立」といった時に注意が必要なのは、必ずしも全く交流がないという意味で物理的に「孤立」した状態のみが問題なのではないということである。幼稚園の保護者を対象とした調査から、ネットワークの機能の多様性について検討した二見（2019）は、「比較ネットワーク（子育てについて相手と比較するようなつながり）」の規模が大きい者ほど、育児不安が強く「完璧な母親（パーフェクトマザー）」（広田 1999）を目指す傾向にあることを明らかにしている。つまり、仮につながりがあったとしても、それが相手と競争的な関係にあるようなネットワークの場合には、むしろ不安感を強めてしまう危険性もある

のだ。中学生の母親を対象に不安の背景を分析した牧野（1984）の指摘もふまえると、同様のことは、「ポスト育児期」の子育てにおいても、あてはまるのではないかと予想できる[18]。現代の様々な教育問題の背景に、子どもの教育や子育てに対する「不安」が存在することは先の本田（2008）も指摘している。こうした見方が仮に正しいとすると、必要なのは単につながりを増やして物理的な孤立を解消するような支援ではなく、安心して子育てのできるような人的環境、言わば「協力的なネットワーク」に囲まれた子育てを可能にするような社会的な条件整備を進めることではないかと考えられる。

なお、孤立した子育てと聞くと、そうした状況は都市部ほど強いのではないかと予想されるかもしれない。ところが、地方都市における育児ネットワークについて調査を行った前田（2008）の研究をふまえると、必ずしもそうとは言えないようである。前田によれば、地方都市では、確かに、育児仲間だけでなく幼なじみや学生時代の友人なども含めた重層的なネットワークが構築されるという意味で豊かなネットワークに恵まれやすい傾向にある。ところが、それらは比較的狭い地域内に集積しているため、ストレスも感じやすいという。つまり、仮に物理的なネットワークが豊富であったとしても、それらが競争的であったり、地方にありがちな相互監視型であったりする場合には、かえって不安やストレスを強めてしまう危険性もあるのだ。

以上をふまえると、居住地域にかかわらず、どのような家庭でも、協力的なネットワークに囲まれて子育てのできるような社会的な条件を整備することが求められていると言えるだろう。その具体的な姿をここで述べることは、残念ながら本書の範囲を超えているが、「親が子どもの育児システムあるいは育児ネットワークを適切にコーディネイトすることを可能にする育児関連の社会的な諸主体（機関）を、核家族の外部に用意することが不可欠」だという渡辺（1994：77）の指摘は参考になると思われる。

4. 本書の限界と今後の課題

教育格差は親自身の階層的属性によって生み出されるというのが、従来の基本的な見方であった。もちろん、親の社会経済的な地位や文化的背景と子ども

の教育達成に関連があること自体は、ここで改めて確認するまでもなく、間違いのないことである。しかしながら、本書では、そうした見方に留まっていると見過ごされてしまう背景があることに着目して、理論的・実証的な検討を行ってきた。その結果、祖父母やオジオバなどの親族の影響や、非親族も含めたパーソナルネットワークの学歴や学歴志向が、親の学歴志向を媒介して、教育格差に関与していることが明らかとなった。こうした「かくれた背景」に照射するという意味では、一定の貢献ができたのではないかと考えている。

　しかしながら、その一方で、本書には非常に多くの限界があることも認めなければならない。まず、指摘すべきなのは、調査によって明らかになったことは、「注目した諸指標の間に、従来は見過ごされてきた関連がある」という実証的知見に過ぎないということだ。つまり、これらに基づいて展開してきた議論は、特に因果的な影響のプロセスに関するそれは、様々な仮定に基づく、あり得る解釈の1つに過ぎない。もちろん、本書では、従来の「常識」──世間に流布するものであれ、筆者自身も含めた研究者に共有されたものであれ──にとらわれずに、データが示す分析結果を率直に理解するよう努めたつもりではある。しかし、そこには、筆者の知識や理解度の不足、あるいは無自覚の偏見などに起因する、誤解や誤り、偏りなども含まれているのではないかと思われる。

　もう1つの大きな限界は、分析に用いた調査データに起因するものである。本書では、NFRJやESSM、SSMなど多くの社会学者が協力して実施した全国規模の調査データも用いているが、パーソナルネットワークの分析に用いたPNM調査は、特定の地域で行われた小規模の調査に過ぎない。したがって、特に第5章や第6章の分析結果をどこまで一般化できるのかについては、別の地域で実施された調査による検討を待たなければならない。特に注意が必要なのは、PNM調査の行われた大都市部と、地方都市や農村地域などでは、人づきあいのあり方が大きく異なり、パーソナルネットワークの及ぼす影響も異なることが予想される点である[19]。

　このこととも関連する3つめの限界は、研究枠組や研究の射程に関するものである。すぐ上で述べた通り、地域による違いの検討は、本研究に残された大きな課題の1つである。また、後半の分析では、現在の日本の子育て状況に基

づき、孤立したコーディネイターとしての母親の学歴志向に焦点をあてて議論を進めてきたが、父親の学歴志向や父親の役割を全く扱っていないという大きな限界がある。直接的な子育てに関しては、現状では、母親が主な役割を担うケースが多いとはいえ、父親の学歴志向やそれに基づく行為がどのような影響を及ぼすのかについても検討が必要なことは言うまでもない。また、本書では、教育格差を生み出す背景に照射することを目的としていたため、親の行為に着目してきたが、それが子どもの教育達成にどのように影響を及ぼしているのかを理解するためには、親とは別の行為主体である「子ども」自身の行為にも着目すべきだと言える。

最後にもう1つ、理論的な観点からの課題として、近年、注目を集めているソーシャルキャピタル論との関連についても議論を進めることが求められるだろう。特に、前節で指摘した、協力的なネットワークの構築という指摘は、ソーシャルキャピタル論の議論と大きく関わってくると思われる。

このように、様々な課題が残されてはいるものの、従来の核家族に閉じられた枠組から展開して、親のパーソナルネットワークと、それが学歴志向に与える影響に着目する意義を指摘したことは本書の成果だと考えている。不十分ながらも、議論の材料を提供したことによって、あるいは、PNM調査のように非親族も含めたパーソナルネットワークの影響も検討できる設計の調査データを収集する意義が共有されることによって、教育格差のかくれた背景に関する研究を進める1つのきっかけになれば幸いである[20]。

注
1) ただし、データの限界から、「意図的に参照しようとする相手の学歴や学歴志向ほど強く関与する」か否かは確かめられていない。
2) ただし、ブリーンら (Breen and Goldthorpe 1997) が意図的に親子を一体として扱っている一方で、ブルデュー (Bourdieu 1979 = 1990 など) では、親子間で文化資本やハビトゥスなどが半ば無意識のうちに伝達継承されると想定されているという違いがある。行為主体としての親子の独立性に関する議論の詳細は、荒牧 (2016) の 134〜136 頁および 232〜236 頁を参照されたい。
3) たとえば、高度経済成長期の農家を対象とした伊藤 (1963) の研究では、雨漏りのする畳のない家に住む貧農の主人が、可能な限り6人の子ども全員

を高校へ進学させたいと答えた例に象徴されるように、それぞれの家庭において、生活費を切り詰めながら、子どもの進学を願う親の様子が紹介されている。あるいは、親が子どもに期待する学歴が常に親世代の学歴分布はもより、現実の達成率をも上回ってきた（荒牧 2000）という事実にも、そうした意識が現れているように思われる。
4) ただし、「学歴」には様々な意味が込められている可能性があるため、このように「わかりやすい」表現を用いることには危険性もある。
5) もちろん、お金が足りないから進学できないという場合のように、資源の不足が子どもの学歴達成を直接に制約することもある。ただし、この場合でさえも、（先の注に紹介した貧農の主人のように）生活費を切り詰めて、あくまで子どもの進学を後押しするのか、それとも別の選択を行うのかは、親の学歴志向に依存すると言える。
6) ただし、特に夫親の学歴がなぜ強い関連を持つのかについては、第5章でも指摘したように、教育態度の決定における権力のジェンダー差なども考慮に入れながら、改めて検討する必要がある。なお、その面に関しては、親族集団における規範的制約が関与している可能性もある。
7) 大前ほか（2015）によれば、2000年代までは日本社会にはあてはまらないという理解が主流であったのに対し、それ以降では、独自の下位文化を持つ者たちが日本にも存在するという報告が増えているという。ウィリスの主張したような反学校的な文化とは異なるが、学歴・地位達成を目指さない「文化」が見い出されている（新谷 2002；西田 2005, 2010；知念 2012 など）。
8) 筆者自身も、学生時代の数年間にわたって、調査の補助や学習支援活動などのため、そうしたフィールドに定期的に出入りしていたが、そこでは、自分の周囲とは異なる生活習慣や価値観、行動様式（すなわち「文化」と呼びうるもの）を、肌で感じていた。
9) 「野郎ども」とは異なり、学校の規範や教師に従順な生徒たちに対して、「野郎ども」が蔑称として用いた呼称。耳は、相手の言葉を聞くだけの受動的な器官であるため、従順さを象徴する意味も込められているという。
10) ただし、小内（1995）が指摘したように、ウィリス自身は、後年、こうした決定論的な説明を回避する議論を行っている。また、先に紹介したような、近年の日本における下位文化を論じた研究（新谷 2002；西田 2005, 2010；知念 2012 など）は、ある階級や階層に共有された文化を主張するというよりも、ある文化を共有する集団の存在や特徴を描き出したものである。したがって、階級などの集団を前提とした文化論ではなく、ここでの批判には当たらない。ただし、「文化」という概念自体が、それを共有する集団の存在を前提とすることで成り立つものであるため、「集団」が特定されてしまうと、決定論的な性格が強くなってしまう点には注意が必要である。
11) ただし、ウィリスの対象とした「野郎ども」が在籍する「新制中等学校

（セカンダリー・モダン・スクール）」は、11〜16 歳の子どもが通う学校になるため、日本の小中学生にあたる年代の子どもも、調査対象に含まれている。一方、日本の事例は、概ね高校生から 20 代前半の若者を対象としている。なお、日本における例外的な研究例には、西田（1991）等による、小中学生の親も対象とした調査研究がある。そこでは、「競争社会」へ巻き込まれる度合いが階層的位置によって異なること、具体的には、高階層では制約条件があっても学歴志向が高く、低階層では好条件でも学歴志向が低いという全体的傾向が認められること、ただし、高階層の非進学期待層や低階層の進学期待層では、各層の典型ケースから大幅に逸脱した教育意識を持ちやすいこと、などの興味深い結果が報告されている。本書の結果にしたがえば、こうしたヴァリエーションの背景には、パーソナルネットワークの違いがあるのではないかと予想できる。

12) 第 5 章でも指摘したように、そもそもボット（Bott 1955 = 2006）の研究においても、重要なのは構造特性ではなかったのかもしれない。改めて調査資料を読み直すと、ego 自身や配偶者の居住の安定性（同じ地域に住み続けている程度）、地域コミュニティ自体の人口の流動性、およびそれらがもたらす人間関係の安定性が重要なのではないかと思えてくる。夫婦の外に安定的な人間関係があれば、あるいはサポートを促進するようなコミュニティであれば、家庭外から様々なサポートが得られるとともに、規範的な制約も働くというわけである。

13) ただし、2 つの子育て態度は必ずしも相反するわけではなく、両者には一定の相関があるという。つまり、2 つの傾向をともに備えた親もいれば、どちらの傾向も弱い親も存在し得ることになる。

14) 社会構造上の位置づけは、個人の背景として考慮されているものの、それぞれが持つ人間関係（パーソナルネットワーク）の影響は考察の範囲外にあるという意味で、「社会的な文脈から独立した個人」として扱われている。

15) ネットワークの影響にも着目すべきことは、本田（2008）自身も、今後の課題の 1 つに挙げている。

16) その一例として、第 2 次調査でたずねた「支援してもらいたかったこと」や「子育てにおいて特に苦労したこと」の自由記述による回答を巻末の付録 2 に掲載したので、興味のある方はそちらを参照してもらいたい（他にも「子育てで上手く行っていること」「どんな大人になってもらいたいか」などの回答も載せている）。

17) ただし、後述の二見（2019）の研究からもわかる通り、単純に物理的なつながりがあれば不安が解消されるわけではなく、真に相談相手となるような関係であることが重要になる。

18) 乳幼児の母親の場合（牧野 1983 など）ほどではないが、子どもが中学生の場合でも、パーソナルネットワークが豊かなほど、あるいは夫によるサポ

ートが得られるほど、不安の少ないことが報告されている。
19) ただし、第6章の注19でも紹介したように、近年では、大都市部と地方都市におけるネットワークの有り様は、特に地方都市における親族関係の弱まりや、情報通信機器の発達によって、類似性が高まっているという指摘もある（石黒 2018）。
20) 第1章でも指摘したように、マートン（Merton 1957 = 1961）は、理論的な関心が、適切なデータに恵まれた領域の方向へ移る傾向のことを、「理論的焦点の転換」と呼んだ。本書の結果をふまえれば、非親族も含めたパーソナルネットワークのデータが充実することで、その方向に理論的な関心が転換していくことは、重要な意義を持つと考えられる。特に、従来通りの「家族」の形が崩れ、その意味で子どもの育つ環境の多様化が進んでいることを考慮するなら、その妥当性は今後さらに高まっていくだろう。むしろ、家族や子育てを巡るこうした社会状況の変化をふまえるならば、従来通りの核家族枠組に留まり続けることの妥当性が揺らいでいるとさえ言えるように思われる。

引用文献

阿部彩, 2008,『子どもの貧困：日本の不公平を考える』岩波書店.
赤枝尚樹, 2015,『現代日本における都市メカニズム』ミネルヴァ書房.
赤川学, 2000,「女性の階層的地位はどのように決まるか？」盛山和夫編『日本の階層システム4：ジェンダー・市場・家族』東京大学出版会: 47-63.
赤澤淳子・水上喜美子・小林大祐, 2009,「家族システム内のコミュニケーションと家族構成員の主観的幸福感――家族形態及び地域別検討」『仁愛大学研究紀要 人間学部篇』8: 1-12.
荒牧草平, 2000,「教育機会の格差は縮小したか：教育環境の変化と出身階層間格差」近藤博之編『日本の階層システム3 戦後日本の教育社会』東京大学出版会: 15-35.
荒牧草平, 2009,「教育熱心の過剰と学校不信」『学校教育に対する保護者の意識調査 2008報告書』Benesse教育研究開発センター: 94-105.
荒牧草平, 2010,「『教育達成』を読み解く」塩原良和・竹ノ下弘久編著『社会学入門』弘文堂: 51-65.
荒牧草平, 2011,「学歴の家族・親族間相関に関する基礎的研究：祖父母・オジオバ学歴の効果とその変動」稲葉昭英・保田時男（編）『第3回家族についての全国調査（NFRJ08）第2次報告書 第4巻: 階層・ネットワーク』日本家族社会学会全国家族調査委員会: 45-60.
荒牧草平, 2012,「孫の教育達成に対する祖父母学歴の効果：父方母方の別と孫の性別・出生順位に着目して」『家族社会学研究』24(1): 84-94.
荒牧草平, 2013,「教育達成に対する『家族』効果の再検討：祖父母・オジオバと家族制度に着目して」『季刊 家計経済研究』97: 33-41.
荒牧草平, 2015,「子どもの教育達成に対するオジオバ学歴の影響：親の高学歴志向を形成する背景としての機能」中村高康編著『全国無作為抽出による「教育体験と社会階層の関連性」に関する実証的研究』科学研究費補助金研究成果報告書: 40-54.
荒牧草平, 2016,『学歴の階層差はなぜ生まれるか』勁草書房.
荒牧草平, 2017,「社会意識の形成に対するパーソナルネットワークの影響に関する検討課題：子どもに対する親の教育期待に着目して」『日本女子大学紀要 人間社会学部』27: 23-37.
荒牧草平, 2018a,「母親の高学歴志向の形成に対するパーソナルネットワークの影響：家族内外のネットワークに着目して」『家族社会学研究』30(1): 85-97.
荒牧草平, 2018b,「母親の人づきあいと教育態度：家族内外のパーソナルネットワー

クに着目して」『日本女子大学紀要 人間社会学部』28: 35-45.
荒牧草平,2019,「子育て環境に関する母親のパーソナルネットワークの機能:サポート資源と準拠枠」『日本女子大学紀要 人間社会学部』29: 17-30.
荒牧草平・平沢和司,2016,「教育達成に対する家族構造の効果:「世代間伝達」と「世代内配分」に着目して」稲葉昭英・保田時男・田渕六郎・田中重人編『日本の家族 1999-2009:全国家族調査[NFRJ]による計量社会学』東京大学出版会: 93-112.
新谷周平,2002,「ストリートダンスからフリーターへ:進路選択のプロセスと下位文化の影響力」『教育社会学研究』71: 151-170.
Benesse 教育研究開発センター・朝日新聞社,2013,『学校教育に対する保護者の意識調査』Benesse 教育研究開発センター.
Bott, Elizabeth, 1955, "Urban Families: Conjugal Roles and Social Networks," Human Relations, 8: 345-384 (= 2006, 野沢慎司訳「都市の家族:夫婦役割と社会的ネットワーク」野沢慎司監訳『リーディングス・ネットワーク論』勁草書房: 35-91).
Bourdieu, Pierre, 1979, *La Distinction: Critique sociale du Jugement*, Minuit. (= 1990, 石井洋二郎訳『ディスタンクシオン:社会的判断力批判 Ⅰ・Ⅱ』藤原書店).
Bourdieu, Pierre, 1989, *La Noblesse d'État: Grandes Écoles et Esprit de Corps*, Les Éditions de Minuit (= 2012, 立花英裕訳『国家貴族:エリート教育と支配階級の再生産 Ⅰ・Ⅱ』藤原書店).
Breen, Richard, 2018, "Some Methodological Problems in the Study of Multigenerational Mobility," *European Sociological Review* 34(6): 603-611.
Breen, Richard and John H. Goldthorpe, 1997, "Explaining Educational Differentials: Towards a Formal Rational Action Theory," *Rationality and Society*, 9(3): 275-305.
知念渉,2012,「〈ヤンチャな子ら〉の学校経験:学校文化への異化と同化のジレンマのなかで」『教育社会学研究』91: 73-94.
大日義晴・菅野剛,2016,「ネットワークの構造とその変化:「家族的関係」への依存の高まりとその意味」稲葉昭英・保田時男・田渕六郎・田中重人編『日本の家族 1999-2009:全国家族調査[NFRJ]による計量社会学』東京大学出版会.
Deindl, Christian and Nicole Tieben, 2012, "Cultural and Material Resources of Parents and Grandparents: Effects on educational outcomes across three generations in 11 EU countries," *Poster Presented at Panel Study of Income Dynamics Conference: Inequality across Multiple Generations*, University of Michigan, Survey Research Center, (September 13-14).
Deindl, Christian and Nicole Tieben, 2016, "Cultural and Material Resources of Parents and Grandparents and the Educational Outcomes of Grandchildren in Europe," *MEA Discussion Papers*, Munich Center for the Economics of

Aging: 1-29.
Eisenberg, Ann R., 1988, "Grandchildren's Perspectives on Relationships with Grandparents: The Influence of Gender Across Generations," *Sex Roles*, 19 (3): 205-217.
Erola, Jani and Pasi Moisio, 2007, "Social Mobility over Three Generations in Finland, 1950-2000," *European Sociological Review*, 23(2): 169-183.
Ferguson, Jason L. and Douglas D. Ready, 2011, "Expanding Notions of Social Reproduction: Grandparents' Educational Attainment and Grandchildren's Cognitive Skills," *Early Childhood Research Quarterly*, 26(2): 216-226.
Fischer, Claude S., 1975, "Toward a Subcultural Theory of Urbanism," *American Journal of Sociology*, 80(6): 1319-1341 (= 1983,「アーバニズムの下位文化理論に向けて」奥田道大・広田康生編訳『都市の社会理論のために』多賀出版: 50-94).
藤原翔, 2009,「現代高校生と母親の教育期待：相互依存モデルを用いた親子同時分析」『理論と方法』24(2): 283-299.
二見雪奈, 2019,『育児ネットワークと母親の育児不安：理想の母親像に着目して』日本女子大学人間社会学部教育学科卒業論文.
Hällsten, Martin, 2014, "Inequality across three and four generations in Egalitarian Sweden: 1st and 2nd cousin correlations in socio-economic outcomes," *Research in Social Stratification and Mobility* 35: 19-33.
Hamilton, Hayley A., 2005, "Extended Families and Adolescent Well-being," *Journal of Adolescent Health*, 36(3): 260-266.
原田謙, 2002,「ネットワーク特性と家族意識：伝統的な規範と非通念的な結婚観に対する許容度に関連する要因」『総合都市研究』78: 95-107.
原純輔・盛山和夫, 1999,『社会階層：豊かさの中の不平等』東京大学出版会.
平沢和司, 2004,「家族と教育達成：きょうだい数と出生順位を中心に」渡邊秀樹・稲葉昭英・嶋崎尚子編『現代家族の構造と変容』東京大学出版会: 327-346.
平沢和司, 2011,「きょうだい構成が教育達成に与える影響について：NFRJ08本人データときょうだいデータを用いて」稲葉昭英・保田時男編『第3回家族についての全国調査（NFRJ08）第2次報告書4階層・ネットワーク』: 21-42.
平沢和司, 2012,「きょうだい構成と教育達成（2）」『日本教育社会学会第64回大会』（当日配布資料）.
平沢和司・片瀬一男, 2008,「きょうだい構成と教育達成」米澤彰純編『教育達成の構造』（2005年SSM調査シリーズ5): 1-17.
広田照幸, 1999,『日本人のしつけは衰退したか：「教育する家族」のゆくえ』講談社.
本田由紀, 2008,『「家庭教育」の隘路：子育てに脅迫される母親たち』勁草書房.
星敦士, 2000,「階層帰属意識の判断基準と比較基準：準拠枠としてのネットワークの機能」『社会学評論』51(1): 120-135.

星敦士，2001,「階層帰属意識の判断メカニズム：地位認知に対するパーソナルネットワークの影響」『総合都市研究』76: 57-68.

星敦士，2010,「パーソナルネットワークの基本的な考え方」平松闊・鵜飼孝造・宮垣元・星敦士著『社会ネットワークのリサーチ・メソッド：「つながり」を調査する』ミネルヴァ書房: 15-24.

星敦士，2011,「育児期のサポートネットワークに対する階層的地位の影響」『人口問題研究』67(1): 38-58.

星敦士，2012,「育児期女性のサポート・ネットワークが well-being に与える影響：NFRJ08 の分析から」『季刊・社会保障研究』48(3): 279-289.

稲葉昭英，2011a,「親との死別／離婚・再婚と子どもの教育達成」稲葉昭英・保田時男（編）『第 3 回家族についての全国調査 (NFRJ08) 第 2 次報告書 第 4 巻：階層・ネットワーク』日本家族社会学会全国家族調査委員会: 131-157.

稲葉昭英，2011b,「ひとり親家庭における子どもの教育達成」佐藤嘉倫・尾嶋史章編著『現代の階層社会 1：格差と多様性』東京大学出版会: 239-252.

乾順子，2013,「既婚女性の人生満足感：過去の分業意識と職業経歴が与える影響」『年報人間科学（大阪大学）』34: 39-54.

石田光規，2001,「準拠枠としてのネットワーク：階層帰属意識への影響」『社会学研究科年報』8: 45-53.

石田光規，2006,「選べる関係、選べない関係：パーソナルネットワーク・アプローチの再考」『社会学論考』27: 21-36.

石田光規，2009,『産業・労働社会における人間関係：パーソナルネットワーク・アプローチによる分析』日本評論社.

石黒格，1998,「対人環境としてのソーシャル・ネットワークが性役割に関する態度と意見分布の認知に与える影響」『社会心理学研究』13(2): 112-121.

石黒格，2011,「人間関係の選択性と態度の同類性：ダイアド・データを用いた検討」『社会心理学研究』27(1): 13-23.

石黒格，2018,『変わりゆく日本人のネットワーク：ICT 普及期における社会関係の変化』勁草書房.

伊藤三次，1963,「新規学卒者の就業問題：変貌過程にある千葉県の実態（京葉工業地帯調査中間報告 (一)）」『社會科學研究（東京大學社會科學研究所）』14(6): 65-88.

伊藤泰郎，1997,「意識の規定要因としての社会的ネットワーク：結婚・出生に関する規範意識を中心に」『総合都市研究』64: 61-73.

伊藤泰郎，2000,「社会意識とパーソナルネットワーク」森岡志編『都市社会のパーソナルネットワーク』東京大学出版会: 141-159.

神林博史，2006,「階層帰属意識とジェンダー：分布の男女差に関する検討」『東北学院大学教養学部論集』143: 95-123.

鹿又伸生，2014,『何が進学格差を作るのか：社会階層研究の立場から』慶應義塾大学

出版会.
Karlson, Kristian B., Anders Holm, and Richard Breen, 2012, "Comparing Regression Coefficients Between Same-sample Nested Models Using Logit and Probit: A New Method," *Sociological Methodology*, 42: 286-313.
片岡栄美, 1990,「三世代間学歴移動の構造と変容」菊池城司編『現代日本の階層構造 ③教育と社会移動』東京大学出版会: 57-83.
片瀬一男, 2005,『夢の行方：高校生の教育・職業アスピレーションの変容』東北大学出版会.
片瀬一男・平沢和司, 2008,「少子化と教育投資・教育達成」『教育社会学研究』82: 43-59.
吉川徹, 1999,「『中』意識の静かな変容」『社会学評論』50(2): 216-130.
吉川徹, 2008,「階級・階層意識の計量社会学」直井優・藤田英典『講座社会学 13 階層』東京大学出版会: 77-108.
小林大祐, 2011,「雇用流動化社会における働き方と階層帰属意識」斎藤友里子・三隅一人編『現代の階層社会 3：流動化のなかの社会意識』東京大学出版会: 95-110.
近藤博之, 1996,「地位達成と家族：キョウダイの教育達成を中心に」『家族社会学研究』8: 19-31.
近藤博之, 2008,「社会空間アプローチによる階層と教育の分析」米澤彰純編『教育達成の構造』(2005年SSM調査シリーズ5) 2005年SSM調査研究会: 141-160.
近藤博之, 2011,「社会空間の構造と相同性仮説：日本のデータによるブルデュー理論の検証」『理論と方法』26(1): 161-177.
近藤博之, 2019,「現代日本における階層化の様相」金子勇編著『変動のマクロ社会学：ゼーション理論の到達点』ミネルヴァ書房: 161-187.
久保桂子, 2001,「働く母親の個人ネットワークからの子育て支援」『日本家政学会誌』52(2): 135-145.
Lawrence, Matthew, 2012, "Unequal Advantages: A Multigenerational Analysis of College Destinations," *Paper Presented at Panel Study of Income Dynamics Conference: Inequality across Multiple Generations*, University of Michigan, Survey Research Center, (September 13-14).
Litwak, Eugene, 1960, "Geographic Mobility and Extended Family Cohesion," *American Sociological Review*, 25(3): 385-394.
前田尚子, 2004,「パーソナル・ネットワークの構造がサポートとストレーンに及ぼす効果：育児期女性の場合」『家族社会学研究』16(1): 21-31.
前田尚子, 2008,「地方都市に住む育児期女性のパーソナル・ネットワーク」『家庭教育研究所紀要』30: 5-13.
前原武子・金城育子・稲谷ふみ枝, 2000a,「続柄の違う祖父母と孫の関係」『教育心理

学研究』48(2): 120-127.
前原武子・金城育子・稲谷ふみ枝，2000b,「祖父母に対する孫の親密感に及ぼす影響要因についての分析的研究」『琉球大学教育学部紀要』57: 235-240.
牧野カツコ，1982,「乳幼児をもつ母親の生活と〈育児不安〉」『家庭教育研究所紀要』3: 34-56.
牧野カツコ，1984,「中学生をもつ母親の生活と意識」『家庭教育研究所紀要』5: 37-48.
牧野カツコ，1987,「乳幼児をもつ母親の学習活動への参加と育児不安」『家庭教育研究所紀要』9: 1-13.
牧野カツコ，1988,「〈育児不安〉の概念とその影響要因についての再検討」『家庭教育研究所紀要』10: 23-31.
間々田孝夫，1998,「階層帰属意識の動向：『分極化』か『安定化』か？」間々田孝夫『現代日本の階層意識（1995年SSM調査シリーズ6）』1995年SSM調査研究会: 113-136.
Mare, Robert D., 2011, "A Multigenerational View of Inequality," *Demography*, 48: 1-23.
松田茂樹，2008,『何が育児を支えるか：中庸なネットワークの強さ』勁草書房.
松本康，1995,「現代都市の変容とコミュニティ、ネットワーク」松本康編『増殖するネットワーク』勁草書房: 1-90.
目黒依子，1980,「社会的ネットワーク」望月嵩・本村汎『現代家族の危機』有斐閣: 78-100.
目黒依子，1988,「家族と社会的ネットワーク」正岡寛司・望月嵩『現代家族論』有斐閣: 191-218.
Merton, Robert K., 1957, *Social Theory and Social Structure: Toward the Codification of Theory and Research*, New York: The Free Press (= 1961, 森東吾・森好夫・金沢実・中島竜太郎訳『社会理論と社会構造』みすず書房).
三田泰雅，2009,「パーソナルネットワークの"磁場"と家族の個人化：東京都世田谷区における育児期女性調査データから」『都留文科大学研究紀要』69: 49-63.
三田泰雅，2018,「親子の居住関係と接触頻度の変化」石黒格編著『変わりゆく日本人のネットワーク：ICT普及期における社会関係の変化』: 121-140.
三輪哲・山本耕資，2012,「世代内階層移動と階層帰属意識」『理論と方法』27(1): 63-84.
水垣源太郎，2013,『子育て期女性のサポート・ネットワークに関する調査報告書』奈良女子大学社会ネットワーク研究会.
水垣源太郎・武田祐佳，2015,「育児期女性のソーシャル・サポート・ネットワークの地域差：奈良県7市町調査から」『奈良女子大学社会学論集』22: 1-21.
森岡清美，1993,『現代家族変動論』ミネルヴァ書房.
中村高康・平沢和司，2018,「教育と社会階層の調査」中村高康・平沢和司・荒牧草

平・中澤渉編著『教育と社会階層：ESSM 全国調査からみた学歴・学校・格差』東京大学出版会: 1-12.

直井道子, 1990,「階層意識：女性の地位借用モデルは有効か」岡本英雄・直井道子編『現代日本の階層構造④女性と社会階層』東京大学出版会: 147-164.

NHK 放送文化研究所, 2015,『日本人の意識構造［第八版］』NHK ブックス.

日本家族社会学会・全国家族調査委員会, 2010,『第 3 回 家族についての全国調査 (NFRJ08) 第一次報告書』日本家族社会学会・全国家族調査委員会.

二関隆美, 1970,『母親の教育態度に関する調査：第一部いわゆる教育ママ成立の社会心理的条件』大阪大学文学部教育社会学研究室.

二関隆美, 1971,「母親の教育態度と子どもとの関連：教育ママの子はどんな子か」『青少年問題研究』19: 1-34.

西村純子・松井真一, 2016,「育児期の女性の就業とサポート関係」稲葉昭英・保田時男・田渕六郎・田中重人編『日本の家族 1999-2009：全国家族調査［NFRJ］による計量社会学』東京大学出版会: 163-186.

西田芳正, 1991,「階層と『競争社会』へのインヴォルブメント」『大阪大学教育社会学・教育計画論研究集録』8: 47-64.

西田芳正, 2005,「遊びと不平等の再生産：限定されたライフチャンスとトランジッション」（社）部落解放・人権研究所『排除される若者たち：フリーターと不平等の再生産』会報出版社: 86-115.

西田芳正, 2010,「貧困・生活不安定層における子どもから大人への移行過程とその変容」『犯罪社会学研究』35: 38-53.

野沢慎司, 1995,「パーソナル・ネットワークのなかの夫婦関係」松本康編『増殖するネットワーク』勁草書房: 175-234.

野沢慎司, 1996,「社交圏の変容とコミュニティ：社会的ネットワークの地域性と夫婦関係」『人文論集（静岡大学）』47(1): 75-95.

野沢慎司, 1999a,「家族研究と社会的ネットワーク論」野々山久也・渡辺秀樹『家族社会学入門：家族研究の理論と技法（社会学研究シリーズ 1)』文化書房博文社: 162-191.

野沢慎司, 1999b,「妻たちの援助動員にみる地域差：夫婦関係と援助ネットワークに対する大都市居住効果」石原邦雄『妻たちの生活ストレスとサポート関係：家族・職業・ネットワーク』東京都立大学都市研究所: 203-238.

野沢慎司, 2001,「ネットワーク論的アプローチ：家族社会学のパラダイム転換再考」野山久也・清水浩昭『家族社会学の分析視角：社会学的アプローチの応用と課題』ミネルヴァ書房: 281-302.

落合恵美子, 1989,「現代家族の育児ネットワーク」『近代家族とフェミニズム』勁草書房: 93-135.

落合恵美子, 1998,「コメント 2　新しいパラダイムの課題」『家族社会学研究』10: 145-150.

尾嶋史章, 1988,「世代間社会移動の分析」直井優・尾嶋史章編『経験社会学・社会調査法叢書Ⅰ 農村社会の構造と変動：岡山市近郊農村の30年』大阪大学人間科学部経験社会学・社会調査法講座: 14-32.
大前敦巳・石黒万里子・知念渉, 2015,「文化的再生産をめぐる経験的研究の展開」『教育社会学研究』97: 125-164.
小内透, 1995,『再生産論を読む：バーンスティン，ブルデュー，ボールズ＝ギンティス，ウィリスの再生産論』東信堂．
大谷信介, 1995,『現代都市住民のパーソナル・ネットワーク』ミネルヴァ書房．
佐藤カツコ, 1977,「母親による子殺しとその背景」『犯罪社会学研究』2: 93-105.
佐藤俊樹, 2011,「転態する階層帰属：階層化社会の『見え姿』をめぐって」斎藤友里子・三隅一人編『現代の階層社会3：流動化のなかの社会意識』東京大学出版会: 3-16.
盛山和夫, 1990,「中意識の意味」『理論と方法』5(2): 51-71.
盛山和夫, 1996,「家族か個人か」『家族社会学研究』8: 33-45.
関井友子・斧出節子・松田智子・山根真理, 1991,「働く母親の性別役割分業観と育児援助ネットワーク」『家族社会学研究』3: 72-84.
Sewell, William H., Archibald O. Haller, and Alejandro Portes, 1969, "The Educational and Early Occupational Attainment Process," *American Sociological Review*, 34(1): 82-92.
Sewell, William H., Robert M. Hauser, Kristen W. Springer, and Taissa S. Hauser, 2004, "As We Age: A Review of the Wisconsin Longitudinal Study, 1957-2001," *Research in Social Stratification and Mobility*, 20: 3-111.
Sewell, William H. and Vimal P. Shah, 1968, "Parents' Education and Children's Educational Aspirations and Achievements," *American Sociological Review*, 33(2): 191-209.
白波瀬佐和子, 2000,「女性の就業と階級構造」盛山和夫編『日本の階層システム4：ジェンダー・市場・家族』東京大学出版会: 133-155.
白波瀬佐和子, 2004,「社会階層と世帯・個人」『社会学評論』54(4): 370-385.
Song, Xi, 2016, "Diverging Mobility Trajectories: Grandparent Effects on Educational Attainment in One- and Two-Parent Families in the United States," *Demography*, 53: 1905-1932.
Song, Xi and Robert D. Mare, 2017, Short-Term and Long-Term Educational Mobility of Families: A Two-Sex Approach, *Demography*, 54: 145-173.
施利平, 2008,「戦後日本の親子・親族関係の持続と変化：全国家族調査（NFRJ-S01）を用いた計量分析による双系化説の検討」『家族社会学研究』20(2): 20-33.
数土直紀, 1999,「男性の階層帰属意識に対する社会的地位の複合的な効果」『行動計量学』26(2): 125-132.
数土直紀, 2009,「戦後日本における階層帰属意識のダイナミクス」『理論と方法』24

(1): 41-56.
数土直紀,2010,『日本人の階層意識』講談社.
杉井潤子,2006,「祖父母と孫との世代間関係:孫の年齢による関係性の変化」『奈良教育大学紀要(人文・社会科学)』55(1): 177-190.
杉井潤子・泊祐子・堀智晴,1994,「祖父母・孫関係に関する研究 第3報:「孫育て」にみる祖父母の位置づけおよびその主観的評価」『大阪市立大学生活科学部紀要』42: 141-154.
田村喜代,1980,「社会階層と母親の教育態度(第三報):家庭教育の役割分担・しつけの悩み・不安感・接触状況」『東京学芸大学紀要(第6部門 産業技術・家政)』32: 115-125.
田中幸恵・黒田玲子・菊沢康子・戸谷修,1987,「孫・祖父母間の交流の様態:交流の実態と交流に影響を与える要因」『日本家政学会誌』38(7): 611-622.
Tingvold, Laila, Anne-Lise Middelthon, James Allen and Edvard Hauff, 2012, "Parents and Children Only? Acculturation and the Influence of Extended Family Members among Vietnamese Refugees," *International Journal of Intercultural Relations*, 36(2): 260-270.
Treiman, Donald J., and Walder, A., 1998, "Life histories and social change in contemporary China: Provisional codebook," *Unpublished manuscript*, Department of Sociology, University of California Los Angeles.
Warren, John R. and Robert M. Hauser, 1997, "Social Stratification across Three Generations: New Evidence from the Wisconsin Longitudinal Study," *American Sociological Review*, 62(4): 561-572.
渡辺秀樹,1994,「現代の親子関係の社会学的分析:育児社会論序説」社会保障研究所変『現代家族と社会保障』東京大学出版会: 71-88.
Wellman, Barry, 1979, "The Community Question: The Intimate Networks of East Yorkers," *American Journal of Sociology*, 84: 1201-1231 (=2006,野沢慎司・立山徳子訳「コミュニティ問題:イースト・ヨーク住民の緊密なネットワーク」野沢慎司監訳『リーディングス・ネットワーク論』勁草書房: 159-200).
Willis, Paul E., 1977, Learning to Labour: How Working Class Kids Get Working Class Jobs, Aldershot (=1985,熊沢誠・山田潤監訳『ハマータウンの野郎ども:学校への反抗・労働への順応』筑摩書房).
山野良一,2008,『子どもの最貧国・日本:学力・心身・社会におよぶ諸影響』光文社.
大和礼子,2000,「"社会階層と社会的ネットワーク"再考:〈交際のネットワーク〉と〈ケアのネットワーク〉の比較から」『社会学評論』51: 235-250.
安田三郎,1971,『社会移動の研究』東京大学出版会.
安田雪,1997,『ネットワーク分析:何が行為を決定するか』新曜社.
保田時男,2011,「マルチレベル・モデリングによるNFRJデータの分析方法:ダイアド集積型家族調査の有効活用」稲葉昭英・保田時男(編)『第3回家族に

ついての全国調査(NFRJ08)第2次報告書 第4巻:階層・ネットワーク』日本家族社会学会全国家族調査委員会: 1-20.

安野智子,2006,『重層的な世論形成過程:メディア・ネットワーク・公共性』東京大学出版会(投票行動や政治意識とネットワーク).

余田翔平,2018,「出生力と学歴再生産:前向きアプローチによる検討」荒牧草平『2015年SSM調査報告書2:人口・家族』2015年SSM調査研究会: 13-25.

付録1　調査票

第1次調査
第2次調査
第3次調査

女性の人づきあいと子育て観に関する調査

※ 特に指示がない限り、あてはまる**番号1つ**に○をつけて回答してください。
※ 詳しい回答方法は、「お願い」裏面の「**回答方法の注意**」をご参照ください。

2016 年 10 月
日本女子大学 荒牧研究室

問 1 (1) はじめに、あなたの生年月と現在の年齢を記入してください。

西暦 19 ☐☐ 年 ☐☐ 月 生まれ ☐☐ 歳

(2) 現在の地域(今の学校区)には、お住まいになって何年ですか。

1　1 年未満　　2　1～2 年　　3　3～5 年　　4　6～10 年　　5　11 年以上

(3) 現在のお住まいは、次の中ではどれにあたりますか。

1　賃貸マンション・アパート・貸家　　2　分譲マンション　　3　一戸建て持ち家
4　社宅・官舎　　5　公営住宅　　6　その他(　　　　　　　　)

(4) 現在、お仕事はされていますか。また、どのような働き方ですか。

1　仕事はしていない(専業主婦)　　2　パートタイム雇用者　　3　フルタイム雇用者
4　自営業・家族従業者　　5　その他(　　　　　　　　　　　　　　)

(5) 最初の仕事についてから、これまでの働き方はどうですか。

1　ずっと同じ職場で働いている　　2　職場は変わったが、ずっと働いている
3　結婚や出産で退職し、以後は無職　4　結婚や出産で退職し、子どもの成長後に再就職
5　一度も働いたことがない　　6　その他(　　　　　　　　　　　　)

(6) あなたが最後に通った学校は次のどれですか。よろしければ学校名も教えてください。

1　中学校　　2　高校　　3　短大・高専・専門学校　　4　大学・大学院　　5　その他

最後に通った学校名：＿＿＿＿＿＿＿＿＿＿＿＿＿＿＿＿＿＿＿＿＿＿＿＿＿

問2 (1) あなたには、現在、配偶者がいますか。また、何歳ですか。

1 いる ☐☐ 歳　　　2 いない ⟶ 下の問3にお進みください

(2) お子さんについて、夫と話す話題を教えてください（**あてはまる記号すべてに〇**）。

ア 子どものしつけ　　　　　　　　エ 子どもの進学先
イ 子どもの学校や友人関係　　　　オ 子どもの将来の職業
ウ 子どもの塾や習い事　　　　　　カ これらのことは話さない

(3) あなたの夫が最後に通った学校は次のどれですか。よろしければ学校名も教えてください。

1 中学校　　2 高校　　3 短大・高専・専門学校　　4 大学・大学院　　5 その他

最後に通った学校名：＿＿＿＿＿＿＿＿＿＿＿＿＿＿＿＿＿＿＿＿＿＿＿＿＿

(4) あなたの夫の現在のお仕事は、次の中ではどれにあたりますか。

1 事務（企業・官公庁における一般事務、経理、内勤の営業など）
2 販売（小売・卸売店主、店員、不動産売買、保険外交、外勤のセールスなど）
3 サービス（理・美容師、料理人、ウェイター、ヘルパーなど）
4 生産現場・技能（製品製造・組立・加工、自動車整備、建設作業員、大工、電気工事など）
5 運輸（トラック・タクシー運転手、船員、郵便配達、通信士など）
6 保安（警察官、消防官、自衛官、警備員など）
7 農林漁業（農業、植木職、林業、漁業、畜産など）
8 専門・技術（医師、看護師、弁護士、教師、技術者、デザイナーなど）
9 管理（企業・官公庁における課長職以上、議員、経営者など）
10 その他・働いていない（　　　　　　　　　　　　　　　）

問3 現在とあなたが15歳の頃のご家庭の様子について、以下の問いにお答えください。

		現在のご家庭	15歳の頃のご家庭
a. 家族全員の分を合わせた本の数 （次のものは含めないで数えてください： 　マンガ・雑誌・教科書・参考書）	1 10冊以内	1	1
	2 11〜25冊	2	2
	3 26〜100冊	3	3
	4 101〜200冊	4	4
	5 201冊以上	5	5
b. 家庭の暮らし向き （あなたの感じたままに、お答え下さい）	1 豊か	1	1
	2 やや豊か	2	2
	3 あまり豊かでない	3	3
	4 全く豊かでない	4	4

問4　あなたと、あなたの夫のご両親について、以下の問いにお答えください。
　　（夫のいない方は、あなた自身のご両親についてのみ、お答えください）

			あなたの 父	あなたの 母	夫の 父	夫の 母
a. 学歴	1	中学校（旧制小学校）	1	1	1	1
	2	高校（旧制中学・高等女学校など）	2	2	2	2
	3	短大・高専・専門学校・大学・大学院	3	3	3	3
	4	その他・わからない	4	4	4	4
b. ご健在ですか	1	健在	1	1	1	1
	2	すでに亡くなった	2	2	2	2
*以下の質問は、ご健在の方についてのみ、お答えください。						
c. 現在の年齢（正確にわからない場合は、およその年齢で結構です）			歳	歳	歳	歳
d. この方の家までにかかる時間	1	同じ敷地内	1	1	1	1
	2	30分以内	2	2	2	2
	3	30分〜1時間以内	3	3	3	3
	4	1時間〜2時間以内	4	4	4	4
	5	2時間以上	5	5	5	5
e. 話す頻度（電話やメールなども含む）	1	毎日	1	1	1	1
	2	週に数回以上	2	2	2	2
	3	月に数回程度	3	3	3	3
	4	年に数回程度	4	4	4	4
	5	ほとんど話さない	5	5	5	5
f. 子どもについて話す話題（あてはまる記号全てに〇）	ア	子どものしつけ	ア	ア	ア	ア
	イ	子どもの学校や友人関係	イ	イ	イ	イ
	ウ	子どもの塾や習い事	ウ	ウ	ウ	ウ
	エ	子どもの進学先	エ	エ	エ	エ
	オ	子どもの将来の職業	オ	オ	オ	オ
	カ	これらのことは話さない	カ	カ	カ	カ
g. 関係（あてはまる記号全てに〇）	ア	あなたを金銭的に援助してくれる	ア	ア	ア	ア
	イ	子どもの面倒をみてくれる	イ	イ	イ	イ
	ウ	あなたが金銭的に援助している	ウ	ウ	ウ	ウ
	エ	あなたが介助や介護をしている	エ	エ	エ	エ
	オ	喜びや悲しみを分かち合える	オ	オ	オ	オ
	カ	どれもあてはまらない	カ	カ	カ	カ
h. あなたのお子さんの進路を考える時、この方のことを参考にしますか	1	大いに参考にする	1	1	1	1
	2	少しは参考にする	2	2	2	2
	3	あまり参考にしない	3	3	3	3
	4	全く参考にしない	4	4	4	4

問5 (1) あなたとあなたの夫には、ご健在の兄弟姉妹がいますか。また、人数は何人ですか。
　　　　（夫のいない方は、あなた自身の兄弟姉妹についてのみ、お答えください）

　　① あなた自身の兄弟姉妹　　1　いる（　　　）人　　2　いない　　｝どちらも「いない」場合
　　② あなたの夫の兄弟姉妹　　　1　いる（　　　）人　　2　いない　　　は、次の問6へ

(2) あなたとあなたの夫の兄弟姉妹について、以下の問いにお答えください。
　　（複数いる場合は、年齢の高い方から順に2人まで）

			あなたの兄弟姉妹		夫の兄弟姉妹	
			1人目	2人目	1人目	2人目
a. 現在の年齢（正確にわからない場合は、およその年齢で結構です）			歳	歳	歳	歳
b. 性別	1	女性	1	1	1	1
	2	男性	2	2	2	2
c. この方の家までにかかる時間	1	同じ敷地内	1	1	1	1
	2	30分以内	2	2	2	2
	3	30分～1時間以内	3	3	3	3
	4	1時間～2時間以内	4	4	4	4
	5	2時間以上	5	5	5	5
d. 話す頻度（電話やメールなども含む）	1	毎日	1	1	1	1
	2	週に数回以上	2	2	2	2
	3	月に数回程度	3	3	3	3
	4	年に数回程度	4	4	4	4
	5	ほとんど話さない	5	5	5	5
e. 子どもについて話す話題（あてはまる記号全てに○）	ア	子どものしつけ	ア	ア	ア	ア
	イ	子どもの学校や友人関係	イ	イ	イ	イ
	ウ	子どもの塾や習い事	ウ	ウ	ウ	ウ
	エ	子どもの進学先	エ	エ	エ	エ
	オ	子どもの将来の職業	オ	オ	オ	オ
	カ	これらのことは話さない	カ	カ	カ	カ
f. 関係（あてはまる記号全てに○）	ア	あなたを金銭的に援助してくれる	ア	ア	ア	ア
	イ	子どもの面倒をみてくれる	イ	イ	イ	イ
	ウ	あなたが金銭的に援助している	ウ	ウ	ウ	ウ
	エ	喜びや悲しみを分かち合える	エ	エ	エ	エ
	オ	どれもあてはまらない	オ	オ	オ	オ
g. あなたのお子さんの進路を考える時、この方のことを参考にしますか	1	大いに参考にする	1	1	1	1
	2	少しは参考にする	2	2	2	2
	3	あまり参考にしない	3	3	3	3
	4	全く参考にしない	4	4	4	4

			あなたの兄弟姉妹		夫の兄弟姉妹	
			1人目	2人目	1人目	2人目
h. 家庭の暮らし向き（あなたの感じたままにお答え下さい）	1	豊か	1	1	1	1
	2	やや豊か	2	2	2	2
	3	あまり豊かでない	3	3	3	3
	4	全く豊かでない	4	4	4	4
i. 学歴	1	中学校	1	1	1	1
	2	高校	2	2	2	2
	3	短大・高専・専門学校	3	3	3	3
	4	大学・大学院	4	4	4	4
	5	その他・わからない	5	5	5	5

問6 (1) あなたにはお子さんがいますか。また、人数は何人ですか。

1 子どもがいる　　→　中学生以下（　　）人　　既に中学を卒業した子ども（　　）人
2 子どもはいない　　※中学生以下のお子さんがいない場合は次ページの問7へ

(2) 中学生以下のお子さんについて、**年齢の高い方から順に3人まで**についてお答えください。

			1人目	2人目	3人目
a. 年齢			歳	歳	歳
b. 性別	1	女性	1	1	1
	2	男性	2	2	2
c. 学習関連の教室・塾・家庭教師・通信添削等の経験	1	ある	1	1	1
	2	ない	2	2	2
d. 国立・私立の幼稚園や小中学校の受験経験（あてはまる記号全てに〇）	ア	幼稚園を受験した	ア	ア	ア
	イ	小学校を受験した	イ	イ	イ
	ウ	中学校を受験した	ウ	ウ	ウ
	エ	どれも受験していない	エ	エ	エ
e. あなた自身が、このお子さんに希望する学歴	1	中学校	1	1	1
	2	高校	2	2	2
	3	専門学校・短大・高専	3	3	3
	4	大学（4年制）	4	4	4
	5	大学（6年制）・大学院	5	5	5
	6	考えていない・わからない	6	6	6
f. 夫が、このお子さんに希望する学歴	上の選択肢の番号を（　）内に記入（夫のいない場合は回答不要です）		(　　)	(　　)	(　　)

問 7 (1) 家族や親戚以外で、お子さんの教育について話す方々を 4 人まで思い浮かべてください。それぞれの方について、以下の問いにお答えください。

			1人目	2人目	3人目	4人目
a. 年齢 （正確にわからない場合は、およその年齢で結構です）			歳	歳	歳	歳
b. 性別	1	女性	1	1	1	1
	2	男性	2	2	2	2
c. この方との関係 （知り合ったきっかけ）	1	子どもを介した友人（ママ友）	1	1	1	1
	2	近所の方（ママ友以外）	2	2	2	2
	3	学生時代の友人	3	3	3	3
	4	職場の同僚や仕事の関係者	4	4	4	4
	5	その他	5	5	5	5
d. この方の家までにかかる時間	1	同じ敷地内	1	1	1	1
	2	30分以内	2	2	2	2
	3	30分～1時間以内	3	3	3	3
	4	1時間～2時間以内	4	4	4	4
	5	2時間以上	5	5	5	5
e. 話す頻度 （電話やメールなども含む）	1	毎日	1	1	1	1
	2	週に数回以上	2	2	2	2
	3	月に数回程度	3	3	3	3
	4	年に数回程度	4	4	4	4
	5	ほとんど話さない	5	5	5	5
f. 子どもについて話す話題 （あてはまる記号全てに○）	ア	子どものしつけ	ア	ア	ア	ア
	イ	子どもの学校や友人関係	イ	イ	イ	イ
	ウ	子どもの塾や習い事	ウ	ウ	ウ	ウ
	エ	子どもの進学先	エ	エ	エ	エ
	オ	子どもの将来の職業	オ	オ	オ	オ
	カ	これらのことは話さない	カ	カ	カ	カ
g. 家庭の暮らし向き（あなたの感じたままにお答え下さい）	1	豊か	1	1	1	1
	2	やや豊か	2	2	2	2
	3	あまり豊かでない	3	3	3	3
	4	全く豊かでない	4	4	4	4
h. 学歴	1	中学校（旧制小学校）	1	1	1	1
	2	高校（旧制中学　高等女学校など）	2	2	2	2
	3	短大・高専・専門学校	3	3	3	3
	4	大学・大学院	4	4	4	4
	5	その他・わからない	5	5	5	5

		1人目	2人目	3人目	4人目
i. あなたのお子さんの進路を考える時、この方のことを参考にしますか。	1 大いに参考にする	1	1	1	1
	2 少しは参考にする	2	2	2	2
	3 あまり参考にしない	3	3	3	3
	4 全く参考にしない	4	4	4	4
j. この方と出かけたり、食事をしたりしますか。	1 はい	1	1	1	1
	2 いいえ	2	2	2	2
k. これらの方々は、互いに知り合いですか。 　1　全員が知り合い同士　　2　一部は、知り合い同士　　3　全員が互いに知らない 　4　わからない					

(2)　上記の方々を含め、**あなたがふだん会話をする方々やそのご家族**の状況に合うものを、次のa. b. それぞれについて、わかる範囲でお答えください（**あてはまる記号すべてに○**）。

a.仕事の様子	ア 自営業の人が多い イ 大企業に勤めている人が多い ウ スーパーや小売店で働く人が多い エ 工場で働く人が多い オ 医師や弁護士がいる カ どれもあてはまらない	b.生活の様子	ア この土地に長く住んでいる人が多い イ スマホのゲームをする人が多い ウ 本をよく読む人が多い エ ブランド好きの人が多い オ インターネットで買い物をする人が多い カ どれもあてはまらない

問8　次のような意見について、(1)**あなた自身**はどう思いますか。また、すぐ上の問で思い浮かべた、(2)**あなたの周囲の人々**には、どのように考える人が多いと思いますか。

		そう思う	ややそう思う	あまりそう思わない	そう思わない
(1) あなたの考え	a. 男性は外で働き、女性は家庭を守るべきである	1	2	3	4
	b. 子どもにはできるだけ高い教育を受けさせたい	1	2	3	4
	c. 成功には学歴が必要だ	1	2	3	4
	d. 公立学校は信頼できる	1	2	3	4
(2) 周囲の人の考え	a.「男性は外で働き、女性は家庭を守るべきである」と考える人が多い	1	2	3	4
	b.「子どもにはできるだけ高い教育を受けさせたい」と考える人が多い	1	2	3	4
	c.「成功には学歴が必要だ」と考える人が多い	1	2	3	4
	d.「公立学校は信頼できる」と考える人が多い	1	2	3	4

問9　**あなたのお子さんの将来**について、次の点では、どのように考えていますか。

	そう思う	やや そう思う	あまり そう 思わない	そう 思わない
a. 社会的な成功より、家庭生活を優先してほしい	1	2	3	4
b. 楽しく暮らしてくれれば、それが一番だ	1	2	3	4
c. 自分と同等以上の学歴になってほしい	1	2	3	4
d. 学歴で、いとこや親戚に負けないでほしい	1	2	3	4
e. スポーツや芸術などの分野で成功してほしい	1	2	3	4
f. 自分の代わりに夢をかなえてほしい	1	2	3	4
g. とにかく高収入の仕事についてほしい	1	2	3	4
h. 何より自分のやりたい仕事につくのが一番だ	1	2	3	4

問10　(1)　かりに現在の日本の社会全体を5つの層に分けるとすれば、あなた自身はこのどれに入ると思いますか。

　　1　上　　　　2　中の上　　　　3　中の下　　　　4　下の上　　　　5　下の下

(2)　よろしければ昨年一年間のあなたの**お宅全体の税込年収**（生計を共にする家族全員の合計額）を教えてください（**年金、株式配当、臨時収入、副収入など、すべてを含めます**）。

　　1　150万円未満　　　　　　　2　150万円～300万円未満　　　　3　300万円～500万円未満
　　4　500万円～700万円未満　　　5　700万円～900万円未満　　　　6　900万円～1200万円未満
　　7　1200万円～1500万円未満　　8　1500万円～2000万円未満　　　9　2000万円以上

問11　最後におうかがいします。これまでの子育てや人生を振り返って、どう思いますか。

	そう思う	やや そう思う	あまり そう 思わない	そう 思わない
a. 子育てには、とても苦労が多い	1	2	3	4
b. 自分の子育ては、だいたい上手く行っている	1	2	3	4
c. よい人間関係に恵まれてきた	1	2	3	4
d. 世の中には、信頼できる人が多い	1	2	3	4
e. とても幸せな人生だ	1	2	3	4

これで終わりです。ご協力どうもありがとうございました。

女性の人づきあいと子育て観に関する調査
（追加調査）

※ 答え方については「回答方法の注意」をご参照ください。

2017 年 1 月
日本女子大学 荒牧研究室

問 1　はじめに、あなたの生年月を記入してください。

　　　西暦 19 □□ 年 □□ 月 生まれ

問 2　(1)　あなたのお子さんはどんな習い事（勉強以外）をしてきましたか。**中学生以下のお子さんのうち年齢の高い方から順に 3 人までについて、「①就学前」と「②小学生時代」に分けてお答えください**（あてはまる記号すべてに〇）。

		中学生以下のお子さん		
		1人目	2人目	3人目
①就学前	ア　スポーツ・運動系	ア	ア	ア
	イ　音楽・芸術系	イ	イ	イ
	ウ　その他	ウ	ウ	ウ
	エ　何もしていない	エ	エ	エ
②小学生時代	ア　スポーツ・運動系	ア	ア	ア
	イ　音楽・芸術系	イ	イ	イ
	ウ　その他	ウ	ウ	ウ
	エ　何もしていない	エ	エ	エ
	オ　まだ小学校に入っていない	オ	オ	オ

(2)　上記の習い事のほか、学習塾や家庭教師など、**すべての学校外教育にかかった費用はどのくらいでしょうか。中学生以下のすべてのお子さんの分を合わせた 1 ヶ月あたりのおよその金額を教えてください**（あてはまる数字 1 つに〇）。

1. 0 円　　2. 1 万円未満　　3. 1 万円〜3 万円未満　　4. 3 万円〜5 万円未満
5. 5 万円〜10 万円未満　　6. 10 万円以上

問3　中学生以下のあなたのお子さんのうち一番上の方が生まれてからのことを思い出しながら、以下の問について、それぞれの回答欄にお答えください。

(1) そのお子さんが「a. 0歳」「b. 1～2歳」「c. 3～6歳」「d. 小学生」「e. 中学生」それぞれの時期に、あなたはどのような働き方をしていましたか（同じ時期に複数の働き方をしていた方は、あてはまる記号すべてに〇をつけてください）。

(2) それぞれの時期に「①あなたのお子さん（2人目以降のお子さんも含みます）の世話をよくしてくれた方」は誰ですか。あてはまる方の記号すべてに〇をつけてください。そのお子さんがまだ中学生になっていない場合は「e. 中学生」の列は空欄で結構です。

また、「②よく家事を手伝ってくれた方」や「③経済的支援をしてくれた方」についても同様にお答えください。

			時期（中学生以下で一番年長のお子さんの年齢や学校）				
			a. 0歳の頃	b. 1～2歳の頃	c. 3～6歳の頃	d. 小学生の時	e. 中学生になって
(1) あなたの働き方	ア	専業主婦	ア	ア	ア	ア	ア
	イ	産休・育休	イ	イ	イ	イ	イ
	ウ	パートタイム	ウ	ウ	ウ	ウ	ウ
	エ	フルタイム	エ	エ	エ	エ	エ
	オ	自営・家族従業	オ	オ	オ	オ	オ
	カ	その他	カ	カ	カ	カ	カ
(2)① 子どもの世話	ア	夫	ア	ア	ア	ア	ア
	イ	あなたの親	イ	イ	イ	イ	イ
	ウ	夫の親	ウ	ウ	ウ	ウ	ウ
	エ	あなたの兄弟姉妹	エ	エ	エ	エ	エ
	オ	夫の兄弟姉妹	オ	オ	オ	オ	オ
	カ	この中にはいない	カ	カ	カ	カ	カ
(2)② 家事の手伝い	ア	夫	ア	ア	ア	ア	ア
	イ	あなたの親	イ	イ	イ	イ	イ
	ウ	夫の親	ウ	ウ	ウ	ウ	ウ
	エ	あなたの兄弟姉妹	エ	エ	エ	エ	エ
	オ	夫の兄弟姉妹	オ	オ	オ	オ	オ
	カ	この中にはいない	カ	カ	カ	カ	カ
(2)③ 経済的支援	ア	あなたの親	ア	ア	ア	ア	ア
	イ	夫の親	イ	イ	イ	イ	イ
	ウ	あなたの兄弟姉妹	ウ	ウ	ウ	ウ	ウ
	エ	夫の兄弟姉妹	エ	エ	エ	エ	エ
	オ	この中にはいない	オ	オ	オ	オ	オ

(3) (2)の①〜③のそれぞれについて、**家族以外の方に支援してもらった方**は、「支援してもらった時期」と「支援してくれた方」について、具体的に教えてください。

支援してもらった事	支援してもらった時期	支援してくれた方 （ママ友、近所の方、家政婦、公的支援など）
①子どもの世話		
②家事の手伝い		
③経済的支援		

(4) また、**実際には受けられなかったけれど、支援してもらいたかったことはありませんか。**「どの時期に」「誰に」「どんな」支援をして欲しかったか、具体的に教えてください。

どの時期に	誰に	どんな

問4 あなたは、お子さんの進路について考える時、周囲の方々のことを参考にしますか。以下のそれぞれの方について、参考にすることの**記号すべて**に○をつけてください。

	夫	自分の親	自分の兄弟姉妹	夫の親	夫の兄弟姉妹	ママ友	学生時代の友人	職場の関係者
ア 考え方	ア	ア	ア	ア	ア	ア	ア	ア
イ 学歴	イ	イ	イ	イ	イ	イ	イ	イ
ウ 職業（職業経歴）	ウ	ウ	ウ	ウ	ウ	ウ	ウ	ウ
エ 暮らし向き	エ	エ	エ	エ	エ	エ	エ	エ
オ その他	オ	オ	オ	オ	オ	オ	オ	オ
カ 参考にしない	カ	カ	カ	カ	カ	カ	カ	カ

問5 (1) あなたは、お子さんのことを誰によく相談しますか。また、どんな情報源をよくご覧になりますか。お子さんの「a.成長や性格」「b.習い事（勉強以外）」「c.成績・塾・受験のこと」「d.友達関係や学校のこと」のそれぞれについて、あてはまる方や情報源の記号すべてに〇をつけてください。

		a. 成長や性格	b. 習い事（勉強以外）	c. 成績・塾・受験	d. 友達関係や学校
(1) よく相談する相手・よく見る情報源	ア 夫	ア	ア	ア	ア
	イ あなたの親	イ	イ	イ	イ
	ウ 夫の親	ウ	ウ	ウ	ウ
	エ あなたの兄弟姉妹	エ	エ	エ	エ
	オ 夫の兄弟姉妹	オ	オ	オ	オ
	カ ママ友	カ	カ	カ	カ
	キ 近所の方	キ	キ	キ	キ
	ク 学生時代の友人	ク	ク	ク	ク
	ケ 職場の関係者	ケ	ケ	ケ	ケ
	コ 本や雑誌	コ	コ	コ	コ
	サ インターネット	サ	サ	サ	サ
	シ その他	シ	シ	シ	シ

(2) では、**結果的に誰の意見またはどの情報源の内容を参考にすることが多いですか**。あてはまる方や情報源の記号すべてに〇をつけてください。

		a. 成長や性格	b. 習い事（勉強以外）	c. 成績・塾・受験	d. 友達関係や学校
(2) 結果的に参考にする方・情報源	ア 夫	ア	ア	ア	ア
	イ あなたの親	イ	イ	イ	イ
	ウ 夫の親	ウ	ウ	ウ	ウ
	エ あなたの兄弟姉妹	エ	エ	エ	エ
	オ 夫の兄弟姉妹	オ	オ	オ	オ
	カ ママ友	カ	カ	カ	カ
	キ 近所の方	キ	キ	キ	キ
	ク 学生時代の友人	ク	ク	ク	ク
	ケ 職場の関係者	ケ	ケ	ケ	ケ
	コ 本や雑誌	コ	コ	コ	コ
	サ インターネット	サ	サ	サ	サ
	シ その他	シ	シ	シ	シ

問6　これまでの子育てを振り返って、以下の点にお答えください。

(1) 特に苦労したのは、どのようなことでしょうか。具体的に教えてください（あまり苦労のなかった方は空欄で結構です）。

(2) 子育てで上手く行ったと思うのは、どのようなところですか。具体的に教えてください。

問7　あなたは将来、お子さんにどのような大人に育ってもらいたいと思っていますか。また、それはなぜですか。お子さんによって異なる場合は、それぞれのお子さんへの思いをお答えください。

最後に、調査に関するご意見やご感想がありましたら、ぜひお聞かせください。

これで終わりです。ご協力どうもありがとうございました。

女性の人づきあいと子育て観に関する調査（2018年追加調査）

問1 あなたのこれまでの働き方は、次のどれになりますか。もっともあてはまるものを1つ選んでください。

※途中に無職の期間があっても、それが半年未満の場合は、1または2を選んでください。

○ 1.ずっとフルタイムで働いてきた
○ 2.ずっと働いてきた（上記の1以外）
○ 3.結婚または出産時に退職し、以後は専業主婦
○ 4.結婚または出産時に退職した後、子どもの成長後に再就職
○ その他:

問2 一番上のお子さんが生まれてから小学生の頃までに、あなたのことを支援してくれた方についておたずねします。

（1）お子さん（下のお子さんも含めます）の世話をよくしてくれた方は誰ですか。あてはまる方すべてにチェックしてください。

☐ 1.夫
☐ 2.あなたの親
☐ 3.夫の親
☐ 4.その他の家族・親族
☐ 5.ママ友や近所の方
☐ 誰もあてはまらない

（2）よく家事をしてくれた方は誰ですか。あてはまる方すべてにチェックしてください。

☐ 1. 夫

☐ 2. あなたの親

☐ 3. 夫の親

☐ 4. その他の家族・親族

☐ 5. ママ友や近所の方

☐ 誰もあてはまらない

（3）子育ての悩みの相談相手になってくれた方は誰ですか。あてはまる方すべてにチェックしてください。

☐ 1. 夫

☐ 2. あなたの親

☐ 3. 夫の親

☐ 4. その他の家族・親族

☐ 5. ママ友や近所の方

☐ 誰もあてはまらない

（4）経済的支援をしてくれた方は誰ですか。あてはまる方すべてにチェックしてください。

☐ 1. あなたの親

☐ 2. 夫の親

☐ 3. その他の家族・親族

☐ 4. ママ友や近所の方

☐ 誰もあてはまらない

問3　実際には受けられなかったけれど、支援してもらいたかったことについておたずねします。

「誰に」「どのような」支援をしてもらいたかったでしょうか。1～5のそれぞれの方や機関について、a～eの項目のうち、あてはまるものすべてにチェックしてください。

	a.子どもの世話	b.病児保育	c.家事	d.子育ての悩みの相談	e.経済的支援	どれも不要
1.夫	☐	☐	☐	☐	☐	☐
2.夫以外の家族	☐	☐	☐	☐	☐	☐
3.ママ友や近所の方	☐	☐	☐	☐	☐	☐
4.保育園や幼稚園	☐	☐	☐	☐	☐	☐
5.その他の公的機関	☐	☐	☐	☐	☐	☐

問4 お子さんのことについて相談する相手についておたずねします。

（1）あなたは、以下の方々にお子さんのことを相談しますか。1～9のそれぞれの方について、a～dの項目のうち、相談することがあるものをすべて選んでチェックしてください。

	a. 成長や性格	b. 習い事（勉強以外）	c. 成績・塾・受験	d. 友達関係や学校	どれも相談しない	該当者がいない
1. 夫	☐	☐	☐	☐	☐	☐
2. あなたの親	☐	☐	☐	☐	☐	☐
3. 夫の親	☐	☐	☐	☐	☐	☐
4. あなたの兄弟姉妹	☐	☐	☐	☐	☐	☐
5. 夫の兄弟姉妹	☐	☐	☐	☐	☐	☐
6. ママ友	☐	☐	☐	☐	☐	☐
7. 学生時代の友人	☐	☐	☐	☐	☐	☐
8. 職場の関係者	☐	☐	☐	☐	☐	☐
9. 近所の方	☐	☐	☐	☐	☐	☐

（2）では、結果的に誰の何に対する意見を参考にすることが多いですか。それぞれの方について、あてはまる項目すべてをチェックしてください。

	a. 成長や性格	b. 習い事（勉強以外）	c. 成績・塾・受験	d. 友達関係や学校	どれも参考にしない	該当者がいない
1. 夫	☐	☐	☐	☐	☐	☐
2. あなたの親	☐	☐	☐	☐	☐	☐
3. 夫の親	☐	☐	☐	☐	☐	☐
4. あなたの兄弟姉妹	☐	☐	☐	☐	☐	☐
5. 夫の兄弟姉妹	☐	☐	☐	☐	☐	☐
6. ママ友	☐	☐	☐	☐	☐	☐
7. 学生時代の友人	☐	☐	☐	☐	☐	☐
8. 職場の関係者	☐	☐	☐	☐	☐	☐
9. 近所の方	☐	☐	☐	☐	☐	☐

問5 あなたは、お子さんの進路について考える時、周囲の方々のことを参考にしますか。

1～8のそれぞれの方について、a～dの項目のうち参考にするものがあれば、すべてにチェックしてください。

	a. 考え方	b. 学歴	c. 職業（職業経歴）	d. 暮らし向き	どれも参考にしない	該当者がいない
1. 夫	☐	☐	☐	☐	☐	☐
2. あなたの親	☐	☐	☐	☐	☐	☐
3. 夫の親	☐	☐	☐	☐	☐	☐
4. あなたの兄弟姉妹	☐	☐	☐	☐	☐	☐
5. 夫の兄弟姉妹	☐	☐	☐	☐	☐	☐
6. ママ友	☐	☐	☐	☐	☐	☐
7. 学生時代の友人	☐	☐	☐	☐	☐	☐
8. 職場の関係者	☐	☐	☐	☐	☐	☐
9. 近所の方	☐	☐	☐	☐	☐	☐

問6　これまでの子育てを振り返って、以下の点にお答え下さい。

（1）お子さん自身のことで、下記のような苦労はありましたか。1～4の各項目について、もっともあてはまる選択肢を1つ選んでください。

	とても苦労した	まあ苦労した	あまり苦労しなかった	まったく苦労しなかった
1.身体の発達や健康	○	○	○	○
2.勉強や学習	○	○	○	○
3.しつけ（生活習慣）	○	○	○	○
4.友だち関係	○	○	○	○

（2）では、以下の点では苦労がありましたか。1～5の各項目について、もっともあてはまる選択肢を1つ選んでください。

	よくあった	時々あった	あまりなかった	全くなかった
1.子どもの育て方に迷ったこと	○	○	○	○
2.周囲の助けが得られず困ったこと	○	○	○	○
3.夫や家族との子育て方針の違いに困ったこと	○	○	○	○
4.ママ友との関係に苦労したこと	○	○	○	○
5.お金がかかるため子どもに我慢させたこと	○	○	○	○

（3）これまでの子育てで、上手く行ったと思うのは、どのようなことでしょうか。具体的に教えて下さい。

調査に関するご意見・ご感想がありましたら、ぜひお聞かせください。

※以上で、質問はおわりです。ご協力ありがとうございました。

付録2　第2次調査の自由記述欄への回答

第2次調査の自由記述欄への回答

問3（4）支援してもらいたかったこと

　実際には支援を受けられなかったが、支援してもらいたかったことについて、「いつ」「誰に」「どんな」支援を受けたかったかを、自由記述で回答してもらった。ここでは、支援して欲しかった時期を、一番上のお子さんが「0～3歳頃」「未就学の頃」「小学生の頃（まで）」という3段階に区切り、回答を整理している。また、特別な事情については、最後にまとめている。

　日本では、子育てに対する公的支援が不足していると指摘されているため、家族への支援を求める回答が多いのではないかと予想した。しかし、家族と家族以外への支援を望むケースはおよそ半々であった。なお、「家族以外」による支援は、公的機関だけでなく、ママ友や近所の人々へも期待されていた。現実には、家族に頼らざるを得ないケースが多いが、その協力や支援だけでは不十分な現状の中で、公的機関や地域コミュニティによる支援が求められていると言える。

　支援の内容としては、病児保育や一時預かりといった子どもの世話、家事、悩みの相談など母親自身への支援などが多かった。

0～3歳頃

誰に	何を
夫に	食器洗い等の家事
夫	夫の祖母の介護の手伝い
私の母	子どもや私が病気の際に支援してほしかった。
できれば自分の親に（病院に入院していたので、できませんでしたが）	子供の育て方に自信を失ってどうすればよいのかわからなくなることが多かった。初めての子育てなのであたりまえなのですが、育児書通りにいかないことでとてもあせったり、常に気がはっていて休むことができなかった。子育てをたのしめるようなアドバイスがほしかった。
夫の親	保育園の送り迎え、病時の看護
実母（出産時すでに他界しておりました。）	家事、育児の支援、育児の相談
育児ボランティア　すなわち育児経験有の人または有資格者	上の子の学校、幼稚園行事に参加する時の格安で一時預かり
？	通院時の保育
行政に	もっと積極的に病児保育支援してほしかった
ファミリーサポートに	登録することすらできなかった
公的機関？	育児から母親自身の精神的ケアまで（どちらかというと後者）
業者	家事　子供の世話

未就学の頃

誰に	何を
親	産後数か月は辛いので家事を手伝ってほしかった。下の子の出産でやはり産後は辛いし上の子の面倒をみる等、少しはやってもらえたが、大変だったので、もっと手伝ってほしかった。
親	家事など。子どもの世話。
自分の両親又は公的支援	必要な時に一時的に子供を預かってもらえる支援。
近所の方	買い物に行っている間だけ子守りをしてもらえたら助かった。
ママ友	お迎えの代理（保育園で禁止されていて、家族以外には頼めなかった
公的	幼稚園月謝補助の増額

小学生頃（まで）

誰に	何を
夫	家事の手伝い
父母等身内	保育園のお迎え　下校後の在宅
実家の両親	子供の面倒をもう少し見てもらいたかった。自営業で忙しくしていたので、お願いできないことが多かった。
実母(今認知症)	家事や送り迎え(習い事、ようちえん)
夫の親	子供の世話や経済的支援
信用できる人に	通院や美容院、リフレッシュのために子どもを一時的に預ってほしい。
誰でもよいですが…	病児保育←小学生は、ないので、低学年の時は困りました。
誰でもいい	経済的支援

特別な事情

いつ	誰に	何を
マイホーム購入時期	親から	経済的支援　自分たちで購入するのが本来ですが周囲の話を聞くとほとんどの友人が支援を受けていたので。
自分の親が病気の時	保育園等	日中の子どもの世話をしてほしかった。
子供2人の行事が重なったとき	公的支援	預けられる場所(気楽に)があればよかった。(ママ友や他人だと逆に気を使ってしまう為)
大地震の時		子供達のお迎え支援をして欲しかった。
2才違いの下の子が生まれた時期に	誰でもよい	育児で手いっぱいだったので、少しの時間でも子どもをみていてくれたら助かる
引越して周りに知り合いがいない時期	近所の人	私自身が病気の時に子供達を学校に連れていったり放課後に子供達を預かってほしかった。

問6（1）　子育てにおいて特に苦労したこと

　子育てにおいて苦労したことを自由に回答してもらった。ここでは、大まかに「1.自分の育て方（自分の育て方がこれでよいのかという悩み）」「2.子どもの育ち（子どもの心身の発達）」「3.資源の不足（夫や親などからの支援の不足や仕事との両立に関するもの）」「4.その他」の4つに分類している。様々な悩みが報告されているが、子育て自体の悩みだけでなく、資源の不足に言及したものが多い。「支援してもらいたかったこと」とも関連するが、子育てに対する人的サポートの必要性がひしひしと伝わってくる。

1. 自分の育て方

1人目の時、育児書等を読んでドキドキしながら自信のない子育てをしていた様に思います。その時は無我夢中だったので苦労したとは思っていなかったが、今思えば、子供が病気になった時、どうして良いかわからず、とにかく育児書を読むが参考にならず、とにかく、どうしよう！！どうしよう！！とパニックになっていました。2人目が増えると、大変さは増しますが、心に余裕がありました。しかし、病気の子と元気な子と2人をかかえて、病院へ行ったりするのは本当に大変でした。
最初の子の時は何事も初でよく分からず、親もアテにできなかったし自分も若かったので「こうでなければいけない！」と型にはめて考えたりしてしまい、子供は辛かったと思う。ゆとりがなかったというか。2人目3人目は年齢的にもある程度いっていたし、1人目の経験を生かし、自分自身も大人になって、のびのびと育てることができていると思う。親の心にゆとりがないと親子ともに苦しい。いじめにあった時、対応に苦労した。担任に相談しても信じてもらえなかったり（結局事実だったが）結局親がしっかりしないといけないと思った。2回目、3回目は担任への伝え方等々色々と考えて対応できた。
生まれたばかりのころ、どんなにあやしても、おなかいっぱいにしても泣きやまなかった。言葉が出ず、悩んだ（3才半で初語）。
学習面で3才前から公文などの教室に通えば良かったと後悔しています。小学1年生から通いましたがそれでは遅く小学5年生の今も勉強が苦手な為、小学4年生から家庭教師にして経済的に大変です。
一人っ子が一人っ子を育てています。いつも初めてのことばかりで子どもが小さい時は世話のことで悩み、大きくなるにつれ、教育のことで悩み、ずっと苦労の連続です。
下の子に発達の遅れがあり、どのように子育てしていくか悩み、自分が子供のことを適切・的確に理解していく方法を見つけるまで苦労した。下の子と上の子が通う所が異なる為、2人のお迎え等の調整・お願いに苦労した。
反抗期や思春期の際、衝突したり口論したりすることがあり、向き合うことに疲れ、あきらめてしまおうと思ったことが多々あった。その際ママ友に「状況がわるくなった時、どうしようもなくなった時にどうするか、その時その人間の真価が初めて問われる」と言われて、奮い立った記憶があります。子どもと向き合うこと、自分の置かれている状況、立場から目をそらさないこと、迷ったらだめなんだと自分と子どもに言い聞かせることが辛かった。自分の言動が間違っているかもしれないと思う時があり、子どもに向き合えない時が辛かった。

苦労しなかったところはない。何もかも大変だった。一番苦労したのは、子供の得意なところと不得意なところを見極めて、不得意なところをどういう支援をしたらよいか考えたこと。発達が少し遅れ気味で、まわりの子供たちといっしょにあそぶことがなく、どちらかというと少々かわりもののように思われてしまうので、ママ友もいなかった。子供を見ていてもよくわかりにくく、ママ友からの情報もないので、孤独さも感じながらどうしたらみんなといっしょにあそべるようになるかをいつも模索していたと思います。
兄弟の歳が近かったので、長男が小1〜小3までは、とにかく、毎日叱りっぱなしでした。家の中が猿山状態で私の言う事を聞かず、やりたい放題の子供たちに、半ノイローゼになっていました。パートの仕事を週2で始め出した頃でもあり、子育てと仕事にとても疲れていました。

2. 子どもの育ち

成長がのんびりだったこと。歩く、話す、が小学校1年生でようやく人並になったと感じているので。
主人の帰りが遅く実家も遠方の為、子供と2人で過ごす時間が多かったせいか、私以外の人にあまりなつかず、私の姿が見えないと大泣きしていた。歯科や美容院などに行けなかった。
子供の幼少期、私自身が転職等続いた時期があったり、資格取得のため、子供の様子に細かに対応できなかった頃、子供に吃音の症状が出たり、他の子と比べて未熟な点や元気の無い様子に気付いたりした時、自信がもてなくて切なかった。
長男が1歳の頃、お友達をたたいたりつねったりがひどく、公園から帰ってくると。毎回かなしくて玄関で泣いていました。今思えばとても感受性豊かな子なので、言葉がまだしゃべれなくて、もどかしく態度でうったえていたのかなあと。一方次男は幼い頃とても手のかからない子でしたが、小学生になってとてもわんぱくな子に。いつも一番元気な子とつるんで他の子に迷惑をかけていたのですが、4年生になった今やっと物の分別がつくようになり担任の先生からもいい方向に変わったと言われました。
勉強を習慣にすること（毎日の声かけ、採点）。スポーツの習い事のサポート（送りむかえ、当番など）
第一子は乳児期（特に0歳児）に寝付くまでの時間がとてもかかり、やっと寝付いてもすぐに起きてしまう様な日々だったので、大変でした。
長男がぜんそくでひどく病気がちだった。→小学校に入学後、全く病気しなくなって大変な事がなくなった。
友達づきあいについて
子どもが人間関係でうまくいかない時。仲の良い友だちができずグループわけなどでいつもあぶれてしまう。宿題をする、提出物を出す、などの基本的なことができない。出かける直前にも提出物を出すよう声をかけても10分後にはもう忘れている。誰に相談して良いかわからない。
6歳差で妹が産まれました。それまでは弟妹がほしいといってましたが急にママをとられると思ったのか赤ちゃん返りがはじまりいつもぐずりにつきあいがふえました。産前、産後と1年位ぐずりにつきあいました。私も長女も気持ちをうまく処理できないつらい時期でした。
友達関係。1人っ子ですので、友達との距離感やコミュニケーションがなかなか掴めず苦労しました。

- 下の子は夜泣きがひどく、睡眠がとれないので、つらかったです。
- 日々思い通りにならないことがあり、イライラしていた時期もありました。
- オムツはずしも時間がかかり苦労しました。
- ミルクの嘔吐も多かったのでつらかったです。
- 第一子の時も第二子の時も産後の家事支援を受けずに夫婦で無理をしてしまいました(自治体や家事支援を受けるための事前登録や家庭訪問が面倒で結局登録しないままになってしまいました)。
- 第一子も第二子も泣きやすく甘えん坊で、幼稚園入園に際しても母子分離がなかなかできず、母親として情けなくなった。(他のお子さん方は皆笑顔でママに「行ってきます」ができるのに、なぜうちの子だけ…と、他者と比べて悲しくなりました。)

3. 資源の不足

仕事との両立。子どもはかわいい。でも仕事はしっかりやりたい。きちんとやりたい。子どもが病気になると自分が仕事しているせいでは、と悩んだ。

現在1人で子育てをしている中で、経済を1人でまかなうと、仕事に時間をとられ、結果子供が寂しい思いから、親の目の届かない所で横道にそれてしまう行動をとられた所。本末転倒だと思っても、やはり将来に向けて経済を作るのは必須なので、とても心苦しいです。

上と下が年の差があるため行動が異なり反抗期の中学生の悩みや子育ての支えのない夫に、一人で育てている孤独感を感じました。

自分の体調が悪い時に頼れず、子供の習い事を休ませた。子供の進路について、納得がきちんと行く事が少なかった。親は自分の主観を押しつけるのでかえってストレス。子育てにストレスや疲れを感じても相談相手がいなかった。母は上から目線(何もしていないけど)。ママ友は、遊ばせたりランチなど精力的に動くので、気晴らし反面ストレス疲れる

長女の時ははじめての育児と夜泣き(主人がまだ父親になりきれず、好きなことをしていたため、ストレスも多く、実家に帰ることも許してもらえず、育児ノイローゼになった)

次女、三女の時はお風呂、寝かしつけ、家事の時間が苦痛だった。
→食事を作る時間(平日は主人の帰りが遅くて1人でやらなくてはならず)
そして長女、次女の赤ちゃんがえりとかまってあげられないうしろめたさ

子供が幼稚園年中までは、夫の祖母の介護もしていたが、周囲からの理解が得られることがなかった。

下の子が生まれた時など、自分の体調不良など

主人が仕事で帰りが遅かったので、食事にお風呂と全部1人でお世話しなくてはいけないのが大変だった。

第2子を出産したあと、1才差で産んだこともあり日常生活をこなしていくのが精一杯で、夕方から夜にかけて忙しい時間に2人同時に泣かれると自分も泣きたい気持ちになっていた。第2子が1〜2才頃の買い物も大変だった。上の子もまだ話を理解するのには難しい時期(3〜4才頃)だったので、1人が右へ行きもう1人が左へ行くというようなことも多々ありました。迷子になったこともあります。

フルタイムでシフト制なのでひとりで留守番させるのが早すぎて申し訳なかったと今でも思います。苦労というより、強制させてしまったと。

仕事、子育て、家事の時間配分
子供が小さい頃、体調をくずした時、誰が面倒をみるか、特に保育園から発熱の連絡があった時に、お互いにすぐ連絡がつかない時快復に時間がかかる時仕事の調整をどうするか
子供の急病時の仕事との両立（短期で息子が入院した時）や、仕事で追い込まれて、家で家事を行ってから夜中に仕事をほぼ徹夜で行った時。

4. その他

長子が一才半の頃から約10年間3ヶ国（アメリカ、シンガポール、ドイツ）で暮らしました。第二子はアメリカで、第三子はシンガポールで出産しました。出産後はそれぞれ2週間実母に手伝いに日本から来てもらいましたが、それ以外は基本的に自分自身でやってきました。色々大変な事はありましたが、やはり国を変わる毎に子供の学校、習い事、ママ友作りを1から毎回始めなければならなかったのが一番苦労した事だと思います。自分が病気の時、まだ深く知り合った友人もおらず子供達を学校にすら車で送迎できない事もありました。
1. 上の子と下の子で性別は同じなのに性格、考え方、成績などが全く違うこと。比べてはいけないと思うが下の子が圧倒的に何でもこなしてしまう。 2. 習い事のバレエで、コンクールに出る出ない、コンサートメンバーに入る入らないなどかなり親子でドロドロがあるので疲れる。 3. バレエでものすごい金額がとんで余裕がない。でも2人共本当に大好きで頑張っているので応援してやりたい。自分が昔大好きだった習い事を親だけの都合でやめさせられた思いが今でも悔いとなって残っているのでやめさせたくない。
主人の仕事がリーマンショックのあおりを受けた時期に、就学前の子供2人の世話をしつつ、金銭面に不安があった。精神的にしんどかった。子育てに余裕がなかった。全てをちゃんとやりぬこうとして。
限られた時間内にやるべき事をこなさなくてはならない事。自分の理想を押しつけてしまうことがあるような気がして、立ち止まって考えるが結果的にやや強制になってしまうような気がして自分でどうしていいかわからなくなる。下の子が身体が弱いこと、それで上の子が寂しい思いをしていること。2人の想いを同じように汲んであげられないこと。夫と意見があわないこと（育児にかんして）
マンションのママ友の付き合い　幼稚園の役員の人間関係
夫と意見があわなかったこと。（進路、学習計画）
夫婦で話し合いが出来なかった事です（ほぼ丸投げ）。仕事が忙しい時は仕方なく思えましたが、ヒマになっても病気の事、しつけ、進学、全てにおいて相談できなかった。
子供に対しては特になかったと思いますが、同居している夫の親や兄弟との関係をうまくしていかないと子供がどう感じるかをいつも気にかけて生活している。
夫との考え方の違いに大変困惑しました。教育関係者なので躾や私に対しての指摘など大変厳しく子育てが楽しいと思えませんでした。

問6（2）　子育てで上手く行っていること

　子育てで上手く行っていることについて自由に回答してもらった。何をもって「上手く行っている」と言えるのか、人によって考え方はそれぞれであり、分類することは難しい面もあったが、便宜的に「1. 子どもの内面」「2. 何かが出来ること」「3. その他」に分けている。1については優しさや思いやりに言及している者が多かった。2の「できること」の中身は、勉強、家事、自立など多様であった。3には周囲に助けてもらったことなど子どもの成長や発達とは異なること、他人と比べて成長は遅いが喜びを感じられること等、上記には分類しきれない回答が含まれている。

1. 子どもの内面

夫といつも楽しくすごしていたので笑顔がかわいく、優しい子になったと思う。
・私の方から「ありがとう」「ごめんなさい」をきちんと言う様にしていたので、子供たちはきちんと、「ありがとう」「ごめんなさい」が言えます。　・おじいちゃん、おばあちゃんにも頻繁に会い、いろいろな人に優しくしてもらったので、他人に優しくできているところです。
子どもが素直で人に優しくすることができる人に育っているところ
子どもが素直にやさしく育ってくれた事　反抗しながらもまっすぐ成長してくれたこと
いつも一緒にいるのがしんどい時期も多少あったが、親や家族を大好きでいて大切におもっている子供の姿をみたとき、愛情を注いで注いでいるのが形になってきているような気がした。
2人とも家族が大好きなところ
夫を抜きで子どもと楽しく過ごすことで子どもが思いやりのある子に育ってくれたこと。とてもやさしいことです。
母親に余裕の無い状況を子供の方から察して助けてくれたことが多々ありました。（ごはんを炊いてくれたり、まだ小さくても一人でお風呂を沸かしていてくれたり）。現在は、そんなお手伝いはしてくれませんが、家族や周りの様子に合わせて対応できる力がついたと思うこと。
友達にやさしくしてあげられる姿を見た時。家族みんなで笑っている時。
男の子2人ですが、今のところ素直に育っています。
3人とも各々自分なりの考えや意見を言うとき。それぞれの個性を尊重して成長できているなーと思う。
友達をたくさん作れる子どもに育ったと思う。（評価は他人がするものだけれど）他人と向き合える、コミュニケーションがとれる、ケンカができる。今のところ、楽しく生活していること、自分の意志をはっきり言えること。状況に応じて周囲を見渡し、対応できそうなところ。金銭感覚がはずれていないところ。
・近所の知り合いから「〇〇君、いつもあいさつしてくれるよ」と言われた時。「ありがとう、こんにちは」等のあいさつをするよう、言い続けていた成果だと思った。 ・買い物に一緒に行って、頼まなくても自ら荷物を持ってくれるようになった。気配り、責任感、優しさ（？）が身についたのかとうれしかった。

話しかけをよくしていたので家族がとても仲が良い。

上手く行ったのかどうかは、まだ分かりませんが、世の中の良し悪しを、徐々に理解し、素直な性格と、多少の思いやりを持つ、子供らしい子供に育っている所は、上手く行ったのではないでしょうか。

笑顔がたくさんの子供に育っているところ。お友達もたくさんいます。本も大好きでスキマ時間にはいつも何かよみふけっています。スポーツも大好きでリレーの選手になりました。全体的に文武バランスよくたのしみながら成長できているところ。

まだ途中であるが、その時期を楽しそうに過ごしてくれている事、それぞれ保育園で楽しく過ごせたと思うし嫌がることなく学校に通っている。家族皆で仲が良い。子供二人共人に優しく接することができる事

生まれた時から、たくさんの人の中に連れていくことが多かったので、人見知りがなく、誰とでも遊べるし、あいさつもできるようになったこと。
外遊びや散歩を一緒にしてきたことで、体を動かすのが好きなところ。
(家の中でも、スモウや馬飛びなどをしてます)

2. 何かが出来ること

とにかく自分で考えて動く、決めることができる自立した子供になってほしくて育ててきた。2人共きちんと自分で考え、動くことができ、とても優しい子供に育っている。私が夫を大切にしているので、子供も父親をイヤがらないまま成長している。家族仲が良い。

同学年の中でも「自立」という面では進んでいるので私達夫婦の理想に少しは近づいているので良かったと思います。個人面談で先生によくおっしゃっていただいていますが、「人にやさしい」の気持ちが、ある様でひとまず安心しています。話がそれてしまいますが、健康で、明朗活発に育ってくれてるので母親として嬉しく思います。

・各国で日本人幼稚園や日本人小学校があっても、最初の数年はあえて現地校に入れた事で、外国語にアレルギーがあまりないこと。　・自分の子供より年上の子を持つママ友を作り、日本に帰国後の様子をシミュレーションできた事で、中学受験の準備が出来、6年生で帰国したにもかかわらず受験はうまくいった。　・特にドイツに住んでいる間、色々な国へ旅行をした事から子供達の他文化に対する理解を深める事が出来た。

家の事が少しできる　お米を炊ける　アイロンがけ　風呂掃除～風呂炊き　ボタンつけ　洗濯物を干す、たたむ　配膳・下膳　食器洗い

下の子は2才から公文に通っている為学習面ではとても安心で順調です。上の子は学習面は苦手ですが性格は優しい子に育ってくれたと思います。

・勉強を習慣にできたので成績が良い。・なるべく友達と遊ぶ時間を増やすことで対人関係がうまくなった。

・なるべく子供の意思を尊重し、時間をかけて出来るまでまってあげる生活を心がけたので、「イヤイヤ期」があまりなく過ごせた。そのおかげもあり自分一人で出来ることも早い方だった。
・遊び感覚で数字を覚えたり、ひらがな・カタカナを覚えたので、小学生になっても勉強が好きな子になった。

図書館へひとりで行き沢山の本を読んでくれた事

自分が「がんばる」ということをみつけられたこと。
塾での学習は、自分からがんばりました。
親が共働きなのでわりと自分のことは自分するところ
時間わり、宿題、学校で準備するもの、塾、受験勉強、親が不在の時の食事の支度
小学校低学年からの自主学習。
毎朝15分程度ですが、それが習慣になりました。
何にでも順応にとりくんでくれる。
何でも楽しくとりくんでくれる。

3. その他

周囲の人々にとても助けてもらえた事。温かい人間関係に恵まれてピンチを何度も乗り越える事が出来ました。まだまだ人情が残っていて日本も捨てたもんじゃない！と思いました。子供も私も「助け合って生きているんだ」と実感でき、人に感謝する気持ちと、それを返していかねば…との心を持つことが出来ました。
お互い声を時折かけあえるママ友が居てくれて、送り迎えなど助けあった。
それぞれの個性に合った習い事などを考え、子供と一緒にがんばった事はコミュニケーションもよくとれたし、自信にもつながりとても良かったと思っています。
自分の親が近くにいて色々助けてもらえたから、特に苦労もなく今まで上手くやってこれたと思う。
夫の両親と同居しているので一人きりで育児をすることがなく、比較的冷静になることができた。
子供にイライラしない。子供のいいところだけ言ってくれて、悪いところは言わない。それから子供にほめられることです。
色々な人に協力してもらえて（保育園．親．ママ友．夫）子どもの成長を共有でき、子育てをできている
全てがのんびりタイプだったので、早期教育ではなく、人より遅れて（←本人が出来そうな時期まで待った。）習い事や知育を行った。その結果、人並に習い事や学習が出来るようになった。
幼稚園や学校、習い事の先生にわが子をほめられた時。
お友達や年下の子に慕われている姿をみたとき。
子どもらしく育っているところです。
うまくいったとは思える時はまだありませんが、少なくとも元気いっぱいで、笑顔でいてくれているので今、ここにある小さな幸せをしっかり捉えていきたいです。
体の使い方がよくなく、勉強もそんなにできない子供ですが、一つだけ好きなものをもたせられたこと。言葉の発達がおそかったので、当時（3才）一番興味を引いていた英語を習いはじめました。勉強という意味でなく、興味のような軽い気持ちで。私も学習の向上をのぞまず、たのしくやっていけたらという気持ちでした。「10年以上習ってこのくらいなの？」と思うくらい、上達していませんが、何をやってもうまくいかない子供が、英会話（聞くこと）を好きでいられています。
食事だけは栄養価を考えてできるだけ手作りで食べさせているので丈夫な子供に育ったこと。人に頼らず自分で考えて行動をおこせる子供に育ったこと。
子どもたちが笑顔で学校に行けている事
大きな病気やケガ、事故を経験させることなく、今の年齢まで成長させたところ。

子供が求めるだけ、甘えさせたので、情緒が安定しているように思う。
まだ途中なので、上手くいったと感じることはあまり無いのですが、今のところ法に触れることも無く、グレていないので（笑）上手くいっているように思います。 健康で元気に楽しそうに学校に通っている姿を見るとうれしいです。
1日1回どんな事でもほめる（さりげなく） 頭の悪い母なので意外と子供はしっかりしていくものだと実感した（笑） 長男は特に頼りにするとうれしそう　反抗期もないです　よく笑います 長女もがんばり屋さんとてもえらいです　家族4人でおふろに入る（笑） いざって時は主人が子供達に話してくれます（年に1回位　大事な時だけ）

問7　どんな大人になってもらいたいか

　子どもの将来に対する親の思いは、非常に多様であることがわかる回答であった。様々な意味での成功や能力の開発、健康、自立性、人としてのあり方など多岐にわたっている。分類の基準を考えることは困難であったため、そのまま掲載した。

多様性を認める人になってほしいです。1つの物事も別の角度から見るとまったく違うものに見える場合もあるので、自分のモノサシだけにとらわれず、思考に柔軟性をもってほしいと思います。自分は他人に「これだけは負けない」と思えるものを身につけてほしいと思います。
自分で生活していける子。暮らしのレベルは本人に任せるが、望む暮らしに見合う収入をたてられて、家事も自分で一通りできるようになってほしい。
日常生活が当たり前に出来ている事に感謝の気持を忘れない大人。楽しい事を探すだけでなく今やっている事を楽しめる大人。現在はすぐに不平不満を言い、やってもらって当たり前。居心地の良い場所、気の良い人の輪から飛び出そうとしない。小さな人間にならず、広い視野が必要だと思うので。
健康で、自分で自分の道を考え、選びとって、自分の力で努力して進んでゆける大人。他の人に決められた道では失敗したりその後うまくいかなかった時にあの時ああしていればよかった、と思ってしまうだろうけれど、自分で決めたのなら自分の中で納得できる。それも自分なんだと受け止めて、次へ向かっていける強さを持って欲しい。だから私は予めレールを敷いたり、自分が理想とするイメージの選択肢しか見せない親にはなりたくないです。
「何事にも、積極的に！」「自立した女性」「人の役に立てる存在」理想は色々とありますが、上に挙げた様になるのは、自分に自信を持つことが根底にあると思います。それには教養や礼儀…これからどんどん色々と勉学にいそしんで、色々な経験をして、明るく楽しい未来を歩んでいって欲しいと願っています。

| 他人に優しくできて、自分の意見がきちんと言える大人になってもらいたいです。ただ優しいだけでは、社会で生きていくのは困難なので、しっかりと自分の意志をもち、心の強い人間であってほしいと願うからです。 |
| 他人を思いやる大人に育ててもらいたい。金銭面だけを求めるのではなく、生まれてきたからには何か意味があると思うので、社会に役に立つことをしてもらいたいから。 |
| 最終的には勉強ではないと思いますが、手に職をつけてほしいです。就職に困らないと思うし女の子なら出産後も復帰しやすいので。でもその前に基本的な善悪の分かる大人になってほしいです。 |
| 相手を認め、許し、自己の心と向き合えるような大人になってほしい。自分の人生を、構築できる力を備えてほしい。理由、争いのない人間社会（犯罪や戦争など）を願うから。今のこの時の選択1つ1つが、将来につながっているという自覚がとても大切だと考えるから。 |
| 人の役に立つ人間になってほしいと考えています。ここまで成長するまでに、多くの人に大切に育ててもらったので、できるならば、他の人にも優しく役立つような人間として認識されたいと思うからです。 |
| 長女→優しさ思いやりはそのままで、もう少しだけ人に対して寛容であってほしい。頑張りすぎず、楽に生きて欲しい
長男→優しさ、みんなをなごませる所はそのままで、断る勇気、人と協力する、誠実さ、努力する事の大切さに気付いて欲しい。 |
| 成績勉強だけでなく周りの人の事を気持ちを考え、なお自分を大切に生きてほしい…
人生を色々な経験して楽しんで、人に恵まれ、支えあえる人生を送ってほしいです。なぜならば、人は一人では生きていけない、かといって周りに気をつかいすぎて自分を見失ってほしくない…　今まで助けられてきたからです |
| 人に流されない、自分の意思を持ち、またそれを発信することができる大人。
今娘が11歳、息子が8歳でまわりの子供達に振りまわされている感じあり |
| いろいろな事で自立した大人になって欲しいです。 |
| 精神的にも経済的にも自立した大人。私自身が、中学受験をし、中高大と女子校で何となくすごし、受け身なすごし方をしたまま大人になって、いかに主体性がない、自立していない人間かと現在思い知らされているから。 |
| 自分のことを尊敬できるような大人になってもらいたい
そんなに大げさなことではなく、「私なんて…」と下向きにならない。 |
| できるようになってほしい事、ついてほしい職業は色々ありますが、一番は良い人々に囲まれて自分も周りの人の笑顔がたくさんみられる大人になってほしいです。 |
| 自分でなりたい大人。一人でも成長していける大人。自立してもらいたいから。 |
| 自ら考え自ら学び自ら進んでいける子どもになってもらいたいです。又メンタルが強い子ども、何か大きな問題が生じた時に立ち向かっていけると思うので、ロボット人間ではなくて自ら開拓していけるように、人生が楽しくなるように。 |

自分のことは自分で養う力を持つこと。経済的に自立することができる大人。精神的には他者と協働できるコミュニケーション力のある人。
私自身が大人になってから苦労した点なので。

自己肯定感を持って、自分で考えて行動を起こして結果（良くも悪くも）を受けとめて前進できる人になってほしい。他人のことを自分に置きかえて考えられる人になってほしい。
マナー、所作、言葉遣いなど正しくできる人。

長男はいつも私がいろいろ気にしながら育てたので、とても慎重派です。今中学の厳しい野球部で毎日頑張っています。野球は好きだけど部活はいやだと毎日言う程厳しいですが、今ここで頑張っていることがきっとこの先の自分にとって役に立つはず！と思い応援しています。
次男はいつもマイペースでちょっと放置しすぎたかもしれません。けど、それなりに頑張っているようで物おじしない堂々とした性格がうらやましくもあり、心配でもあり…あまりしめつけるといいところが減ってしまいそうなので笑男の子2人大きくなっても仲良しでいてほしいです。

自分の意志を伝えたうえで、周りと協調できる子になってほしい　「ありがとう」「ごめんなさい」などのあいさつをできる子　長女、次女には我慢しすぎないでほしい
自分の気持ちを外に出せずにためすぎてしまうと心身共に崩れてしまう時があるから

将来は人の気持ちのわかる人間でいて欲しい。職業についてはやりたい事を見つけそれを生かせる職についてもらいたい。なぜなら、自分がやりたい事を見つけられず、フリーターになりその後正社員として職につけなかった為。

壁やトラブルを乗り越えていける人間。やりたいことを仕事にできる大人。思いやりのある（人の痛みがわかる）人間。

視野を広く、信念を持って行動が出来る人間になってほしい。好きな事、興味をもったものをとことん頑張って欲しい。

自分一人の力でも生活していける大人になって欲しいです。現在精神面でも経済面でも自立できていない大人が多いように感じるので。

私はありきたりかもしれませんが、心の温かい優しい子、周りの人に愛される子に育ってもらいたいです。10年後も20年後も笑顔の変わらない、素敵な大人になって欲しいです。

他人を思いやり、自分の事も大切にできる人になってほしい。その方が生きやすいと思うから。他人と比べるのではなく、自分なりの幸せを見つけてほしい。（きりがないから。）小さな幸せをかみしめていってほしい。

肉親にも他人にも頼らなくても、自分の力だけで生きていける能力を身につけた大人に育ってほしいと願っています。（第一子（女）も第二子（男）も）

本人がワクワクするような分野で、限界を超える努力を続け、世の中の役に立ってほしい。

自立心のある子に育って早く1人立ちしてほしい。

自分の子供に「お母さんってすごいんだね」と思ってもらえるものを一つでいいから持っている大人に育ってもらいたいです。自信を持って子育てをしてほしいからです。

上の子には人を思いやることが出来、自分の良い所も、人の良い所も認める、自立した大人になってほしい。幸せに人生を送る為。下の子には、人から愛される人になって欲しい。幸せに人生を送る為。
・人に優しい大人に育ってもらいたい。（優しく接することのできる）・困った人がいれば助けてあげられる人になって欲しいし、そういう心をもって毎日過ごせる人になって欲しいから。 ・遊び感覚で数字を覚えたり、ひらがな・カタカナを覚えたので、小学生になっても勉強が好きな子になった。
長男：世界中どこでもたくましく生きていける人 長女：自分をしっかり持って他人に流されない人
3人に共通していることは、人には親切に思いやりを持って接し、自分の決めた目標には真剣に取り組み、失敗を怖れず、色んなことにチャレンジできる人になってもらいたい。
手に職をつけて、自分に自信をもてる仕事についてほしい。両親が資格をもっているので子供にも。医者にさせたいと思っています。
男女性別の違う子供がいますが、どちらの子にも精神的、経済的自立をした大人になってもらいたい。
出来ない事、苦手な事をマイナスと捉えず、常にチャレンジする姿勢を大事にする大人に育ってほしい。あきらめさせるのではなく、自らの判断にゆだねたい。困った時、親、友達、先生などとコミュニケーションをとって解決できる力をつけてほしいからです。
勤めでも自営業でも良いので、自分で働き、生きていける大人に育って欲しい。あたりまえのことができるように。引きこもりやニートなど問題になっているが、私たち親はいつまでも子供の世話ができるわけではないので。
社会に出て自立している大人　他者を思いやれる大人
自立して自分の好きなことを見つけ親がいなくなっても自分で生きられるように幸せになってもらいたい。
自分のやれることをうまく生かし、職業に生かしてもらいたい。
健康で活き活きとした生活を送れる大人。自分がやってみたいことを進めていく大人。自分に自信が持てる大人
上の娘：保育士になりたいと小学校のころからの夢がぶれていないので、働く親の立場も寂しい子供心もわかる、優しい保育士になってほしい 下の息子：やりたい事をみつけて頑張れる大人になってほしい
自分の長所を仕事にいかして、自分の力で生活できるようになってほしいと思っています。いい大学へ行ってほしいとか、有名な会社に入ってほしいとか…そういう気持ちは全くありません。（でもこの方が良いとは思いますが）本人が自分らしく、自分の仕事にほこりを持って、生活できるだけのお金を得て、もちろん社会のルールを守ってくらしてほしいと思います。
とにかく、思いやりのある子になってほしいです。
多くの気の合う仲間に囲まれ、助け、助けてもらいながら、人に愛される人間に育ってもらいたいです。なぜなら、孤独ほど悲しく、辛い事はないと思うからです。

大人になっても笑顔をたやさず、前向きに生きていってほしい。自分の力で考え、ふみだせる強さもみにつけてほしい。 ・自分で考え、判断し行動できるようになってほしいです。 ・たくましく自立した人になってほしいです。 ・生きていくために必要だと考えます。
思いやりの持てる大人 他人に迷惑をかけない大人 自分で夢中になって目標や希望や楽しい事を見つけてほしいです 私も主人も将来の事は何も言わないタイプなので、のびのびと最低限の常識だけはこれからも伝えていくつもりです

意見と感想

学生時代を思い出しました。（アンケートを必死で集めました。）集計がんばって下さい。
今回、この調査を通して、改めて子育てについてふりかえり反省することができました。至らぬ親によくついてきてくれている子供たちに感謝の念を抱きました。（稚拙な回答で申し訳ございません。）ありがとうございました。
男性の人づきあいも子育てに大いに関わるハズなのに結局女性が（のみが）子育てをするという前提の調査なのでしょうか？　私個人の考えとして、良妻賢母が女性を縛り、特に男の子を育てる上でなにも家のことをしない、出来ない男性を育ててしまっている気がします。←こんな男性の母は決まってテキパキした家事能力の高い女性です。
この調査を通し少しでも子供達が幸せになれる世の中をつくって行けることに貢献していきたいと思うので、たくさん意識していくためにも調査をどんどんしてほしいです。
世の中の人々は、こういった心の声も知りたいと思うので良い企画だと思います。 がんばって下さい。
前回の調査表では、いろいろと上向きだったこともあり前向きな思考でいられたが、今回は、身辺が色々とおもわしくない事もありネガティブな気持ちで調査表にのぞんだ。女性は年代だけでなく色々な事で気持ちが左右されがちなので、統計をとるのは大変でしょうががんばって下さい。私のまわり30代後半〜40代は、日々家庭や仕事、日々の生き方等迷ったりよろこんだり色々な感情をもって奮闘している。少しでも確かな声をすくいとってもらえるとありがたいです。
これからの時代は女性も社会へ出て働かなくてはいけない。しかし結婚、出産、子育てをする事で社会復帰は難しい現実。子供がいて正社員で働いている方はだいたい御両親が近所にいて、手助けがある。手助けがない家庭にもっと働ける支援が欲しい。もしくは子育てに専念出来る世の中であって欲しい。

子育ては人それぞれだし、子供も個々違った考えをもっているので、答えは無いけど子育ては楽しいです。

今回アンケートを通して、自分が子供達に対してどのように思っているのか、どんなことを大切に思っているのかを客観的に考えることができました。そして、教育観などは自分が親から受けてきたものが影響するのを感じました。

参考になるか分かりませんが、少しでもお役に立てたら良いなーと思っています。

今、主婦が孤立してしまい、子どもへの虐待が増えていると聞きます。専業主婦へのサポート機関が増えるといいのですが。又、その様な主婦は、サポート機関があったとしても行かない方が多いと思います。幼稚園の送り迎えなどで必ず顔が見え、毎日、外へ行かなければいけない状況であったりすると少し減少する様にも思います。働く女性が増えていますが働くことが良い事とも思えません。子どもが小さい時は、じっくりと子どもと向き合う事も大事だと思います。

思春期〜成人までは、どんな大人・環境にめぐり会うかで影響を受けていくと思うが、子供が小さい時期の環境は、親や身内がどれだけ精神的に安定しているかが大切な要素だと思う。親が安定しているためには、経済的にも、家族構成的にも周りの人たちとのコミュニケーション的にも不安をもたないでいいように、腹を割って話せる相手が必要だと思う。子育てで苦労したことを話してくれる、普通の子育て経験者の物理的・心理的援助が、悩める親たちをどんなに救ってくれることかと思う。

子育てについて振り返ることができます。

女性の人づきあいと子育て観の調査ということだったが、日本はまだまだ男尊女卑の社会だ。子育て＝女親、家事＝女、ジェンダーの壁はまだまだ高い。まず家庭内の性差が問題だと思う。私の母は女性の自立をめざし、社会活動を長年してきた人だったが、家庭内で長男（兄）の扱いは違った。外に対してかみつきながら、家庭内では平等ではなかった。まず、家庭内教育からはじめないことには、変わらないと骨身にしみた。私は女の子２人の母だが、男の子がいたら、どうなっていたかはわからない。ママ友の中には「娘のためには死ねないが息子のためなら死ねる」と言った人がいた。それほどまでに息子とは母親にとって特別なものなのか、とおどろいた。家父長制度は根強く残っている。どんな悪習も継続されてきたものの力は強い。私は今介護職についているが、介護もまだまだ「女性（妻・娘・嫁）がするもの」という認識が強い。この調査が今後どのように女性の社会的地位の向上に役立つか興味と期待を持って見守りたい。江戸時代から続く「民は寄らしむもの、知らしむべからず」がはびこる社会になっていっていることがおそろしい。調査が自己満足で終わらないことを願います。

提出が締め切り間近になり大変申し訳ございません。ご査収のほど、よろしくお願いいたします。

この調査から論文などをまとめて、発表される際にはぜひお知らせ頂きたいです。私自身、回答することで振り返ることができ、このテーマにもとても興味を持ちましたので、その折には拝読させて頂けましたら幸いです。末筆ながら、貴研究がうまくいきますことをお祈りしています。

自分の子育てについて見つめなおすきっかけになりました。

問2(2)の設問（注：習い事の費用）ですが、現在高校生1名中学生1名の我が家では2年前にはもっと違ったのにと思いました。この設問だとうちではあまりお金がかかってないみたいですが、実際はかかっていたんです。
私の回答が役に立つ意見かどうかはわかりませんが、調査の結果にも大変興味があります。調査結果を知ることができるといいなと思います。

有意義な調査になるといいと思います

家事や育児に関して夫は手伝う人ではないので一部設問が不適切

私が育った頃とくらべて、生活はとても豊かになりましたが、子供にかけるお金がふえたためか、親が子供にいろんな期待をかけすぎているような気がします。50年前はできなくてあたりまえのことが、今ではできないとダメ人間のような気持ちになるということが多いです。
私は子供が発達障害をもっていたため、ふつうのママ友がいません。障害をもったお子さんのママ友はいますが、障害の程度で友だちになれる人となれない人がいます。今、近所のお友だち（お子さんのいる）は、子供からつながったのではなく、私自身とつながっています。今の私はお友だちがいなかった頃（子供が～10才くらい）と比べて、気持ちも安定していますし、ふつうに相談もできます。ママ友は子供の相談ができにくいので、私つながりの友だちの方が気らくです。こういう意見をいえる場がなかったので、きいていただいてありがたかったです。
今回の調査でわかったことを今後の母親支援に生かしてほしいと思います。

乱文おゆるしを

日本社会は、まだまだ子育ては女の仕事であるという考え方が根深くあると思います。その結果、たとえ仕事をしながら子育てをしていても、子育ての負担や家事の負担が女性を縛っています。子育ては夫婦の仕事である事を、もっと男性（社会）に理解して欲しいと常に思います。私は、週3日のパートですが、それでも働きながらの子育てや家事は、とても大変です。社会は、女性はどんどん外へ出て仕事しましょうと言いますが、男性の意識が変わってくれなければ、女性の本当の能力は、発揮されないのではと思います。
このような調査が、今後の日本女性の生き方に良い影響となる事を、願っています。

今回久しぶりに母子健康手帳を見直しました。乳幼児の頃の子育ての悩みを読み返し、今元気に生活している子どもたちが居て幸せだなと感じました。
年齢によって子育ての悩みは違ってきますが、私自身も親として成長し子どもたちを見守っていけたらと思います。
今回立ち止まり、改めて見直すきっかけになりました。ありがとうございました。

あとがき

　本書の誕生には、いくつかの幸運と偶然が重なっている。

　今から20年近くも前になるが、2001年の夏から数ヵ月の間、訪問研究員としてカリフォルニア大学ロサンゼルス校（UCLA）社会学部に滞在する好機を得た。階層研究のビッグネームであるドナルド・トライマン教授やロバート・メア教授などのクラスに参加しながら、当時進めていた高校生調査の分析に必死に取り組む毎日を過ごしていた。

　その当時、UCLAの社会学部に、キャメロン・キャンベルという若い研究者が在籍していた。ある日、彼の部屋に遊びに行くと、日本人の私にも判読が難しい毛筆で書かれた資料がPCの画面に映し出されていた。それは何だとたずねると、古い時代の中国における住民登録データだという。なぜそれが読めるのかと驚いていると、彼の家には小さい頃から外国人がたくさん訪ねて来たのだが、その中には中国人もおり、いつの頃からか中国文化に関心を持つようになったのだと説明してくれた。それで一体何を調べているのかと、さらにたずねると、その資料には過去何世代にも遡る家族の状況が記録されているので、多世代にわたる親族の階層的背景が把握できるのだと興奮気味に語ってくれた。これこそ第1章でも紹介したCMGPDプロジェクトだったのだが、当時の私は自分の研究で頭が一杯だったため、何だか凄い研究だなとは思ったものの、その後はすっかり忘れてしまっていた。

　数ヵ月後に帰国すると程なく子どもに恵まれた。子育てには喜びも多かったが、様々な難しさも感じるうちに、家族を対象とした研究に興味を持つようになっていた。また、中年期に差しかかり、何か新しい分野に挑戦してみたいという思いもあり、家族社会学会へと入会することにした。入会からしばらくした後、研究仲間から『全国家族調査（NFRJ）』のデータを分析する研究会に入らないかという誘いを受けた。ちょうど2008年のNFRJ調査が終わったとこ

ろで、学会として新しい分析メンバーを募集していたのである。家族の調査だから子育てに関する情報もたくさん含まれているだろうという期待もあり、研究メンバーに加えてもらうことにした。

　調査票を見てすぐに上記の勝手な期待は裏切られたことを知るのだが、その一方で、この調査には、対象者の親キョウダイと子どもの学歴という、従来にはない貴重な情報が含まれていることも判明する。これを用いれば、「祖父母」や「オジオバ」など、従来の研究からは見落とされてきた親族の影響を調べることができる（と思ったのは私が無知だったからで、本文でも紹介した通り、既に先行研究が存在していたのだが）。そのことに気づいた当時の私は、自分が何か特別な発見をしたような気になっていたが、記憶の奥底にあったキャメロンたちの研究から無意識のうちに影響を受けていたのだろう。いずれにせよ、当時の研究仲間たちの反応は、「何だか変わったことに興味があるんだね」というものであり、少なくとも私の周囲には、こうした関心を持つ者はいなかった。

　ところで、本研究プロジェクトは、科学研究費補助金（基盤研究（C）：15K04367）の交付を受けることによって可能になったのだが、研究タイトルは「家族制度と社会関係の観点からみた階層効果の再検討」というものであった。つまり、研究を企画した当初の私は、伝統的な家族制度や親族内での多世代にわたる資源の伝達によって、親族効果は生み出されると予想していたのである。ところが、データ分析から明らかになった結果は、本書に記したように、そうした思い込みとは大きく異なるものだった。

　ただし、これらの分析結果は、筆者の知識や分析能力の不足によってもたらされたものに過ぎない可能性もある。家族社会学会の会員とはいえ、上記のような経緯で入会したこともあり、私はこの分野の基礎的なトレーニングを受けていない。そのため、重要な知識が抜け落ちている恐れがある。したがって、家族制度の影響については、今後も引き続き検討する余地が残されていると考えてもらいたい。

　とはいえ、家族制度を背景とした資源の伝達は、少なくとも親族効果の中心的な背景要因ではない、とは言えそうだ。もしこの判断が正しいとすれば、親族効果は一体どのように生み出されたのだろうか。NFRJ データの分析を続け

ながら、この謎にはしばらく頭を悩まされた。これを解く鍵は、ちょうどその頃に始まった、2013年ESSM調査によってもたらされることになる。この調査自体は、階層研究を代表するSSM調査の枠組に、学校調査で問われるような教育体験に関する質問項目を取り入れたもので、教育と社会階層の関連を全国規模の社会調査によって明らかにしようとする試みである。そのため、親族効果の解明という私の個人的な研究関心とは必ずしも直結しない。ところが、幸いなことに、その頃になると海外で多世代効果に関する研究が活発化していたこともあり、親族効果の検討を可能とするような調査の設計が採用されたのである。

　ESSMデータを用いた分析の詳細は第3章に述べた通りで、親の教育期待（学歴志向）を媒介した関連に着目することによって、親族効果の問題には一応の見通しを持つことができた。しかしながら、ここで新たに浮上してきたのが、「学歴志向」には親族以外も影響するのではないかという疑問である。そのことを検討するには、ソーシャルネットワーク研究が役立ちそうだとは思ったものの、その方面に関する当時の私の知識は、恥ずかしながら、ほとんど無いに等しかった。そこで、ソーシャルネットワーク研究の専門家の方たちに教えを請いながら、少しずつ研究を進めて行った。ほとんど、あるいは全く面識のなかった、しかも素人である私の質問に丁寧に回答してくれた皆さんには、本当に感謝している。こうした人々の助けも借りながら、ソーシャルネットワーク研究について一定の理解に達することはできたが、完全な俄勉強のため、重要な知識が抜け落ちているのではないかとの危惧を拭えない。この観点からの研究に大きな可能性を感じてはいるものの、まだまだ緒に就いたばかりと思って頂ければ幸いである。

　以上のように、本書は、様々な偶然と多くの人々からの助けに導かれて出来上がったものである。そうした幸運と皆さんからの援助に、この場を借りて心から感謝したい。もちろん、この他にも、お世話になった方々は数多い。筆頭にあげるべきは、本研究プロジェクトの中核を担うPNM調査にご協力くださった、たくさんの回答者の皆さんであろう。答えにくい質問も多かったと思われるが、子育てにお忙しい中、調査にご協力くださったことには深く感謝して

いる。無回答や無効票も少なく、非常に丁寧に回答してくださったことも大変にありがたかった。それだからこそ、お一人おひとりのお答えを無駄にしないためにはどうすればよいのか、何度も悩みながらの道のりであった。これまでに関わってきた共同研究による大規模調査プロジェクトとは異なり、調査の設計やサンプリングから一人でこなしてきたこと、そして巻末の付録2にも一部ご紹介したように、たくさんの方から温かい（時には厳しい）メッセージを頂いたことからも、そうした思いは一層強まったように思う。科研プロジェクト自体は2018年度末に終了したが、教育格差の是正やよりよい教育環境の整備に役立てるという調査の目的をどれだけ達成できたかと問われると甚だ心許ない。本書の刊行は1つの区切りにはなるが、この問題には今後も継続的に取り組んでいきたいと思っている。幸い、今年度からの新しい科研プロジェクトにも採択されたので、本書の問題意識をより発展させる形で、貢献することができればと考えている。

　本書の刊行という意味では、前著に引き続き、出版を引き受けてくださった勁草書房と編集担当の藤尾やしおさんにも大変感謝している。どれだけ力を注いで原稿を書いたところで、出版を引き受けてくださる方がおられなければ、その努力が日の目を見ることはない。前回は出版社を探すのに相当苦労しただけに、今回、すぐに引き受けてくださったことは、非常にありがたかった。

　最後に、妻と息子へ。いつも研究のことばかり考え、しかも途中で職場を変わったこともあり、思春期の息子とその母親には相当に辛い思いをさせてしまった。それにもかかわらず、わがままで不器用な夫、父を理解し、様々な形で応援してくれた。本当にありがとう。

　　　2019年5月　新緑の西生田キャンパスにて

　　　　　　　　　　　　　　　　　　　　　　　　　　荒牧　草平

人名索引

ア 行

赤枝尚樹　187
赤川学　145, 151, 156
阿部彩　54, 187
石黒格　71, 142
石田光則　69-71, 76, 132, 136, 156
伊藤三次　183
稲葉昭英　6, 54
ウィリス（Willis, Paul E.）　173, 184, 194
ウェルマン（Wellman, Barry）　64, 65, 107, 119
大谷信介　63
大前敦巳　173
尾嶋史章　2
落合恵美子　86, 115
小内透　173

カ 行

片岡栄美　2, 14
片瀬一男　41
鹿又伸夫　169
吉川徹　113, 145
ゴールドソープ（Goldthorpe, John H.）　2, 89, 168
小林大祐　164
近藤博之　2, 17, 79

サ 行

佐藤俊樹　162
シーウェル（Sewell, William H.）　41
施利平　7, 13
白波瀬佐和子　145
新谷周平　184
菅野剛　135
数土直紀　146, 156
盛山和夫　87, 145, 157
ソン（Song, Xi）　6

タ 行

大日義晴　135
ダインドル（Deindl, Christian）　6, 34
知念渉　174, 184
ティーベン（Tieben, Nicole）　6, 34
トライマン（Treiman, Donald J.）　10

ナ 行

直井道子　145, 151
西田芳正　184, 185
西村純子　135
二関隆美　179, 180
野沢慎司　65, 66, 68, 119, 140

ハ 行

ハウザー（Hauser, Robert M.）　3
原純輔　87
ハルステン（Hällsten, Martin）　6
平沢和司　2, 17, 25
フィッシャー（Fischer, Claude）　63
藤原翔　92
二見雪奈　180
ブリーン（Breen, Richard）　2, 6, 89
星敦士　70, 93, 134
ボット（Bott, Elizabeth）　66, 67, 108, 175
本田由紀　177, 179, 181

マ 行

マートン（Merton, Robert K.）　11, 56, 77, 121, 143
前田尚子　142, 181
牧野カツ子　117, 179, 181

松田茂樹	115, 117, 119	安野智子	71, 72
水垣源太郎	140, 142	大和礼子	119, 123
三輪哲	146	余田翔平	11
メア（Mare, Robert D.）	3-5, 33, 45		
目黒依子	67-70		
森岡清美	68		

ヤ 行

ラ 行

リトワク（Litwak, Eugene） 67
ローレンス（Lawrence, Matthew） 5, 34

安田三郎　2, 4, 49
保田時男　19, 159
安田雪　86

ワ 行

渡辺秀樹　116, 181

事項索引

ア行

アスピレーション　　2, 168
ウィスコンシン・モデル　　2, 89-91, 168

カ行

階級文化　　55, 172-176
階層帰属意識　　70, 76, 144-158
階層研究　　5, 70, 113
核家族枠組　　2, 166, 186
学歴志向　　91-97, 118-121, 143, 154-158, 166, 167, 170-172, 176, 177, 179, 180
かくれた背景　　165, 166, 175, 176
家族制度　　4, 7, 13-18, 23-25
疑似相関　　27, 43, 101
規範的制約　　66, 120, 170
教育環境　　54, 120, 134-136, 144, 172
教育期待　　40, 41, 49, 50, 52, 53, 55, 56, 76, 89-92, 129, 168
教育態度　　1, 47, 48, 67, 81, 170
教育的地位志向（モデル）　　169, 170
教育投資　　170, 179
教育熱心　　48, 106, 172
協力的なネットワーク　　181, 183
（世論の）クラスター　　72, 109
経済資本　　45, 53, 54, 78, 79, 174
経済的資源　　15, 33, 34, 169
行為主体　　168, 169, 174, 183
合意性の過大視　　71, 93
コーディネイター　　116-118, 178, 180, 183
コミュニティ　　64, 108, 116, 137
孤立　　67, 115, 117, 172, 178-181

サ行

サポートネットワーク　　69, 118, 119, 134, 135, 166

参照論　　121, 131, 136, 137
（ネットワークの）磁場　　65, 66, 74, 119
社会空間　　47, 78-80, 93, 105, 106, 119, 174
重要な他者　　2, 90-92, 143, 168
受験文化　　48, 49, 55
準拠集団　　56, 77-79, 120, 121, 143
準拠枠　　56, 120, 121, 130, 135, 137, 143, 158
情報環境　　72, 93, 107, 109
人口統計学　　4, 5
制約論　　120, 121, 136, 137
相対的リスク回避仮説　　2, 89, 90, 168

タ行

多世代効果　　3-7, 33
地位アイデンティティ　　70, 143, 144, 154, 156
地位の軌跡　　138, 146, 155-158, 167
紐帯　　64, 66-70, 107-109, 121
定位家族　　29, 40, 42, 43, 45, 48, 54, 80, 138, 154, 155
同一化　　76, 143, 144, 156, 158, 171, 172
同化（機能）　　70, 71, 76-78, 92-94, 97, 100, 103-105
同質性　　63, 64, 75, 77, 92, 97, 99-101, 176
同調（機能）　　74, 75, 92-94, 97, 103-105
同類結合　　71, 72, 93

ハ行

パーソナルネットワーク　　61-64, 67, 70, 80-83, 117-120, 166, 170, 174, 178, 182
媒介効果　　49, 50, 55
ハビトゥス　　46, 47, 55, 82, 174, 175
比較機能　　71, 76, 93, 100
非選択的関係　　69, 76, 80, 132, 136
貧困　　4, 44, 53, 54

245

文化資本（論）　34, 46, 47, 55, 78, 79, 174, 175
文化的資源　6, 34, 170
文化的背景　1, 9, 46, 47
ペアレントクラシー　2, 179
補償効果　28, 43, 44
ポスト育児期　118, 122, 123, 125-128, 135, 137, 138

マ 行

（ネットワーク）密度　65-67, 97, 99, 105, 107, 108, 119, 176
メカニズム　62, 76, 77, 103, 106, 115, 121, 134, 155, 159, 169, 170, 172, 175

ヤ 行

豊かさの自己認識　157, 167

ラ 行

ライフコース　78-81, 91, 138
理論的焦点の転換　5, 11, 186
累積効果　28, 30

アルファベット

ESSM　41, 54, 57, 98, 182
NFRJ　7, 34, 54, 84, 95, 135, 182
PNM　85, 95, 107, 122, 155, 182, 183
SSM　2, 84, 95, 96, 143-145, 147, 159, 182

初出一覧

　本書の元になった論文や書籍原稿の初出一覧は下記の通りである。ただし、本書への収録にあたっては、データ分析からやり直すとともに、全体の議論の流れに合わせて本文にもかなり修正を加えている。また、第1章と第2章は、これまでに複数の原稿で取り上げてきた内容を再構成するとともに、新たな記述も加えているため、特定の原稿を初出とすることはできない。終章は完全な書き下ろしになる。

第3章　親族効果の背景
- 荒牧草平, 2018,「子どもの教育達成に対する家族・親族の影響：オジオバの学歴と男女差に着目して」中村高康・平沢和司・荒牧草平・中澤渉編著『教育と社会階層—ESSM全国調査からみた学歴・学校・格差』東京大学出版会：129-147（祖父母学歴との関連も加えて再構成）.

第4章　パーソナルネットワークの視点から考える
- 荒牧草平, 2017,「社会意識の形成に対するパーソナルネットワークの影響に関する検討課題：子どもに対する親の教育期待に着目して」『日本女子大学紀要　人間社会学部』27：23-37.

第5章　ネットワークと学歴志向
- 荒牧草平, 2018,「母親の高学歴志向の形成に対するパーソナルネットワークの影響：家族内外のネットワークに着目して」『家族社会学研究』30(1)：85-97.

第6章　準拠枠としてのネットワーク
- 荒牧草平, 2018,「母親の人づきあいと教育態度：家族内外のパーソナルネットワークに着目して」『日本女子大学紀要　人間社会学部』28：35-45.
- 荒牧草平, 2019,「子育て環境に関する母親のパーソナルネットワークの機能：サポート資源と準拠枠」『日本女子大学紀要　人間社会学部』29：17-30.

第7章　地位アイデンティティと学歴志向
- 荒牧草平, 2018,「地位の軌跡が女性の階層意識に及ぼす影響：階層再生産の視点から」荒牧草平編『2015年SSM調査報告書2　人口・家族』（2015年SSM調査研究会）：199-217.

著者略歴

1970 年生まれ。大阪大学大学院人間科学研究科博士課程単位修得退学。博士（人間科学）。
現　在：日本女子大学人間社会学部教授。専門は教育社会学、家族社会学。
主　著：『学歴の階層差はなぜ生まれるか』（勁草書房）『教育と社会階層：ESSM 全国調査からみた学歴・学校・格差』（共編著、東京大学出版会）『高校生たちのゆくえ：学校パネル調査からみた進路と生活の30年』（共編著、世界思想社）など。

教育格差のかくれた背景
親のパーソナルネットワークと学歴志向

2019 年 8 月 20 日　第 1 版第 1 刷発行
2020 年 5 月 20 日　第 1 版第 2 刷発行

著　者　荒あら牧まき草そう平へい

発行者　井村寿人

発行所　株式会社　勁けい草そう書房

112-0005 東京都文京区水道2-1-1　振替　00150-2-175253
（編集）電話 03-3815-5277／FAX 03-3814-6968
（営業）電話 03-3814-6861／FAX 03-3814-6854
本文組版 プログレス・港北出版印刷・牧製本

©ARAMAKI Sohei　2019

ISBN978-4-326-60319-0　Printed in Japan

JCOPY　〈出版者著作権管理機構 委託出版物〉
本書の無断複製は著作権法上での例外を除き禁じられています。
複製される場合は、そのつど事前に、出版者著作権管理機構
（電話 03-5244-5088、FAX 03-5244-5089、e-mail: info@jcopy.or.jp）
の許諾を得てください。

＊落丁本・乱丁本はお取替いたします。
http://www.keisoshobo.co.jp

著者	書名	判型	価格
荒牧草平	学歴の階層差はなぜ生まれるか	A5判	4300円
耳塚寛明ほか編著	平等の教育社会学 現代教育の診断と処方箋	A5判	2800円
石黒格編著	変わりゆく日本人のネットワーク ICT普及期における社会関係の変化	A5判	2800円
野沢慎司編・監訳	リーディングス ネットワーク論 家族・コミュニティ・社会関係資本	A5判	3500円
お茶の水女子大学グローバルリーダーシップ研究所編	女性リーダー育成のために グローバル時代のリーダーシップ論	四六判	2500円
園山大祐編著	フランスの社会階層と進路選択 学校制度からの排除と自己選抜のメカニズム	A5判	4400円
G.ビースタ／上野正道ほか訳	民主主義を学習する 教育・生涯学習・シティズンシップ	四六判	3200円
宮寺晃夫	教育の正義論 平等・公共性・統合	A5判	3000円
小玉重夫	教育政治学を拓く 18歳選挙権の時代を見すえて	四六判	2900円
酒井朗	教育臨床社会学の可能性	A5判	3300円
石田浩監修 佐藤博樹・石田浩編	出会いと結婚 ［シリーズ 格差の連鎖と若者2］	A5判	2800円
林明子	生活保護世帯の子どものライフストーリー 貧困の世代的再生産	A5判	3500円

＊表示価格は2020年5月現在。消費税は含まれておりません。